VICTOIRES

Danielle Steel

VICTOIRES

Roman

Traduit de l'anglais (Etats-Unis)
par Sophie Pertus

ÉDITIONS FRANCE LOISIRS

Titre original : *Winners*

Édition du Club France Loisirs,
avec l'autorisation des Presses de la Cité.

Éditions France Loisirs,
123, boulevard de Grenelle, Paris.
www.franceloisirs.com

L'édition originale de cet ouvrage a paru en 2013
chez Delacorte Press, Random House, New York.

ISBN : 978-2-298-10620-6

A mes enfants chéris,
Beatrix, Trevor, Todd, Nick,
Samantha, Victoria, Vanessa,
Maxx et Zara,
puissiez-vous être à jamais bénis, heureux
et favorisés par la chance,
et puissiez-vous trouver la force,
le courage et la persévérance nécessaires
pour remporter
bien des victoires !
Je vous aime tant

Votre mère/DS

« Ce qui est bénédiction pour l'un l'est pour tous. »

Mary Baker Eddy

1

Tirée du sommeil par la sonnerie de son réveil, Lily Thomas entrouvrit les yeux et vit tomber la neige par la fenêtre. L'espace d'un instant, elle fut tentée de se rendormir. Elle se trouvait dans la maison que son père louait chaque année à Squaw Valley. Au loin, elle entendit exploser les bâtons de dynamite qui servaient à déclencher préventivement les avalanches. La journée qui l'attendait était toute tracée. Le blizzard réduirait la visibilité à néant. Si jamais les pistes étaient ouvertes, elles ne le resteraient pas longtemps. Mais Lily adorait skier dans la neige fraîche ; c'était un excellent exercice. Et puis elle ne voulait pas manquer un seul jour avec Jason Yee, qui était l'un de ses entraîneurs préférés.

Son père et elle séjournaient toujours à Squaw au moment des fêtes. Ils passaient Noël chez eux, à Denver, puis prenaient l'avion jusqu'à San Francisco, où son père rendait visite à des amis et organisait quelques réunions d'affaires, notamment dans des sociétés de capital-risque de la Silicon Valley. Enfin, ils rejoignaient Squaw en voiture. C'était une tradition à laquelle Lily était très attachée. Et pour skier, c'était formidable. Ils venaient ici depuis qu'elle avait commencé la compétition de descente, quand elle était petite. L'année précédente, à seize ans, elle avait remporté la médaille de bronze aux championnats du monde juniors. Désormais, elle s'entraînait en vue des Jeux olympiques d'hiver, qui allaient avoir lieu l'année suivante. Cette fois, elle espérait bien décrocher l'or.

Elle s'étira une dernière fois dans son lit douillet avant d'aller prendre une douche. Un coup d'œil dehors suffit à lui confirmer que la neige tombait dru. Il y en avait au moins soixante centimètres de plus que la veille au soir. Elle sourit en songeant à la matinée qui s'annonçait. Ils allaient être ralentis par les conditions climatiques, ce qui n'empêcherait pas Jason de la pousser à fond. Voilà pourquoi elle aimait tant skier avec lui, sans compter qu'il était beaucoup plus amusant que son coach habituel de Denver. Ce dernier la préparait depuis qu'elle avait douze ans en vue des Jeux.

C'était son père qui avait eu l'idée de la mettre sur des skis, puis de l'inscrire à des compétitions quand il avait vu combien elle était douée. Lui-même adorait ce sport, quand il était plus jeune. Autodidacte, il avait saisi toutes les occasions de s'adonner à sa passion, même à l'époque où il avait très peu de moyens. Bill Thomas était issu d'une famille pauvre d'une ville minière de Pennsylvanie ; il avait perdu son père à l'adolescence, avait fait fortune avant vingt-cinq ans en spéculant sur le marché des matières premières, puis en investissant dans des transactions à haut risque, mais d'un rapport considérable. Depuis, il avait opté pour des placements plus sûrs afin de protéger ses avoirs et de les transmettre un jour à Lily. Elle n'y songeait que rarement, mais savait combien elle était privilégiée. Malgré son aisance financière, son père prêchait toujours la discipline et le travail, et elle lui ressemblait beaucoup. Aussi brillante élève que sportive, elle était en première et espérait être admise dans une université de l'Ivy League[1]. Parallèlement, elle s'entraînait tous les jours, sans relâche. Elle était la prunelle des yeux de son père et son plus grand bonheur depuis le décès de sa mère, morte alors que Lily n'avait que trois ans.

Bill Thomas avait fait ses études à l'université publique de Pennsylvanie. Parce qu'il avait connu la très grande pauvreté, il avait alors pour unique ambition de pouvoir offrir un sort meilleur à la famille qu'il espérait fonder un jour. Une bourse lui avait permis d'entrer à la Harvard Business School, ce qui avait changé sa vie. Grâce au diplôme qu'il avait obtenu et à son sens aigu des affaires, il avait atteint son objectif. Sa mère n'était malheureusement plus de ce monde pour en être témoin. Et son frère avait été tué à dix-neuf ans. Bill était donc le seul de sa famille à avoir échappé au dénuement. A cinquante-deux ans, ses rêves réalisés, il était aujourd'hui en mesure de travailler chez lui et de passer un maximum de temps avec sa fille.

Douchée et habillée, ses longs cheveux bruns encore humides, Lily descendit, pieds nus, prendre

1. Groupe de huit universités privées du nord-est des Etats-Unis, qui sont parmi les plus anciennes et les plus prestigieuses du pays. *(Toutes les notes de bas de page sont de la traductrice.)*

son petit déjeuner. Déjà installé devant un café, son père leva la tête et lui sourit.

— Je pensais que tu allais peut-être faire la grasse matinée, dit-il. Quel temps de chien !

Il avait à peine fini sa phrase qu'une nouvelle explosion de dynamite retentit. Les remontées mécaniques n'étaient pas encore en marche, mais elles n'allaient pas tarder à ouvrir.

— Je ne veux pas manquer une minute de cette journée, répondit Lily en saupoudrant de sucre roux les flocons d'avoine livrés par l'hôtel voisin. L'établissement leur assurait un service de ménage et de restauration.

— J'adore skier avec Jason, poursuivit-elle. Je ne pourrai jamais manger tout ça, papa.

Sous une cloche qui les tenait au chaud se trouvaient des œufs brouillés, du bacon et des toasts de pain complet. Mince et athlétique, Lily affichait une forme physique éblouissante. Et elle était aussi belle que sa mère, qui lui avait transmis ses yeux d'un bleu presque violet, ses cheveux bruns et sa peau claire. Son sourire éclatant était celui de son père.

Bill ne s'était pas remarié et n'en avait nullement l'intention tant que Lily serait sous son toit. Toutefois, il sortait depuis deux ans avec une certaine Penny, une femme qui se consacrait corps et âme à sa carrière. Son entreprise de relations publiques la faisait beaucoup voyager, de sorte qu'elle ne se froissait pas de savoir que la fille de Bill occupait la première place dans la vie et le cœur de son amant. Il existait entre Penny et Bill un accord tacite qui leur convenait parfaitement :

lorsqu'ils se trouvaient dans la même ville au même moment, ils passaient une soirée ensemble. Le reste du temps, chacun menait sa vie de son côté.

Penny avait quarante-deux ans ; c'était une belle rousse qui se donnait beaucoup de mal pour entretenir un corps superbe, qu'elle avait fait « retoucher » çà et là. Bill était très fier de l'avoir à son bras quand ils sortaient.

Tous deux s'offraient parfois de petites escapades, généralement des séjours dans des hôtels dont elle assurait les relations publiques, ce qui permettait à Penny de joindre l'utile à l'agréable.

Lily s'entendait bien avec elle, même si Bill ne mêlait que rarement sa fille à sa vie sentimentale. Il passait les fêtes et presque toutes les vacances seul avec Lily. Ainsi, pendant leur séjour à Squaw Valley cette année, Penny orchestrait l'ouverture d'un hôtel de luxe à Saint-Barth. De toute façon, Bill ne l'aurait pas conviée. Il tenait trop à ces moments privilégiés avec sa fille, très prise, le reste du temps, par le lycée, ses amis et toutes ses activités. Il redoutait le moment où elle quitterait la maison pour poursuivre ses études, s'efforçant même de la persuader de s'inscrire à Denver alors qu'elle visait une des universités de l'Ivy League. Au vu de ses excellents résultats, cela ne devrait pas poser de problème.

— Tu es certaine de vouloir sortir ce matin ? s'enquit Bill.

— Les pistes vont fermer de bonne heure. Je voudrais faire le plus possible de descentes avant, répondit-elle en se levant.

— S'il se met à faire trop mauvais, je veux que tu rentres, d'accord ?

Il avait beau admirer son talent et sa détermination, il ne voulait pas qu'elle prenne des risques idiots par ce temps épouvantable. Mais ce n'était pas son genre. Elle était intelligente et raisonnable.

— Je sais, papa, assura-t-elle en lui décochant un sourire rayonnant. Ne t'en fais pas, tout ira bien. Jason connaît la montagne mieux que personne.

C'était d'ailleurs une des raisons pour lesquelles Bill l'avait engagé, il y a plusieurs années. Il voulait que Lily s'amuse, mais il tenait d'abord à assurer sa sécurité. Elle était tout ce qui lui restait depuis la mort de sa femme. Celle-ci roulait trop vite, la nuit de l'accident. Elle était sortie dîner avec une amie, et, au retour, sa voiture avait percuté un arbre après avoir glissé sur une plaque de verglas, le laissant veuf avec une petite fille de trois ans. Depuis, il protégeait cette dernière comme si elle était en verre.

Lily revint quelques minutes plus tard, équipée de pied en cap et chaussée d'après-skis, son casque sous le bras. Elle laissait ses skis, ses chaussures et ses bâtons dans un casier au pied des pistes. C'était là qu'elle avait rendez-vous avec son entraîneur. Elle enfila son blouson de l'équipe olympique et remonta la fermeture éclair. Cette tenue officielle signalait une championne : les autres skieurs ne manqueraient pas de le remarquer. Bill, qui surveillait les cours de la Bourse sur son ordinateur, la considéra en souriant. Une fois de plus, son cœur se gonfla de fierté.

— Tu es à croquer, déclara-t-il. Surtout, rentrez,

Jason et toi, si les conditions se dégradent, lui redit-il en l'embrassant sur le front.

— C'est promis, répondit-elle gaiement.

Elle sortit. Il ne put s'empêcher de se lever et d'aller à la fenêtre pour la regarder monter dans la navette de la station. Il la contempla, le cœur serré. Elle était si jeune, si belle… Elle ressemblait tant à sa mère qu'on aurait pu les prendre pour deux sœurs. Le chagrin le tenaillait encore, parfois. Sa femme aurait eu trente-neuf ans, aujourd'hui. Il avait peine à l'imaginer. Pour lui, elle en aurait toujours vingt-cinq, l'âge auquel elle était morte – à peine plus que celui de Lily aujourd'hui.

Il se remit au travail en espérant que sa fille rentrerait tôt. Il neigeait de plus en plus fort. Il songea qu'il devait y avoir du brouillard au sommet. Seuls les plus téméraires allaient se risquer à skier. Comme Lily, qui avait hérité de son cran et de sa détermination. Bill était certain que, grâce à ce tempérament autant qu'à son talent et aux longues heures consacrées à l'entraînement, Lily pouvait prétendre à la médaille d'or.

Dans la navette, Lily eut le temps d'envoyer un SMS à Jeremy, son amoureux, et à sa meilleure amie, Veronica, qu'elle connaissait depuis la maternelle. Tous deux étaient membres de l'équipe nationale de ski, comme elle. Jeremy lui répondit un rapide « *Je t'm* ». Veronica resta silencieuse, pour la bonne raison qu'elle n'était pas encore levée.

Comme prévu, Lily retrouva Jason devant les casiers. Ils sortirent leur matériel, rangèrent leurs bottes fourrées, chaussèrent leurs skis, mirent leur masque et se dirigèrent vers le télésiège. Trois personnes attendaient devant eux. Les remontées mécaniques venaient tout juste d'ouvrir. Lily regarda les skieurs embarqués sur les premiers sièges, impatiente. La neige qui tombait de plus en plus fort ajoutait une difficulté supplémentaire, un défi de plus à relever. Cela faisait partie des qualités que Jason admirait chez son élève : rien ne l'arrêtait jamais.

— Pour skier par un temps pareil, lança-t-il en riant, il faut être fou, très jeune, ou les deux à la fois.

Mais il n'y avait rien à craindre. Si le télésiège était ouvert, c'était qu'il n'y avait pas de danger majeur. Il fallait certes être très bon skieur pour sortir aujourd'hui, mais c'était leur cas à tous les deux. Ancien champion et coach hors pair, Jason connaissait la montagne comme sa poche. Et il complétait à merveille le travail de fond de l'entraîneur de Lily à Denver.

— Eh bien, ça veut dire qu'on est fous, repartit-elle joyeusement. C'est l'avis de mon père, en tout cas.

Une explosion de dynamite se fit entendre au loin au moment où Lily prenait place sur le siège qui se présentait. Jason attendit le suivant. Elle ressentit la même excitation qu'à chaque ascension dans les airs, au-dessus de la cime des arbres. Elle contempla la neige vierge, d'un blanc immaculé. Il n'y avait aucun skieur sur les pistes. Le vent lui fouettait le visage. Seul le ronronnement de l'appareil troublait le calme de la montagne. Puis, une nouvelle explosion retentit, étonnamment proche.

Précisément à cet instant, alors qu'ils descendaient vers un ravin, un long serpent d'acier battit l'air au-dessus de sa tête. Elle n'eut même pas le temps de comprendre que le câble du télésiège venait de rompre. Elle s'écrasa au sol, s'enfonçant profondément dans la neige. Un grand blanc silencieux l'envahit. Puis ses yeux se fermèrent ; elle perdit connaissance.

Derrière elle, Jason était tombé dans le ravin. Tué sur le coup.

2

Bill passa la matinée à suivre les cours du Dow Jones puis à lire le *New York Times* et le *Wall Street Journal*, qu'un employé de l'hôtel lui apportait chaque matin. De temps à autre, il jetait un coup d'œil par la fenêtre. Un épais brouillard était tombé.

Il décida d'aller retrouver Lily au pied des pistes pour déjeuner. Elle serait certainement épuisée d'avoir skié dans de pareilles conditions. Il lui proposerait d'aller au restaurant, puis de faire quelques longueurs dans la piscine de l'hôtel. Ou un massage. Cela le tentait bien, lui aussi. Il prit son manteau, se chaussa, mit sa casquette. C'est alors qu'il entendit retentir une sirène au loin. Etait-il donc déjà midi ? Non, sa montre n'indiquait que 11 h 30. Un hélicoptère passa devant la fenêtre. Puis un second. Un skieur s'était-il perdu ? ou blessé ?

Quelques minutes plus tard, il sortait du parking au volant de sa voiture de location. En arrivant à la station, il découvrit des ambulances, des voitures de police et deux camions de pompiers. Il y avait beaucoup trop de véhicules de secours pour un seul blessé, songea-t-il. Les pisteurs partaient à motoneige en tirant des traîneaux.

— Il y a eu un accident là-haut ? demanda-t-il à un policier.

Celui-ci désigna le télésiège.

— Le câble s'est rompu, expliqua-t-il. On ne sait pas encore comment c'est arrivé. Les secours sont sur place. Ils commencent à redescendre les victimes.

Bill sentit son sang se glacer…

— La météo n'aide pas, ajouta le policier. Il y a beaucoup de brouillard, en altitude. La visibilité est quasi nulle.

De fait, on ne voyait même plus les hélicoptères.

— Ma fille est là-haut, dit Bill d'une voix étranglée par la peur.

— Est-elle seule ? s'enquit le policier d'un air préoccupé, tandis que d'autres camions de pompiers arrivaient.

— Non, elle est accompagnée par un moniteur de l'école de ski. Jason Yee. Elle s'appelle Lily Thomas. Elle porte la tenue de l'équipe olympique.

— J'alerte les secouristes sur place et les hélicos, dit l'officier. Nous n'avons réussi à redescendre que deux personnes pour l'instant. Si vous voulez bien patienter là, monsieur, conclut-il en désignant une zone délimitée par un ruban jaune, je vous préviendrai dès que nous aurons du nouveau.

Bill hocha la tête et se dirigea vers un petit groupe de personnes, parmi lesquelles les parents d'un moniteur de ski. Tout le monde avait la mine sombre.

Un autre peloton de motoneiges passa en trombe devant eux. Tous les guides et moniteurs présents dans la station avaient été appelés en renfort pour partir à la recherche des blessés. Le responsable du télésiège ne savait pas précisément combien de skieurs étaient montés. Tout ce qu'il pouvait dire, c'était que l'appareil s'était arrêté un instant, puis que le câble s'était brusquement détendu et que les sièges étaient tombés un à un. Quelqu'un racontait qu'il avait cru entendre un coup de tonnerre, bien plus fort que les explosions de dynamite du début de la matinée.

Il s'écoula encore une heure avant qu'un autre traîneau descende, entouré d'une patrouille de pisteurs. Bill se précipita. Il s'agissait d'un jeune garçon qui semblait à peine conscient ; il avait les deux jambes cassées, mais il était en vie. Son frère aîné arriva dans le traîneau suivant, couvert d'une bâche. Mort. Il avait fallu des cordes pour le tirer hors du ravin. Le cadet avait été arrêté par une congère juste au bord.

Bill se sentait gagné par la panique. C'est tout juste s'il avait conscience des larmes qui roulaient sur ses joues. Il ne cessait de se remémorer la nuit où la mère de Lily avait perdu la vie, le moment où la police s'était présentée chez lui…

Les secouristes qui travaillaient sur les lieux du drame restaient en liaison radio permanente avec la station et informaient leurs collègues de l'état des victimes à mesure qu'ils les faisaient descendre. Il y avait pour l'instant trois survivants, qui souffraient tous d'hypothermie, et deux morts. Un seul homme avait réchappé de l'accident indemne. Il était tombé dans un tas de neige de la partie la plus basse du télésiège. Régulièrement, Bill cédait à l'impulsion d'aller voir les policiers et les pompiers : y avait-il du nouveau ? Avait-on trouvé une jeune fille avec la tenue de l'équipe olympique ?

C'est alors qu'un autre traîneau apparut, entouré de pisteurs. Reconnaissant le casque et le blouson de Lily, Bill se précipita vers le cortège sans écouter les cris des secouristes qui lui enjoignaient de rester à l'écart. Il eut le temps d'apercevoir le visage de sa fille d'une pâleur cadavérique, ses yeux fermés… Elle était enveloppée de bâches et de couvertures de survie et l'on avait découpé sa manche pour lui poser une perfusion. Les sauveteurs échangèrent quelques mots brefs tout en l'installant dans l'ambulance. Bill monta avec elle, précisant qu'il était son père ; personne ne s'y opposa. Les portes claquèrent et ils démarrèrent en trombe tandis qu'un médecin et un infirmier surveillaient les fonctions vitales de Lily. Elle était inconsciente.

Le médecin ne pouvait évaluer exactement la gravité de son état. Toutefois, la position dans laquelle les secouristes l'avaient trouvée, étalée dans la neige telle une poupée de chiffon, laissait supposer des lésions au dos et aux cervicales. L'infirmier l'entourait de couvertures de survie et de coussins chauffants pour tenter de la réchauffer. Par chance, elle n'avait passé que quelques heures dans la neige. Toutefois, elle n'était pas hors de danger, loin de là. Sa tension restait extrêmement préoccupante. Bill ne la quittait pas des yeux. Il lui toucha doucement la main. Elle ne réagit pas. Quand ils arrivèrent quelques minutes plus tard à l'hôpital, sirène hurlante, une équipe attendait sur le parking pour prendre Lily en charge. C'était la quatrième victime de l'accident de télésiège à être amenée ici.

Bill courait derrière le brancard. A l'entrée du service de traumatologie, une infirmière l'arrêta.

— Vous ne pouvez pas la suivre, dit-elle d'un ton ferme.

Il la foudroya du regard. Il n'était pas question qu'on le sépare de Lily dans l'état où elle se trouvait.

— C'est ma fille, gronda-t-il en essayant de forcer le passage. Je vous préviens, si vous voulez me faire sortir, il faudra me porter.

— Ne me mettez pas au défi, monsieur, répliqua-t-elle avec la même détermination. Vous ne pouvez pas rester avec elle.

— C'est ce qu'on va voir.

Bill bouscula la jeune femme pour franchir les portes battantes. Il trouva Lily dans la première salle de soins, sous une couverture chauffante, reliée à toutes sortes de machines.

— Comment va-t-elle ? demanda-t-il au premier médecin qu'il vit.

Trop occupé pour lui répondre, celui-ci pria d'un regard éloquent un interne de le faire sortir. Sa patiente respirait à peine. Il allait devoir l'intuber. Pour cela, il fallait que le père s'en aille.

— Vous ne pouvez pas rester là, monsieur, lui dit-on avec une certaine brusquerie tandis que l'interne l'entraînait fermement par le bras.

Cette fois, bouleversé par ce qu'il avait vu, il ne résista pas. L'interne l'emmena dans la salle d'attente toute proche. Bill s'assit. Il se sentait au bord de défaillir.

— Ça va ? Vous voulez quelque chose ? lui demanda le jeune homme.

Bill secoua brièvement la tête, terrifié à l'idée de perdre Lily, comme il avait perdu son épouse quatorze ans plus tôt. Sa fille semblait ne tenir à la vie que par un fil.

— Nous allons faire tout notre possible, promit l'interne d'un ton qui se voulait rassurant.

Bill le regarda, submergé par la panique.

— Va-t-elle s'en sortir ? Qu'a-t-elle exactement ? balbutia-t-il.

— C'est ce que nous sommes en train de déterminer.

— Sa tête ? fit-il dans un murmure étranglé.

— D'après les secouristes, elle avait son casque quand ils l'ont trouvée. Nous sommes plus inquiets pour sa colonne vertébrale.

Bill enfouit le visage dans ses mains. L'interne s'assit en face de lui.

— Nous aurions besoin de connaître ses antécédents. Quel âge a-t-elle ?

— Elle vient d'avoir dix-sept ans.

— Des allergies ?

— Aucune.

— Des problèmes médicaux ? Cœur ? Poumons ? A-t-elle déjà subi des interventions chirurgicales ?

— Non… rien. Elle va très bien. Enfin… elle… *allait* très bien, corrigea-t-il, les larmes aux yeux.

— Des problèmes de drogue ? D'autres choses dont il faudrait que nous soyons informés ?

Bill secoua la tête.

— Quand saurez-vous ce qu'elle a ? D'où est-elle tombée ?

— Du point le plus haut du télésiège, mais juste au bord du ravin. Son moniteur a eu moins de chance, ajouta le jeune médecin d'un air sombre.

— Jason ? fit Bill, sous le choc.

— Ils l'ont trouvé avant votre fille. Elle était enfouie très profondément dans la neige. Le seul avantage, c'est que le froid a limité l'enflure autour de ses blessures. Il faut que j'y retourne, maintenant. Le chirurgien orthopédiste va arriver. Et nous avons un neurochirurgien de garde, si nécessaire.

— Qui sont-ils ? demanda brusquement Bill, que la panique reprenait. Je ne laisserai pas n'importe qui l'opérer. Je veux savoir qui sont ces médecins, s'il est possible de faire venir quelqu'un d'autre.

Il se sentait soudain aussi féroce qu'une lionne protégeant son petit.

— C'est inutile. Nous avons une équipe remarquable. L'une des meilleures qui soient.

L'interne avait l'air vexé, mais Bill s'en moquait bien. Ce qu'il voulait, c'était que les plus grands spécialistes s'occupent de Lily. S'il fallait l'opérer, il n'était pas question de laisser le charlatan du coin faire n'importe quoi. Certes, ils se trouvaient dans le service de traumatologie et d'orthopédie le plus performant de Tahoe, mais il ne faisait confiance à personne pour soigner sa fille.

— De toute façon, nous n'aurons sans doute pas le temps de faire venir quelqu'un d'autre, précisa l'interne. Avant tout, il faut stabiliser son état pour pouvoir lui faire passer des radios et des scanners et procéder à un examen clinique approfondi. C'est ce dont on s'occupe en ce moment. Dès que nous en saurons davantage, le chef du service de traumatologie viendra vous voir.

Il se leva en s'efforçant de dissimuler sa nervosité. Le père de la petite semblait prêt à l'étrangler s'il ne lui donnait pas les réponses qu'il attendait. Mais que pouvait-il lui dire de plus ? Il ignorait s'ils parviendraient à la sauver, hélas. Elle était arrivée dans un triste état. Les secouristes l'avaient d'abord crue morte. Ils avaient été stupéfaits de trouver un pouls.

Bill attendit deux heures, au cours desquelles il crut bien devenir fou. Il songea à téléphoner à Penny, sauf qu'il n'avait pas vraiment envie de lui parler. Ils passaient de bons moments ensemble, mais ils n'étaient pas si proches que cela. Il ne voyait pas qui appeler d'autre. Jamais, depuis la mort de sa femme, il ne s'était senti aussi seul.

Il s'apprêtait à retourner de force dans la salle de soins quand le chef du service de traumatologie entra. Aux yeux de Bill, il avait l'air d'un gamin tout juste diplômé. Il était accompagné d'un homme grand et brun vêtu d'une blouse blanche avec, sur la poche, une étiquette qui indiquait *Dr Ben Steinberg*. Il devait avoir la quarantaine. Il se présenta : c'était le chirurgien orthopédiste.

— Comment va-t-elle ? demanda Bill d'une voix brisée par l'inquiétude et le chagrin.

— Nous nous efforçons de la stabiliser. Il faut faire remonter sa température avant de pouvoir envisager une intervention. Elle est toujours inconsciente, en partie à cause de l'hypothermie. Elle a passé plusieurs heures dans la neige. Nous ne connaissons pas encore l'étendue des lésions internes. Elle a un bras cassé, ainsi qu'une atteinte à la moelle épinière, dont nous ignorons pour l'instant les conséquences. Nous avons pratiqué des radiographies préliminaires et un scanner, mais les résultats ne sont pas probants.

— Qu'est-ce que cela signifie ? Quel type d'atteinte à la moelle épinière ? Elle est paralysée ?

Le père avait l'air d'un taureau acculé, songea Ben Steinberg. Il allait falloir prendre des gants avec lui. L'interne l'avait prévenu, mais, là, il constatait de visu le niveau d'angoisse de ce parent. Il semblait près de perdre tout contrôle.

— Nous ne le savons pas encore. Nous attendons l'avis d'un neurochirurgien. Mon associée est l'une des meilleures. Je l'ai contactée, elle sera là bientôt.

— Je n'ai pas donné mon accord pour que vous l'opériez, lâcha Bill, dont les yeux lançaient des éclairs. Et je vous ai demandé si elle était paralysée.

— C'est difficile à affirmer tant qu'elle est inconsciente, mais il est possible que la fonction des membres inférieurs soit limitée.

— Quand le neurochirurgien va-t-il arriver ? Comment se fait-il qu'il ne soit pas encore là ?

Bill voulait tout, tout de suite. Des réponses. Et surtout que l'on fasse quelque chose pour sa fille chérie.

— Je l'attends d'ici un quart d'heure ou vingt minutes. Je viens de l'appeler, répondit calmement Ben Steinberg.

Il compatissait à l'inquiétude de ce père et s'efforçait de trouver des mots apaisants. Mais il se doutait que rien ne le calmerait, sauf de savoir sa fille hors de danger. Or c'était justement ce que personne ne pouvait lui promettre, pas même un neurochirurgien. La jeune skieuse avait été victime d'un accident extrêmement grave ; il était impossible de dire si elle y survivrait.

— Puis-je la voir ? demanda Bill.

Ben n'eut pas le cœur de le lui refuser. Cela l'aiderait peut-être aussi à prendre conscience de la gravité de l'état de son enfant.

Bill le suivit sans un mot dans le service de soins intensifs en traumatologie. A son chevet, deux infirmières et un médecin contrôlaient les signes vitaux de Lily et pratiquaient un bilan neurologique. Ses longs cheveux bruns étaient remontés sous une charlotte chirurgicale. Son visage était d'une pâleur spectrale. En plus des perfusions et des différents appareils de mesure et de contrôle reliés à ses membres, elle avait maintenant dans la gorge un tube raccordé à une machine qui l'aidait à respirer.

Bill fut plus bouleversé encore en la voyant. Il ne put que la regarder et effleurer doucement son bras valide du bout de l'index. L'autre était plâtré, et un vilain hématome commençait à apparaître sur le côté de son visage. Il resta là, debout, à pleurer sans bruit. Au bout de quelques minutes, une infirmière le fit ressortir. Il ne pouvait rester là sans gêner le travail des soignants.

Il retourna s'asseoir dans la salle d'attente et une infirmière proposa d'aller lui chercher un café ou quelque chose à manger. Il secoua la tête en guise de réponse, s'appuya au dossier de la banquette et ferma les yeux. Maintenant qu'il avait vu Lily, il lui était presque impossible de croire qu'elle allait vivre. Alors, pour la première fois depuis quatorze ans, il pria.

3

Jessie Matthews avait passé l'après-midi à courir après le temps. Le programme de ses jours de congé était toujours chargé, ce qui était inévitable avec quatre enfants. Du reste, cela lui convenait parfaitement. A dix-huit ans, Chris, son fils aîné, était théoriquement plus autonome. Il avait le permis de conduire et une voiture. N'empêche qu'il restait dépendant de ses parents pour beaucoup de choses. Il les consultait avant de prendre une décision, sollicitait leur aide pour ses dissertations et ses exposés, vidait le réfrigérateur, oubliait de faire la vaisselle. Jessie lui lavait encore son linge et c'était à elle qu'il demandait conseil pour sa vie sentimentale. Sans compter qu'il adorait jouer au basket avec son père lorsque celui-ci avait le temps.

Jessie et son mari étaient très pris : elle était neurochirurgien, et lui, anesthésiste. Ils s'organisaient généralement pour être présents à tour de rôle à la maison, et, quand ils étaient appelés tous les deux pour une urgence, Chris prenait le relais auprès de sa sœur et de ses frères et assurait les trajets. Il allait entrer à l'université à l'automne prochain ; il lui tardait d'y être. Et Adam, son frère de onze ans, assurait qu'il était tout aussi pressé de le voir partir. Jessie avait l'impression que, malgré leurs sept ans d'écart, ils n'avaient cessé de se disputer depuis la naissance d'Adam ou presque.

Heather, sa fille, avait quinze ans. Elle était en seconde dans le même lycée que Chris. Ils s'entendaient à peu près bien, sauf lorsqu'il la titillait ou qu'il refusait de la conduire quelque part. Depuis qu'elle était entrée au lycée, par chance, leurs rapports avaient plutôt tendance à s'améliorer.

Quant à Jimmy, six ans, il faisait le bonheur de tous. Sa naissance résultait d'une « étourderie » de Jessie, cinq ans après Adam, mais Tim et elle s'en réjouissaient chaque jour. C'était l'enfant le plus affectueux et le plus drôle qui fût. Il savait comme personne détendre l'atmosphère par sa gentillesse et ses pitreries. Il était irrésistible. Tout le monde l'aimait et son regard sur la vie s'en trouvait naturellement marqué. Les gens fondaient dans la queue au supermarché ; il se faisait des amis partout ; même les sans-abri du quartier lui souriaient quand il s'arrêtait pour leur dire bonjour et leur demander comment ils allaient.

Tim se réveillait tout juste quand Jessie rentra à la maison. Elle avait profité de son jour de repos pour s'acquitter des corvées en retard : faire les courses, bien sûr, mais aussi conduire Heather en ville (mademoiselle voulait faire du shopping) et emmener Adam chez le coiffeur (contre son gré – ce qui ne simplifiait pas les choses)… Il lui restait encore deux lessives à lancer et elle avait promis de préparer le dîner. Jimmy et elle rangeaient les commissions quand Tim apparut dans la cuisine, en pyjama, la main devant la bouche pour étouffer un bâillement. Il était rentré à 10 heures du matin après avoir passé la nuit au bloc. Il l'aida à mettre les provisions dans le réfrigérateur.

— Tu as eu une grosse journée, on dirait, lança-t-il en lui souriant par-dessus la tête de Jimmy.

C'était ce sourire qui faisait battre son cœur plus fort depuis des années. Ils s'étaient connus à Harvard, pendant leurs études de médecine, et mariés à vingt-quatre ans. Dix-neuf ans et quatre enfants plus tard, ils avaient la chance d'être toujours aussi amoureux. Adam levait les yeux au ciel d'un air écœuré à chaque fois qu'ils s'embrassaient, tandis que Chris et Heather arboraient une mine gênée. Jimmy, lui, trouvait cela très drôle.

— Pardon, dit Tim alors qu'elle rangeait les sacs vides et que Jimmy montait dans sa chambre. Je ne t'ai pas beaucoup aidée, aujourd'hui. J'ai dormi comme une souche.

— Ne t'en fais pas. Je sais que la nuit a été longue.

Il était épuisé, cela se voyait.

— C'est vrai qu'on était un peu limites, reconnut-il en se servant une tasse de café. On a enchaîné une vilaine fracture multiple, un col du fémur sur une femme de quatre-vingt-sept ans, une péritonite et un accouchement de jumeaux à trente-deux semaines. L'équipe de néonat a fait des miracles : ils sont sauvés tous les deux. On a eu très peur aussi pour la mère, qui a fait une hémorragie. Heureusement, elle est tirée d'affaire. On n'était que deux anesthésistes, hier soir. Les autres étaient soit en vacances, soit malades, si bien qu'on n'a pas pu appeler de renforts. Bref, on a passé une nuit de dingues.

Cela lui arrivait souvent, mais il adorait son métier.

— Mon téléphone doit être en panne, suggéra Jessie. J'ai réussi à passer toute la journée sans être appelée pour une urgence. C'était bien agréable.

Elle lui sourit et se pencha pour l'embrasser. Il lui passa un bras autour de la taille. Malgré ses quatre grossesses, elle était toujours aussi mince que quand ils s'étaient rencontrés. Avec sa longue natte blonde, ses grands yeux bleus et ses taches de rousseur, elle avait l'air d'une gamine.

— Quel est le programme, ce soir ? s'enquit-il. Est-ce qu'on a une chance de passer une soirée romantique en tête à tête sans avoir à craindre que Chris et Adam ne s'entretuent et sans qu'il faille conduire Heather ici ou là ?

Son ton plein d'espoir la fit rire.

— Non, répondit-elle, aucune chance. Heather va au cinéma avec des copines et je lui ai dit que je la déposerais. Chris sort avec sa petite amie. Adam passe la soirée chez Parker : il faut l'y emmener. Et j'ai promis un bowling à Jimmy. Tu peux venir avec nous, si tu veux. On en parle depuis le début de la semaine et je n'ai pas le cœur de reporter encore une fois.

— Génial, fit Tim avec un sourire malicieux. Un bowling. C'était justement ce que j'espérais que tu allais proposer.

Au moment où il l'attirait sur ses genoux pour l'embrasser, le téléphone de Jessie sonna.

— Allô ? fit-elle en éloignant sa bouche de celle de Tim.

Elle avait pris un ton professionnel, mais ne

cessa pas pour autant de lui sourire. C'était Ben, avait-elle lu sur l'écran. Ils étaient associés depuis dix ans – depuis que Tim l'avait convaincue de déménager à Tahoe après la naissance d'Adam. Auparavant, ils vivaient à Palo Alto et elle venait d'intégrer un service de l'hôpital de Stanford, où Tim et elle avaient fait leur internat. Le quitter avait représenté pour elle un gros sacrifice. Elle y avait consenti pour sa famille, tout en sachant qu'elle ne ferait pas la même carrière à Squaw Valley que dans un hôpital universitaire. Aujourd'hui, elle s'y plaisait beaucoup cependant. Tim était heureux ; pour les enfants, c'était idéal ; et professionnellement, elle n'avait pas à se plaindre. Elle était spécialiste des lésions de la moelle épinière, et elle traitait plusieurs cas difficiles chaque année : de quoi la stimuler et la pousser à toujours progresser. Certes, la ville lui manquait un peu, mais ils allaient de temps à autre passer un week-end à San Francisco.

Tim vit Jessie froncer les sourcils.

— Oui, j'ai entendu les sirènes, mais j'ai cru à un accident de voiture causé par le mauvais temps. Je n'ai pas arrêté, aujourd'hui. Je n'ai pas eu l'occasion de regarder les infos.

Elle écouta de nouveau puis posa quelques questions. Tim comprit qu'il était question d'une lésion de la moelle épinière. La conséquence immédiate, c'était qu'il allait passer la soirée au bowling, seul avec son petit dernier. La mine sombre, Jessie promit d'arriver au plus vite et raccrocha. Puis elle se leva en fixant Tim d'un air abasourdi.

— Le câble d'un télésiège s'est rompu ce matin.

Il y a plusieurs morts et pas mal de blessés. Dont une jeune fille de dix-sept ans avec une lésion médullaire. Ben veut que je vienne, conclut-elle d'un air navré.

— J'avais saisi.

Il se leva à son tour et l'embrassa.

— Tu veux bien emmener Jimmy au bowling ? Je le lui ai promis. Et je lui avais dit que je préparerais des tacos, ce soir... Mais si tu n'as pas envie de cuisiner, il y a aussi des pizzas surgelées. Je suis vraiment désolée. Je commençais à y croire, à cette soirée libre...

— Je vais me débrouiller. Tu penses opérer ce soir ?

— C'est probable, oui. Si son état est stable, on y va. Sinon, il faudra attendre demain. Ça ne se présente pas très bien. Elle a fait une chute très grave. Le moniteur qui l'accompagnait a été tué sur le coup.

— Je me demande s'ils vont m'appeler aussi, dit Tim en regardant son téléphone.

Il n'avait pas de message. D'autres anesthésistes devaient avoir repris leur service.

— J'espère que non. Autrement, Chris devra conduire Heather et Adam et garder Jimmy. Imagine son humeur, s'il doit annuler sa sortie.

— Je vais tout faire pour ne pas lui gâcher sa soirée, assura Tim.

Jessie monta se changer. Elle troqua son jean troué et son vieux pull contre un col roulé, un pantalon noir et des bottes, et se recoiffa. Quand elle redescendit cinq minutes plus tard, elle faisait un peu plus sérieuse que tout à l'heure, mais ne paraissait toujours pas ses quarante-trois ans.

— Je t'appelle dès que j'ai du nouveau, promit-elle en décrochant sa grosse parka du portemanteau. Si je reste à l'hôpital toute la nuit, je te préviens.

Elle embrassa son mari et sortit. Quelques minutes plus tard, elle roulait vers l'hôpital au volant du 4 × 4 de Tim. Elle lui avait laissé le monospace puisqu'il avait des trajets à faire avec les enfants. Elle songea à la jeune patiente que lui avait décrite Ben et aux autres victimes de l'accident de télésiège. Cela faisait partie des drames qui pouvaient frapper une station de sports d'hiver, même si c'était rarissime et si l'on priait pour que cela n'arrive jamais. Elle frémit en songeant à ses propres enfants. Ils étaient fous de ski, surtout Chris et Adam. Et si l'un d'eux avait pris ce télésiège aujourd'hui ? Elle se força à penser à autre chose. D'autant que les routes étaient glissantes. Elle leva le pied et redoubla de vigilance.

A l'hôpital, elle prit dans son casier la blouse blanche marquée à son nom et l'enfila par-dessus ses vêtements de ville. Cinq minutes plus tard, elle se trouvait dans le service de traumatologie et examinait Lily Thomas tout en écoutant Ben lui résumer la situation. L'état de la jeune fille s'était stabilisé. Toutefois, elle n'avait pas repris connaissance. Jessie était d'accord avec le diagnostic de Ben, qui soupçonnait une lésion médullaire en regard de la dixième vertèbre thoracique. Si les examens plus poussés le confirmaient, Lily ne remarcherait jamais. Cependant, Jessie voulait l'opérer dès cette nuit afin de mettre toutes les chances de son côté.

Ils se dirigèrent ensuite vers la salle d'attente, où se trouvait le père de la jeune fille. Ils le surprirent assis sur le canapé, la tête renversée en arrière sur le dossier, les jambes étendues, la mine défaite. Il ouvrit les paupières à leur entrée. Jessie le regarda dans les yeux d'un air grave et se présenta. Bill Thomas se renfrogna.

— Il n'y a pas quelqu'un de plus expérimenté, dans votre équipe ? demanda-t-il sans mettre de gants.

Jessie en resta interdite. Jamais on ne lui avait posé cette question. Mais la détresse de cet homme était manifeste. Elle s'adressa à lui avec douceur.

— Nous sommes les deux responsables du service, dit-elle en incluant Ben. Nous travaillons ici depuis dix ans.

— Que faisiez-vous, avant ?

Tout en l'interrogeant, il la scrutait d'un regard perçant.

— J'exerçais à l'hôpital de Stanford, où j'ai fait mon internat.

Ben avait l'air vexé. Jessie, elle, ne comprenait que trop les sentiments qui devaient assaillir ce père.

— Où avez-vous fait vos études de médecine ? poursuivit Bill avec une certaine agressivité.

— A Harvard, fit-elle calmement.

Mais son associé intervint, exaspéré :

— C'est ridicule, monsieur Thomas. Le Dr Matthews est l'un des neurochirurgiens les plus respectés de l'Etat. Des patients souffrant de lésions médullaires lui sont adressés en consultation de partout. Quant à moi, si vous voulez tout savoir, j'ai fait mes études à l'université de Californie, à Los Angeles, et mon internat à l'UCSF, à San Francisco.

— J'ai des enfants pratiquement du même âge que Lily, reprit Jessie, compatissante. Je comprends ce que vous ressentez.

— En quoi cela me prouve-t-il que vous êtes compétente ?

Dans son angoisse, Bill oubliait de témoigner à Ben et Jessie la politesse la plus élémentaire.

— En rien. Il faut que vous nous fassiez confiance. Nous n'avons guère le choix, en l'occurrence. J'aimerais opérer Lily dès ce soir, monsieur. Si vous préférez attendre demain et vérifier nos références, je comprendrai. Mais il est dans l'intérêt de votre fille que nous intervenions au plus vite. Si la zone continue à enfler, les conséquences pourraient être dommageables à sa future motricité.

— C'est-à-dire ? fit Bill sèchement, en plissant les yeux.

— Nous ignorons encore l'étendue des blessures. Les radios et le scanner ne nous montrent pas tout, notamment en ce qui concerne l'état des nerfs. Si la lésion médullaire est « complète », elle ne remarchera pas.

Il fallait dire la vérité au père, Jessie le savait. Mais le malheureux semblait près de défaillir.

— Dans le cas contraire, poursuivit-elle, nous avons une chance. Toutefois, je ne le saurai pas tant que nous ne serons pas allés voir. Cela dit, si vous y tenez, nous pouvons attendre jusqu'à demain matin. J'aimerais mieux pas, mais je m'inclinerai devant votre volonté.

Elle le chargeait de l'entière responsabilité de la décision.

— Et si vous n'êtes pas au niveau, à cause de vous, elle sera handicapée à vie ? Paralysée ? jeta-t-il avec colère.

— Mettons que je sois au niveau, répondit-elle sans perdre son sang-froid.

— L'intervention peut-elle lui être fatale ?

— Nous n'avons pas le choix, il faudra l'opérer, de toute façon. La seule variable, c'est *quand*. Et c'est à vous de décider, monsieur.

Il se passa la main dans les cheveux d'un air hagard. On le sentait au comble de l'angoisse.

— Je vous jure que si vous la tuez, je vous tue.

Il paraissait on ne peut plus sérieux. Voyant que Ben voulait intervenir, Jessie l'arrêta d'un regard. Elle n'avait pas peur de Bill Thomas et se sentait tout à fait de taille à l'affronter seule.

— Prenez donc un peu de temps pour réfléchir, proposa-t-elle d'une voix ferme et apaisante à la fois. Je reste à l'hôpital en attendant votre réponse.

Ben et elle sortirent de la salle d'attente. Après être passés voir Lily, dont l'état était stationnaire, ils se rendirent à la cafétéria. La nuit allait être longue, Jessie le sentait. Elle préférait avoir une idée de la suite des événements avant d'appeler Tim.

— Comment peux-tu laisser ce mufle te parler sur ce ton ! s'indigna Ben en lui tendant une tasse de café.

Il était fou de rage.

— C'est un père, Ben. Lily est son unique enfant, d'après le dossier. Il a déjà perdu sa femme, et il doit être terrifié à l'idée que sa fille puisse mourir ou rester paralysée. Peut-être faut-il être parent pour comprendre.

Le café de l'hôpital était infect, ils en convinrent une énième fois. Ils le burent néanmoins, comme d'habitude.

— Il a tout de même menacé de te tuer, fit valoir Ben. A l'entendre, on croirait que nous sortons tout juste de l'école. Enfin, ajouta-t-il en riant, tu lui as bien coupé le sifflet quand tu lui as dit que tu étais allée à Harvard. Qu'est-ce qu'il croyait ? Que tu avais téléchargé ton diplôme sur Internet ?

— Il est désespéré.

Leur café fini, ils remontèrent. Bill les attendait devant le box de Lily.

— C'est bon, grommela-t-il à l'adresse de Jessie. Allez-y. Opérez ma fille. Mais je vous jure que...

Cette fois, il n'acheva pas sa phrase. Jessie hocha la tête.

— Je fais préparer les papiers nécessaires.

— Dans combien de temps ? s'enquit-il nerveusement.

En cet instant, plus que jamais, il aurait volontiers donné sa vie en échange de celle de Lily.

— Il nous faut le temps de la préparer, dit-elle. Environ deux heures, je pense. Je veux étudier à nouveau les radios, le scanner et les analyses avec le Dr Steinberg.

Elle regarda Ben, qui acquiesça.

— Et l'opération ? Ce sera long ?

— Difficile à dire. Environ huit heures, peut-être

davantage – voire jusqu'à douze. Tout dépend de ce que nous trouverons. C'est une procédure extrêmement délicate.

Bill avait dû donner son consentement à un médecin dont il ne savait rien ; il en était malade. Tout de même, se raisonnait-il, elle était allée à Harvard et à Stanford. Et puis, il n'avait guère le choix : attendre risquait d'aggraver l'état de Lily. Toujours est-il qu'il remettait la vie de sa fille entre les mains de cette femme.

— Nous ferons tout notre possible, promit-elle d'un ton rassurant.

— Merci, murmura-t-il d'une voix tremblante avant de retourner dans la salle d'attente.

Tout en s'entretenant avec son associé, Jessie envoya un SMS à Tim. « Patiente au plus mal. Père affolé. Chir ds 1 heure. A demain. Bisous. J. »

Elle reçut sa réponse quelques instants plus tard : « Bonne chance. Je t'aime. T. »

Elle sourit et glissa son téléphone dans sa poche. Pourvu que Tim ait emmené Jimmy au bowling… Elle n'avait pas le temps de le lui demander. Il restait beaucoup de choses à voir avant la chirurgie. Ben et elle déroulèrent la procédure pendant que l'équipe préparait Lily.

Dans la salle d'attente, Bill avait l'impression de vivre un cauchemar. Il alla voir Lily juste avant qu'on la monte au bloc opératoire. Il se pencha pour l'embrasser sur le front, et les larmes qu'il ne pouvait plus retenir tombèrent sur le visage de sa fille. Bientôt, le brancard et l'équipe furent hors de vue. Bill sortit respirer un peu. Il resta sur le parking, à pleurer dans la nuit. Il gelait si fort que ses larmes lui piquaient les yeux et les joues. En retournant vers l'hôpital, il glissa sur une plaque de glace et faillit tomber. Il allait vivre la pire nuit de toute sa vie. Etendu sur le divan de la salle d'attente, il ferma les yeux. Les mêmes pensées tournaient en boucle dans son esprit. *Faites que ce neurochirurgien ne soit pas trop nul et puisse la sauver. Faites qu'elle vive et qu'elle marche à nouveau. Faites…*

4

Lorsque Chris passa la tête par la porte de la cuisine pour dire bonsoir à son père, celui-ci était en train de sortir du four deux pizzas surgelées, dont une légèrement brûlée.

— Amuse-toi bien, papa, lança-t-il, taquin.

Tim lui adressa une grimace affligée.

— Ce n'est pas drôle, lâcha-t-il. J'aurais dû en faire livrer, plutôt. Sois prudent sur la route, ajouta-t-il avec le plus grand sérieux. Il fait un froid de gueux, ce soir. Attention au verglas.

Toutes les voitures de la famille étaient équipées de pneus neige, mais il n'aimait pas savoir son fils au volant par un temps pareil. La température était si basse que la neige tombée dans la journée avait gelé.

— La mère de Becky nous fait à dîner, nous allons rester chez elle et regarder un film.

Tim savait qu'elle n'habitait qu'à quelques kilomètres. C'était déjà cela.

— Bon. Mais ne roule pas vite, lui enjoignit-il tout en vérifiant la cuisson des pâtes.

Tim avait aussi préparé une salade. Les enfants descendirent au galop dès qu'il les appela et s'assirent à leur place habituelle autour de la table. Jimmy fit la moue en découvrant le menu.

— Maman avait dit qu'on aurait des tacos, se plaignit-il.

Adam prit d'emblée une demi-pizza et remplit son assiette de pâtes.

— Elle a été obligée d'aller travailler, expliqua Tim en faisant passer les plats.

A la fin du dîner, il annonça à Heather et Adam qu'il allait les conduire chez leurs amis respectifs dès qu'ils auraient fini de débarrasser.

— Et nous, ajouta-t-il à l'adresse de Jimmy, on va au bowling.

Le petit garçon lui offrit un sourire radieux. C'est alors que Tim reçut le SMS de Jessie. La nuit allait être longue, pour elle. En plus, elle n'avait rien avalé avant de partir. Ainsi allait leur vie. Les urgences rythmaient leur quotidien. Une course de relais permanente.

Vingt minutes plus tard, Tim déposait Adam chez son copain Parker. Par chance, il était invité à dormir. Tout comme Heather. Jimmy et lui étaient donc seuls pour la soirée. Au bowling, ils louèrent des chaussures, achetèrent du Coca et du pop-corn et se mirent à jouer. Tim apprit quelques subtilités à son fils et la partie dura jusqu'à 22 heures. Le petit garçon était particulièrement fier de veiller aussi tard, car ce n'était pas dans ses habitudes. Et puis il adorait passer du temps avec son père.

— Quand je serai grand, annonça-t-il de but en blanc en regagnant la voiture, je veux être docteur. Comme toi.

Tim lui sourit.

— C'est une grande décision, commenta-t-il.

Il installa Jimmy à l'arrière et lui boucla sa

ceinture de sécurité. Il faisait encore plus froid que tout à l'heure. Il recommença à s'inquiéter pour Chris. Il démarra et sortit du parking au pas. Il ne détachait pas les yeux de la route, tout en bavardant avec Jimmy et en répondant à ses questions sur l'école de médecine.

— On pourra faire des sodas à la glace, en rentrant ? suggéra le petit.

Tim lui sourit dans le rétroviseur en s'arrêtant à un carrefour. Quand le feu passa au vert, il démarra et sentit la voiture déraper sur une plaque de verglas. Il ne vit pas le véhicule qui fonçait vers eux. Le jeune conducteur freina brutalement et se mit à glisser à son tour. Il perdit totalement le contrôle de sa voiture, qui heurta celle de Tim à pleine vitesse.

A l'arrière, terrifié, Jimmy fut témoin de toute la scène. Il y eut un horrible fracas de métal ; leur voiture tourna comme une toupie et fonça dans le poteau du feu rouge, alors que l'autre allait s'écraser contre un arbre. En quelques instants, tout fut terminé. Il faisait nuit. Il n'y avait plus un bruit autour d'eux. Tim était tassé sur lui-même, penché en avant, enfoui dans l'airbag qui s'était gonflé. Un filet de sang coulait de son oreille.

Hébété, incapable de bouger ou de parler, Jimmy entendit bientôt hurler des sirènes. Des policiers ouvrirent sa portière et le firent descendre. Ils l'installèrent dans leur voiture parce qu'il faisait trop froid dehors. L'un d'eux lui demanda si ça allait.

— Je crois que mon papa est blessé, dit Jimmy d'une petite voix terrifiée.

Quelques minutes plus tard, une ambulance

arrivait. Les secouristes allaient le conduire à l'hôpital pour le faire examiner.

— C'est là que mon papa et ma maman travaillent, expliqua-t-il.

Il leur avait déjà donné son nom et son adresse.

— Je peux attendre mon papa ? demanda-t-il en pleurant. Il est blessé.

— Il viendra après, répondit l'infirmier. Nous aimerions qu'il nous raconte d'abord ce qui s'est passé.

Jimmy hocha la tête. Il avait mal à la tempe parce qu'il s'était cogné sur la portière au moment du choc. Une autre ambulance arriva au moment où ils partaient.

Ils allaient à l'hôpital, songea Jimmy. Son papa arriverait un peu plus tard, mais sa maman y était déjà. Elle travaillait. Ils se retrouveraient tous là-bas. Il avait peur, mais il serait bientôt avec ses parents.

Aux urgences, le pédiatre de garde l'examina. Pendant ce temps, les ambulanciers informèrent l'interne que Tim Matthews avait été tué, ainsi que le conducteur et le passager de l'autre véhicule. Il en fut bouleversé ; il connaissait Tim et Jessie, bien sûr. Toutefois, il se garda de rien dire à Jimmy ; ce n'était pas son rôle. Il lui promit simplement d'appeler sa mère pour qu'elle vienne le chercher. Hormis un léger traumatisme crânien, le petit n'avait rien. C'était presque miraculeux. L'interne tomba directement sur la boîte vocale de Jessie. Il ne voulait pas qu'elle apprenne le drame par un message. Il lui laissa donc son numéro en la priant de le rappeler au plus vite. A minuit, elle ne l'avait toujours pas fait. Faute de mieux, il décida d'installer Jimmy en pédiatrie pour la nuit.

— Mon papa va arriver, assura le garçon.

L'interne lui répondit qu'il n'en doutait pas et qu'il le réveillerait quand un de ses parents viendrait le chercher. Une infirmière l'emmena dans sa chambre et l'aida à enfiler un pyjama à motifs de dinosaures et à se mettre au lit. Il s'endormit en guettant son père.

5

L'opération dura plus longtemps que Jessie ne l'avait espéré. Bien que tout se fût déroulé le mieux possible, les nouvelles n'étaient, hélas, pas bonnes. La lésion de la moelle épinière se situait effectivement en regard de la dixième vertèbre thoracique et elle était « complète », c'est-à-dire irréparable. Dans le cas contraire, Lily aurait pu recouvrer un usage au moins partiel de ses jambes. Mais la chute avait été trop brutale. Elle ne remarcherait jamais.

Les deux médecins quittèrent le bloc à 7 heures, soit onze heures après y être entrés. Sauf complications postopératoires imprévues, les chances de survie de la jeune fille étaient bonnes. Elle fut emmenée en salle de réveil, où elle allait passer la journée. Elle serait ensuite transportée en soins intensifs et y resterait le temps que son état général s'améliore.

Dans ce que Jessie s'apprêtait à expliquer au père, il subsistait tout de même un point positif. La lésion était située relativement bas, de sorte que les autres fonctions corporelles étaient préservées. Ni le diaphragme ni la respiration n'étaient atteints, ce qui aurait été beaucoup plus dangereux. Elle conserverait également le plein usage de ses bras et pourrait mener une vie normale, mais en fauteuil.

Compte tenu de la gravité de son accident, cela aurait pu être bien pire. Sa survie même tenait du miracle. Et du fait de son jeune âge et de sa condition physique, quelques mois de rééducation lui permettraient de bien se remettre. Elle avait devant elle une longue vie à vivre.

Lorsque Ben et Jessie entrèrent dans la salle d'attente, Bill Thomas s'était assoupi. Il était seul, la lumière éteinte. Les infirmières lui avaient donné un oreiller et une couverture. Il s'étira dès que Jessie lui toucha l'épaule.

— Monsieur Thomas… dit-elle doucement.

Il s'assit brusquement, l'air terrifié.

— Comment va-t-elle ?

— Elle a très bien supporté l'opération. Elle est en salle de réveil. Nous allons l'y garder toute la journée en observation. Si elle récupère bien de l'anesthésie, nous pourrons la désintuber aujourd'hui et la laisser respirer par elle-même. Ses poumons ne sont pas atteints.

— Et ses jambes ?

Il allait droit au but. Jessie ne se déroba pas.

— Elle n'en recouvrera pas l'usage complet.

— Qu'est-ce que cela signifie ?

Trop fatigué pour s'emporter, Bill n'éprouvait plus que de la peur.

— Remarchera-t-elle ? parvint-il à articuler.

C'était tout ce qu'il voulait savoir. Il ne pouvait pas imaginer Lily en fauteuil roulant. Pas sa belle Lily. Pas sa future championne olympique.

— Avec une lésion de cette importance au niveau T10, je ne le crois pas. Elle pourra se servir normalement de ses bras, et les autres fonctions corporelles sont intactes. En revanche, les nerfs ont été trop abîmés pour que les jambes de Lily retrouvent une fonction motrice.

— Vous êtes en train de me dire qu'elle est paralysée à vie ?

— La recherche avance sans cesse. Pour l'instant, nous ne savons pas réparer une moelle épinière sectionnée. Mais peut-être en serons-nous capables un jour. Elle est très jeune. Elle pourra bénéficier des progrès de la médecine.

En théorie, rien ne l'empêcherait d'avoir des enfants un jour, de faire carrière, de mener une existence bien remplie. Mais, tout cela, il faudrait qu'elle le réalise en fauteuil.

— Peu importe la recherche, les progrès de la médecine ! s'écria Bill en se levant pour lui faire face. Tout ce que je veux savoir, c'est ce que vous pourrez faire pour qu'elle remarche. D'autres opérations ? Une greffe osseuse ? Quelque chose, enfin !

Jessie secoua la tête et le père de Lily laissa échapper un gémissement de détresse presque animal.

— Je ne vous crois pas, gronda-t-il rageusement. Vous n'êtes pas suffisamment compétente, c'est tout. Nous irons où il faudra : à New York, à Boston, en Europe… Il existe forcément quelque part un chirurgien capable de réparer sa moelle épinière.

— Je ne le pense pas, monsieur. Je ne veux pas vous donner de faux espoirs. Cependant, elle pourra vivre très heureuse ainsi. Il lui faudra certes une période de rééducation, mais vous avez la chance d'avoir l'un des meilleurs centres spécialisés du pays dans votre ville. Vous serez impressionné par tout ce qu'elle va apprendre pour s'adapter à sa nouvelle situation. Et je dois vous dire qu'il est miraculeux qu'elle soit en vie après un tel accident.

Bill se rassit et enfouit le visage dans ses mains. Il se sentait comme pris de vertige. Il n'imaginait pas, pour Lily, de coup du sort plus cruel que de se retrouver clouée sur une chaise roulante le restant de ses jours. Mais il n'allait pas se résigner. Il l'emmènerait au bout du monde s'il le fallait. Il allait trouver quelqu'un qui la soignerait. A n'importe quel prix.

— Je refuse qu'une chose pareille lui arrive, lâcha-t-il, désespéré.

Il n'avait pas le choix, hélas. Il n'était pas en son pouvoir de revenir en arrière. Un câble avait rompu la veille, sa fille avait fait une chute vertigineuse et il devrait tôt ou tard se résoudre à en accepter les conséquences. Jessie resta un moment auprès de lui et lui assura qu'il pourrait voir Lily d'ici quelques heures, quand elle serait réveillée. Elle lui suggéra de rentrer chez lui se reposer en lui promettant que l'hôpital l'appellerait s'il y avait quoi que ce soit. Mais il tenait à rester. Il ne voulait pas partir avant de l'avoir vue.

Dans le hall, en sortant de l'ascenseur, Jessie ralluma son téléphone. Après cette longue nuit d'intense concentration et de travail éreintant, elle ne rêvait que d'une chose : rentrer chez elle, prendre une douche et se coucher. Elle écouta ses messages en se dirigeant vers sa voiture. Un interne des urgences avait cherché à la joindre trois fois, et la police deux. Chris ! Elle eut un coup au cœur. Lui était-il arrivé quelque chose, cette nuit, sur la route ? Non, sans doute pas, puisqu'elle n'avait pas de message de Tim. Perplexe, elle rappela l'interne. D'emblée, il lui demanda où elle se trouvait.

— Sur le parking, pourquoi ? Je sors tout juste de onze heures de chirurgie sur une section médullaire. Je vous préviens, je ne suis pas en grande forme, si vous voulez que je voie un patient. C'est une autre victime de l'accident de télésiège d'hier ?

Elle voulait bien l'examiner, mais pas question d'opérer maintenant. Elle était trop fatiguée.

Il hésita un instant avant de répondre.

— Votre fils a eu un accident de voiture la nuit dernière, fit-il d'un ton un peu étrange.

La panique la prit.

— Chris ?

— Non. Jimmy.

— Comment cela ? Il était avec son père.

Dans son esprit, la confusion s'ajoutait à la peur.

— Où est-il ? Vous l'avez hospitalisé ?

— Oui, en haut, en pédiatrie. Tout va bien. Il ne souffre que d'une légère commotion.

— Dans ce cas, pourquoi l'avoir gardé ? Où est son père ?

— Je… vous ne voulez pas venir me voir ?

Elle avait déjà fait demi-tour et courait à toutes jambes vers le bâtiment. Elle raccrocha et appela Tim, mais tomba directement sur sa messagerie. Elle composa le numéro que lui avait laissé la police, se présenta au sergent et expliqua la raison de son appel.

— Je crois qu'il est arrivé quelque chose à mon

mari et à mon fils la nuit dernière. Je viens juste d'avoir votre message. Pouvez-vous me dire ce qui s'est passé ?

— Il y a eu un accident, fit le policier d'une voix hésitante. Leur voiture a été percutée par un autre véhicule et a glissé sur une plaque de verglas avant de heurter un feu rouge. Votre fils va bien.

Il marqua une pause et inspira avant d'ajouter :

— Je suis désolé, madame Matthews. Votre mari a été tué sur le coup. Nous nous sommes rendus chez vous, mais il n'y avait personne.

— Je travaillais, expliqua-t-elle d'une voix étranglée. Oh, mon Dieu…

Mais où était Chris ? Pourquoi n'avait-il pas appelé ?

— Où est-il ?… Mon mari… où…

Elle entra dans le service des urgences, complètement désorientée.

— Il se trouve à la morgue, indiqua l'officier.

Sans réfléchir, elle referma son téléphone. Elle ne pouvait pas supporter ce qu'il venait de dire. Ce n'était pas vrai. Tim l'attendait à la maison, avec les enfants. Forcément. Que ferait-il à la morgue ?

C'est alors que l'interne l'aperçut et vint à sa rencontre. Elle n'avait jamais eu affaire à lui, mais il la connaissait de vue. Il s'approcha et comprit qu'elle savait déjà. Il se contenta de la prendre par l'épaule et de l'emmener en pédiatrie, où elle retrouva Jimmy, prêt à partir, habillé comme la veille. Apparemment, il n'avait qu'un hématome sur le côté du visage. Elle le serra dans ses bras, heureuse qu'il ne soit pas mort, ni gravement blessé. Puis elle se recula pour le regarder, bouleversée.

— Papa a oublié de venir me chercher, dit-il doucement. Une voiture nous est rentrée dedans et il s'est fait mal à l'oreille. Ça saignait. Et puis des docteurs m'ont emmené en ambulance.

Les mots se bousculaient dans sa bouche, comme s'il essayait de tout raconter à la fois.

— L'airbag s'est ouvert, exactement comme tu m'as expliqué quand tu as dit que je ne pouvais pas m'asseoir à l'avant.

Elle l'écoutait sans savoir que lui dire, comment lui apprendre que son père ne s'était pas seulement fait mal à l'oreille, qu'il n'avait pas oublié de venir le récupérer. Il était à la morgue. Les mots du sergent lui résonnaient aux oreilles.

— On peut rentrer, maintenant ?

Elle hocha la tête, incapable de parler, et l'aida à enfiler son blouson. L'interne les accompagna jusqu'à la voiture.

— Etes-vous en état de conduire ? s'enquit-il d'un air préoccupé.

Elle acquiesça d'une voix à peine audible. Oui, elle pouvait conduire. Ce qu'elle ne pouvait pas faire, c'était penser. Elle ne comprenait pas ce qui était arrivé. Ce ne pouvait pas être vrai. C'était impossible. Elle allait retrouver Tim à la maison, en train de préparer le petit déjeuner. Elle installa Jimmy à l'arrière et s'efforça, pendant le trajet, de faire comme si de rien n'était, bien qu'elle tremblât de tous ses membres. A peine étaient-ils entrés que Chris dévala l'escalier, l'air affolé.

— Papa et Jimmy ne sont pas rentrés, hier soir,

annonça-t-il. Je savais que tu opérais et qu'il ne fallait pas te déranger. Et papa ne répond pas sur son téléphone.

C'est alors qu'il découvrit Jimmy, caché derrière Jessie, avec son bleu sur le visage.

— Où est papa ? demanda Chris d'un air d'incompréhension.

Elle ne répondit pas. Les deux garçons la fixaient, terrifiés.

— Il n'est pas là, lâcha-t-elle évasivement. Je m'occupe du petit déjeuner.

Ne sachant par où commencer, elle se contenta de dire à Chris d'aller chercher Heather et Adam.

— Il est arrivé quelque chose à papa ? demanda Chris une nouvelle fois.

Ce fut Jimmy qui raconta :

— On a eu un accident. Une voiture nous a foncé dessus. Papa s'est fait mal à l'oreille. Il saignait. Et moi, je me suis cogné la tête.

Il lui montra son hématome et Chris ne posa plus de questions. Il sortit sans un mot. Vingt minutes plus tard, les quatre enfants étaient rassemblés dans la cuisine et scrutaient avidement le visage de leur mère. En route, Chris avait appris aux deux autres ce qu'il savait, c'est-à-dire pas grand-chose.

— Papa va bien ? s'inquiéta Heather.

Adam était contrarié d'avoir dû partir de chez son copain si vite, mais, devant l'expression grave de son frère, il n'avait pas discuté.

Jessie s'assit avec eux à table. Il lui avait semblé important de leur parler à tous les quatre en même temps. Sauf que, maintenant, elle ne savait que dire. C'était trop, pour elle. Cela n'avait aucun sens. Comment pouvait-on perdre la vie dans une collision ? Jimmy avait survécu, lui. Alors ? pourquoi pas Tim ? Elle ignorait les détails. De toute façon, ils importaient peu. Une seule chose comptait : Tim était mort. C'était impensable. Elle regarda ses enfants en face et se mit à pleurer.

— Il s'est produit une chose épouvantable, la nuit dernière. Je ne sais pas comment c'est arrivé.

Tout en parlant, elle avait pris Jimmy sur ses genoux. Il se blottit contre elle en la serrant de toutes ses forces.

— Votre père a été tué, dit-elle dans un sanglot.

Les trois grands, d'abord interdits, se levèrent d'un bond et vinrent les enlacer, elle et Jimmy. C'était absurde. Il était impossible de croire que Tim ne serait plus à leurs côtés, ne serait plus là pour les accompagner dans chaque instant de leur vie. Ils restèrent ainsi un long moment dans la cuisine, à pleurer dans les bras les uns des autres.

Puis Jessie appela Ben, le mit au courant et le pria de l'accompagner à la morgue pour qu'il se charge d'identifier le corps. Elle ne voulait pas voir Tim ainsi. Elle aurait tant aimé le contempler, le toucher, l'étreindre – mais elle ne voulait pas se souvenir de lui mort. Elle n'en avait pas la force.

Ensuite, ils se rendirent au funérarium pour organiser la cérémonie, puis Ben la reconduisit chez elle. Il lui dit de ne pas s'inquiéter pour Lily Thomas. Il irait vérifier à sa place que tout allait bien. Il fallait qu'elle reste avec ses enfants. Mais son sens des responsabilités empêcha Jessie d'accepter. Ben revint donc la chercher à 17 heures.

Elle promit aux enfants de ne pas être longue. La petite amie de Chris était venue, ainsi que deux copines de Heather. Adam jouait à un jeu vidéo pour oublier une réalité qu'il ne pouvait accepter. Quant à Jimmy, il dormait dans le lit de ses parents. Jessie s'était étendue un moment à côté de lui avant de ressortir avec Ben.

Quand ils arrivèrent à l'hôpital, Lily avait été transférée en soins intensifs. On l'avait désintubée et, bien qu'encore sous calmants, elle était réveillée. Sur le plan médical, elle allait bien. D'après l'infirmière, son père était descendu à la cafétéria pour manger quelque chose. Jessie contrôla la courbe des températures de sa patiente et fit les prescriptions nécessaires.

Ils allaient partir quand le père de Lily sortit de l'ascenseur. Il les regarda d'un air égaré. C'est à Jessie qu'il s'adressa.

— Je ne crois pas ce que vous m'avez dit ce matin, déclara-t-il. Je veux bien admettre que vous ayez fait votre maximum. Toutefois, il se peut que quelqu'un de plus habile puisse réparer les lésions.

Jessie ne répondit pas tout de suite. Puis elle hocha la tête. A quoi bon argumenter ? Elle savait parfaitement qu'aucun médecin au monde n'était capable de rendre à Lily l'usage de ses jambes en l'état actuel des connaissances. Cependant, Bill Thomas n'était pas encore prêt à l'entendre. Cela viendrait plus tard.

— J'ai pris rendez-vous avec des spécialistes à Londres et à New York. Et j'ai entendu parler d'un neurochirurgien de Zurich spécialisé dans les lésions de la moelle épinière.

— Je comprends, dit-elle en hochant la tête. A votre place, j'en ferais autant. Le Dr Steinberg repassera voir Lily tout à l'heure.

Elle devait avoir l'air distraite, et sans doute l'interpréta-t-il comme du désintérêt, car il monta sur ses grands chevaux.

— Comment ça ? Et vous ? Vous n'allez pas l'examiner ce soir ?

— Je suis navrée, je ne peux pas. Je serai là demain.

— C'est vous qui l'avez opérée ! N'est-il pas de votre devoir de surveiller l'état de ma fille ?

Il était hostile, agressif.

— S'il y a le moindre problème, je viendrai immédiatement. Je resterai en contact téléphonique avec l'interne de service et, en cas de besoin, le Dr Steinberg interviendra. Mais je pense que tout ira bien. Je suis vraiment désolée, mais il faut que je reste auprès de mes enfants. Je serai là demain, le plus tôt possible.

Bill, furieux, passa à côté d'elle en la bousculant presque. Sans un mot, elle monta dans l'ascenseur avec Ben. Près de s'effondrer. Elle avait eu tort de faire cette visite. Les forces lui manquaient pour supporter les insinuations du père sur sa supposée incompétence.

— Tu aurais dû le mettre au courant, maugréa Ben, les dents serrées. Je t'assure que j'ai eu du mal à me retenir de l'empoigner et de lui dire ma façon de penser.

Certes, Bill Thomas se conduisait comme si tout lui était dû. Certes, il s'était montré d'une grossièreté et d'une dureté invraisemblables vis-à-vis de

Jessie. Mais, pour l'instant, tout ce qu'elle voulait, c'était rentrer chez elle et tenter de réconforter ses enfants. Puis s'étendre sur son lit et pleurer ce mari qu'elle aimait si fort et qu'elle ne reverrait jamais.

Ben la ramena à la maison. Il attendit qu'elle soit entrée pour redémarrer et pleura tout le reste du trajet jusqu'à chez lui. Il n'arrivait pas à se faire à l'idée de la disparition de Tim. Qu'allait devenir Jessie, sans lui ? Sa vie allait être si rude, si vide... Elle partageait tout son temps entre son travail et sa famille. Ils ne sortaient quasiment pas, ne voyaient que très peu de gens, restaient entre eux. Tim était le mari, mais aussi le meilleur ami de Jessie. Le cœur de Ben se serra douloureusement pour elle et ses enfants.

Bill Thomas fulminait. Il s'était convaincu de l'incompétence de Jessie Matthews. Et voilà qu'elle se rendait coupable de négligence ! Aux yeux de Bill, cela aurait pourtant été la moindre des choses qu'elle surveille l'état de Lily heure par heure. En passant devant le bureau des infirmières, il les vit qui s'entretenaient à voix basse, d'un air grave. Aussitôt, la panique l'envahit.

— Ma fille a un problème ? s'alarma-t-il.

— Non, tout va bien, assura l'une d'elles. Nous parlions du Dr Matthews.

— Quoi, le Dr Matthews ? répliqua-t-il avec mépris. Elle ne veut même pas revenir voir Lily ce soir. Il faudrait qu'elle décide si elle est d'abord mère ou médecin. On ne peut pas être neurochirurgien à temps partiel.

— Le mari du Dr Matthews a été tué dans un

accident de voiture la nuit dernière. Il était anesthésiste ici. C'était quelqu'un de formidable. Son plus jeune fils a également été blessé.

Stupéfait, Bill ne sut que répondre.

— Je suis désolé... je ne savais pas...

Les propos qu'il avait tenus au médecin quelques minutes plus tôt lui revinrent en mémoire. Le moment était on ne peut plus mal choisi.

— Je suis sincèrement navré, répéta-t-il avant d'aller voir sa fille.

Bill ne put s'empêcher de se remémorer ce qu'il avait éprouvé la nuit de la mort de sa femme. Que Jessie Matthews soit compétente ou non n'était plus la question. Il était de tout cœur avec elle. En regardant Lily qui dormait paisiblement dans son lit d'hôpital, pour la première fois, il ne se préoccupa plus de savoir si elle remarcherait ou non. Il fut tout simplement heureux qu'elle soit encore en vie.

6

Le lendemain matin, Jessie fut incapable de rien avaler. Elle n'avait pas dormi de la nuit et cela se voyait à sa pâleur autant qu'à ses yeux cernés. Quand elle entra dans la chambre de Lily, elle sourit néanmoins en découvrant sa patiente, qui était réveillée et semblait bien réagir aux traitements.

— Comment te sens-tu, Lily ? lui demanda-t-elle doucement.

Elle avait lu attentivement son dossier dans le bureau des infirmières. Malgré quelques petits problèmes et désagréments, la jeune fille récupérait au mieux de l'intervention. Il était trop tôt pour lui parler des conséquences de son accident. Elle ignorait encore que, à sa sortie de l'hôpital, elle serait admise dans un centre de réadaptation pour apprendre à vivre différemment. Bien qu'elle n'ait rien caché à Bill Thomas, Jessie comptait attendre pour aborder le sujet avec Lily, qui devait avant tout se reposer et reprendre des forces.

— Ça va, répondit cette dernière.

Elle était suffisamment vive pour avoir pris conscience de la gravité de son accident, même si elle en ignorait les suites.

— Merci de tout ce que vous avez fait pour moi, ajouta-t-elle.

Jessie en fut touchée.

— Je suis là pour ça, Lily.

Elle interrogea ensuite la jeune fille sur des douleurs que, selon la feuille de surveillance, elle avait éprouvées dans la nuit. Toutefois, il était normal qu'elle souffre malgré la paralysie du bas du tronc et des membres inférieurs.

— Quand pourrai-je rentrer chez moi ? voulut-elle savoir.

— Pas tout de suite. Il faut d'abord que nous te retapions un peu.

Il était fréquent que les patients aient l'impression qu'il leur suffirait de sortir de l'hôpital pour y laisser leur maladie ou leur blessure. Mais le handicap de Lily la suivrait toute sa vie. Ce que Jessie comptait lui faire comprendre, c'était que, malgré sa lésion médullaire complète, elle pourrait mener une existence bien remplie sur presque tous les plans, comme beaucoup d'autres avant elle. Il fallait mettre l'accent sur tout ce qu'elle serait capable de faire plutôt que sur ce qui lui serait impossible ; c'était l'objet de la réadaptation. Jessie allait lui prescrire un séjour de trois ou quatre mois au Craig Hospital de Denver. Elle espérait pouvoir l'envoyer là-bas d'ici un mois, si tout allait bien.

Jessie passa près d'une heure auprès de Lily, à parler avec elle tout en l'observant, à l'affût des détails qui pouvaient la renseigner sur son état. Quand elle la vit sur le point de s'assoupir, elle quitta la chambre. Devant l'ascenseur, elle tomba sur le père, qui en sortait. Il parut étonné de la voir et commença par marmonner des mots inintelligibles, ce qui ne lui ressemblait pas. Il la dévisagea longuement, semblant lire sur ses traits la profondeur de sa détresse.

— Je... les infirmières m'ont dit, pour votre mari, hier... je suis sincèrement désolé... y compris pour ce que j'ai dit... j'étais encore sous le choc de l'accident de Lily. Du reste, enchaîna-t-il, je n'ai pas perdu espoir. Il y a forcément quelqu'un, quelque part, qui, grâce à une technique de pointe, pourra lui permettre de remarcher. On ne peut pas renoncer et la laisser clouée dans un fauteuil le restant de ses jours. Ce serait une tragédie, pour elle.

Il affichait une mine sombre, mais le ton qu'il employait pour s'adresser à Jessie s'était considérablement adouci par rapport à la veille.

— Ce ne sera une tragédie que si vous le voyez ainsi, affirma-t-elle.

Il était essentiel qu'il en prenne conscience, car il aurait forcément une grande influence sur la façon dont sa fille elle-même percevrait sa situation. Une attitude positive, optimiste, était l'une des clés de la guérison. C'était pourquoi, entre autres, Jessie souhaitait voir Lily admise à Craig. Il fallait qu'elle réapprenne à vivre dans les meilleures conditions possible.

— Si elle le souhaite, assura-t-elle, rien ne l'empêchera de mener une vie magnifique. Elle sera capable d'entreprendre énormément de choses : conduire, faire des études supérieures, exercer un métier, se lancer dans la politique, se marier, avoir des enfants... La seule chose qui ne lui sera pas possible, ce sera de se servir de ses jambes. Tout le reste de son organisme est intact. Il suffit de recentrer ses objectifs.

Jessie insistait à dessein sur l'image du verre à moitié plein, voire presque plein, plutôt que sur celle du verre à moitié vide. Elle savait que Lily s'imprégnerait rapidement de celle qu'on lui proposerait.

Bill Thomas avait recouvré son air tendu, en colère, quand il répliqua :

— Sauf qu'elle ne fera plus jamais de ski et qu'elle ne participera pas aux Jeux olympiques. Elle n'a plus aucune chance de remporter cette médaille d'or pour laquelle elle s'entraîne depuis des années. Elle ne dansera plus, ne marchera plus. Et le jour de son mariage, comment remontera-t-elle l'allée centrale ? De toute façon, qui voudrait épouser une fille en fauteuil roulant, aussi belle soit-elle ?

Il avait les larmes aux yeux. Il ne pensait à rien d'autre depuis que l'opération du Dr Matthews avait confirmé ses pires craintes.

— Celui qui l'aimera vraiment l'épousera. J'ai fait mon internat à Stanford avec un homme qui avait une lésion médullaire identique à celle de votre fille. Il était en fauteuil et a souhaité devenir neurochirurgien précisément à cause de ce qui lui était arrivé. Il s'est marié avec une femme extraordinaire – et folle de lui –, médecin elle aussi. Aux dernières nouvelles, ils avaient six enfants. C'est l'une des plus éminentes spécialistes de la moelle épinière, et le handicap de son mari explique certainement une grande partie de ce qu'elle a accompli. Comme quoi une vie n'est pas nécessairement gâchée par ce genre d'accident dramatique. Je ne prétends pas que ce soit facile, et je ne mentirai pas non plus à Lily, mais j'ai vu jusqu'où le courage et la volonté peuvent mener. Lily pourra elle aussi faire toutes sortes de choses formidables. C'est une question d'attitude et d'apprentissage. Songez que cela aurait pu être pire. Elle est paraplégique, certes, mais pas tétraplégique. Elle a conservé l'usage de ses bras et de la partie supérieure de son corps. Elle n'aura pas besoin de souffler dans un tube pour actionner son fauteuil – encore qu'il se trouve également des êtres remarquables parmi ceux qui doivent recourir à ces appareils. Et surtout, elle est en vie.

Tous les passagers du télésiège n'avaient pas eu cette chance.

— Je n'en resterai pas là, déclara Bill avec détermination. J'ai commencé à prendre contact avec des neurochirurgiens à travers le monde.

Il sous-entendait clairement que Jessie n'était qu'un petit médecin de province et qu'il en existait de plus compétents qu'elle. Sauf que personne ne pouvait guérir Lily, ni revenir en arrière. Peut-être les progrès de la médecine apporteraient-ils de nouvelles solutions, mais, en l'état actuel des connaissances, ce n'était pas envisageable. C'était le déni qui poussait Bill à se raccrocher encore à de vains espoirs.

Manifestement, cet homme avait l'habitude d'obtenir ce qu'il voulait. Et il aurait fait n'importe quoi pour sa fille. C'était pour elle qu'il se battait, pas pour lui-même. Voilà pourquoi Jessie excusait sa conduite. Elle comprenait ce qu'il ressentait, et elle compatissait à l'épreuve qu'il traversait. Et pour lui, elle était la messagère des mauvaises nouvelles : il agissait par révolte bien plus que par malveillance.

— Je suis vraiment désolé pour votre mari, redit-il.

Jessie hocha la tête en s'efforçant de retenir ses larmes.

— J'ai perdu ma femme dans un accident de voiture quand Lily avait trois ans. C'est un drame épouvantable, ajouta-t-il avec douceur. Je sais ce que vous ressentez.

L'émotion la submergea soudain, et les larmes se mirent à couler sur ses joues. Elle les essuya d'un revers de main tandis qu'il la considérait avec empathie.

— On m'a dit que vous aviez quatre enfants... Je suis de tout cœur avec vous. Au moins, ils sont là. Lily est tout ce que j'ai au monde, conclut-il, les yeux humides.

Ils restèrent ainsi à se regarder un long moment, unis momentanément dans la perte et le chagrin. C'était une forme atroce de douleur. Jessie n'avait jamais eu aussi mal. Toute son existence, tout son être étaient inextricablement liés à Tim. Ils ne se quittaient jamais, ils formaient une équipe parfaitement soudée, dans leur vie à tous deux comme dans l'éducation de leurs enfants. Elle ne pouvait même pas s'imaginer sans lui. A chaque fois qu'elle songeait à sa disparition, elle avait envie de hurler de terreur.

Quelques minutes plus tard, Jessie prit congé de Bill et quitta l'hôpital. Elle retrouva chez elle ses enfants. Affalés par terre dans le salon, Chris et

Heather regardaient la télévision. Adam était dans sa chambre, couché sur son lit, à fixer le plafond d'un air absent. Quant à Jimmy, assis à côté de Heather, il suçait son pouce, ce qu'il avait cessé de faire depuis ses trois ans. Ils étaient l'image même de la détresse.

Sally McFee, la voisine, avait apporté à manger. Elle montra à Jessie ce qu'elle avait mis dans le réfrigérateur. Jamais ils ne parviendraient à avaler cette montagne de nourriture, mais Jessie fut touchée. Tous leurs voisins s'associaient à leur douleur et proposaient leur aide. Tim s'était toujours montré chaleureux et serviable, prêt à aider petits et grands, à accueillir les enfants chez lui. Accablée, Jessie regarda Sally, qui la serra dans ses bras, et, ensemble, elles se mirent à pleurer.

Ensuite, pour changer de sujet, elles évoquèrent l'accident de télésiège. Sally et son mari connaissaient deux des moniteurs qui avaient été tués. Un drame similaire s'était produit une trentaine d'années auparavant. Les remontées mécaniques étaient bien entretenues pourtant, mais le risque zéro n'existait pas. Une catastrophe exceptionnelle pouvait toujours se produire et briser des vies. C'était le destin. Comme la mort de Tim, deux nuits plus tôt.

Après le départ de Sally, Jessie fit le tour des chambres pour déterminer la tenue que ses enfants et elle porteraient à l'enterrement. Ensuite, parce qu'elle devait déposer un de ses costumes au funérarium, elle ouvrit le placard de Tim. A la vue des vêtements qu'il ne mettrait plus jamais, elle se figea, puis tomba à genoux et se mit à sangloter.

Dans la matinée, Bill rentra au chalet pour régler un certain nombre de choses. Il appela Angie, son assistante, à Denver. Il lui avait fait part de l'accident par courriel. Naturellement, elle était profondément affligée. Très dévouée à Bill, elle adorait Lily. Il lui transmit le nom d'un certain nombre de neurochirurgiens à travers le monde sur lesquels il voulait qu'elle se renseigne.

Puis il se décida à prévenir Penny. Il n'avait pas encore eu le temps ni le courage de le faire. Au fond, elle ne faisait pas partie de sa vie de famille. Certes, elle connaissait Lily, et elles s'entendaient bien, mais il n'existait pas entre elles de réel lien.

— Qu'est-ce qui se passe ? demanda-t-elle aussitôt, sans doute alertée par sa voix sombre.

— Oh, si tu savais…

Bill sentit ses yeux s'emplir de larmes. Son intention avait été de l'informer, pas de s'épancher auprès d'elle. Mais il se rendit compte que cela lui ferait du bien de parler.

— Lily a eu un accident à Squaw.

Il lui raconta tout. Penny était consternée.

— Oh, mon Dieu. Je suis désolée. Veux-tu que je vienne ?

En principe, elle comptait s'arrêter à New York et à Chicago pour voir des clients. Mais elle était toute disposée à prendre un vol direct pour la Californie et à le rejoindre à Lake Tahoe. Quoique touché par sa proposition, Bill refusa. Il voulait se concentrer exclusivement sur Lily.

— Pourra-t-elle remarcher ? s'enquit logiquement Penny.

— Bien sûr que oui, répondit-il avec une certaine dureté.

Il ne lui communiqua pas le pronostic de Jessie. De toute façon, il était convaincu qu'elle se trompait. Et puis il ne voulait pas que Penny imagine Lily infirme.

— J'ai chargé Angie de se renseigner sur les meilleurs neurochirurgiens au monde. Ici, on est dans un trou perdu. Même si la femme qui l'a opérée a bonne réputation et qu'elle a fait ses études à Harvard, elle ne peut pas avoir les compétences de ses confrères des grandes villes. Je veux que Lily voie d'autres spécialistes dès que nous pourrons partir d'ici.

— Je te comprends, assura Penny doucement, sans insister davantage. Je peux faire quelque chose pour toi, pour vous ?

— Pas pour l'instant, mais je te dirai. Promis. Dans l'immédiat, il faut qu'elle reprenne des forces et qu'elle se rétablisse. Elle a très bien supporté l'opération, mais cela ne fait que vingt-quatre heures. Je te rappelle bientôt.

— A bientôt, répondit-elle sans conviction. Embrasse Lily de ma part.

Ils raccrochèrent. Au fil de leur échange, une distance s'était installée presque malgré eux. L'accident de Lily allait-il mettre un terme à une relation qui reposait uniquement sur la légèreté des bons moments passés ensemble, sans engagement ? Une chose était certaine, songea Bill, il voulait consacrer tout son temps, toute son énergie à aider Lily à guérir.

Le soir, Lily eut de la fièvre. Cela arrivait fréquemment après une intervention chirurgicale. Néanmoins, Ben appela Jessie pour l'en informer. Ils rentraient tout juste du funérarium, où la communauté médicale de Squaw Valley ainsi que ceux qui avaient connu Tim s'étaient réunis pour lui rendre hommage. Il y avait là les parents d'amis des enfants, des membres de son club de tennis et de son équipe de softball. Des gens que Jessie ne savait même pas qu'il côtoyait. D'autres qui faisaient partie de son entourage à elle. Elle n'en revenait pas du monde qui s'était déplacé. Pour épargner les enfants, et ne pas craquer elle-même, elle avait tenu à ce que le cercueil soit fermé avant la cérémonie. Elle ne voulait pas qu'ils conservent cette image-là de Tim. Ce que Jimmy avait vu au moment de l'accident était déjà bien assez lourd. Il parlait encore du sang qui coulait de l'oreille de son papa – une conséquence de la blessure à la tête qui lui avait été fatale.

— J'arrive, dit-elle à Ben en soupirant.

Sans être anormale au lendemain d'une opération de cette importance, la température assez élevée de Lily était à surveiller.

— Rien ne t'y oblige, assura Ben. Je vais rester un peu auprès d'elle.

Sa petite amie, Kazuko, était venue au funérarium et lui serait là le lendemain pour porter le cercueil. Kazuko était infirmière. Ils s'étaient connus à l'université et vivaient ensemble depuis des années. A quarante et un ans, Ben ne se sentait toujours pas prêt à se marier. Jessie et Kazuko en avaient discuté plusieurs fois ; cette dernière avait renoncé à espérer qu'il change un jour d'avis. Il semblait lui être égal qu'ils officialisent leur relation au bout de tant d'années. Kazuko avait quarante-six ans, elle travaillait à l'hôpital, en radiologie, et occupait son temps libre à toutes sortes de loisirs. Quoique née aux Etats-Unis, elle parlait couramment japonais ; Ben et elle avaient fait plusieurs voyages au Japon et il avait appris la langue. Tous deux étaient passionnés de ski – c'était du reste la raison de leur installation à Squaw Valley. Ben y était très heureux. Il répétait souvent que Los Angeles, où il avait passé son enfance, ne lui manquait vraiment pas. La vie à la montagne lui convenait encore mieux qu'à Jessie, qui regrettait parfois la ville et ce qu'elle offrait sur le plan culturel. Elevée à New York, celle-ci avait vécu à Boston et à Palo Alto, près de San Francisco. C'était pour Tim qu'elle était venue à Lake Tahoe.

En arrivant à l'hôpital, elle trouva Lily endormie et Bill en train d'arpenter le couloir, au comble de l'angoisse. Elle examina la jeune fille, constata qu'il s'agissait d'une complication ordinaire et mineure et rassura son père.

— Vos enfants, ça va ? s'enquit Bill avant qu'elle reparte.

— Pas trop mal, répondit-elle. Pour l'instant. Aucun de nous n'a encore vraiment pris conscience de la réalité, je crois.

Au fond, Bill Thomas se trouvait dans la même situation en ce qui concernait l'accident de Lily, songea-t-elle. Il fallait du temps pour assimiler des événements d'une telle ampleur.

— Merci d'être passée, docteur.

Il savait que les obsèques de son mari avaient lieu le lendemain. Cette visite à Lily était une preuve de son sérieux.

Jessie rentra chez elle. Les enfants étaient d'une sagesse qui lui fit mal. On eût dit qu'ils évoluaient sous l'eau, au ralenti. Depuis l'accident, il régnait dans la maison un silence qui donnait le frisson. Comment imaginer qu'un jour des rires pourraient y résonner à nouveau ?

La mère de Tim vivait à Chicago, mais souffrait de démence. Elle ne comprendrait pas ce qui se passait, de sorte qu'il n'était pas prévu qu'elle vienne. Quant à Jessie, elle avait perdu ses deux parents assez jeune. Les enfants n'avaient donc pas de grands-parents avec qui partager leur peine. Il ne leur restait au monde que leur mère.

Les obsèques furent horriblement éprouvantes, irréelles. Le prêtre évoqua longuement Tim, le chœur chanta l'Ave Maria. Jessie et les enfants pleuraient. Presque tout le personnel de l'hôpital était présent, ainsi que les voisins, les amis. Jessie reconnut des dizaines, des centaines de visages. Chris tint à se joindre aux proches qui portaient le cercueil. Le cœur de Jessie se brisa quand, en le regardant, elle se rendit compte pour la première fois que son fils était désormais un homme. A dix-huit ans tout juste, il était soumis au plus terrible des rites de passage.

Ensuite, ils se rendirent au cimetière, où l'on inhuma Tim dans la terre gelée. Alors que les intimes se rendaient chez Jessie à l'issue de la cérémonie, de gros flocons se mirent à tomber, comme dans une boule de neige ou sur une carte de Noël. Jessie sortit un instant sur le seuil de la porte de derrière, pour respirer, s'isoler un peu, regarder le ciel. Elle ne pouvait se faire à l'idée qu'elle ne reverrait plus Tim. Elle n'imaginait pas le monde sans lui. Les larmes roulèrent lentement sur ses joues. Elle frissonna et rentra, consciente que sa vie ne serait plus jamais la même.

7

Il s'écoula un mois avant que Lily puisse sortir de l'hôpital. En février, seulement, Jessie jugea qu'elle avait suffisamment récupéré. Ses traitements visaient notamment à rétablir le contrôle de la vessie et des intestins, très important pour sa vie future. Son père, lui, n'acceptait toujours pas sa situation de paraplégique. Il s'était entretenu avec des neurochirurgiens du monde entier et en avait retenu quatre chez lesquels il comptait emmener sa fille : à Zurich, Londres, New York et Boston. Jessie les connaissait de nom : c'était de grands spécialistes, des chercheurs très réputés. Elle n'avait eu affaire personnellement qu'à l'un d'eux, celui que Bill avait contacté à Harvard, qui dirigeait le service de neurochirurgie du Massachusetts General Hospital, et qu'elle avait eu comme professeur. Elle était restée en relation avec lui, même si elle n'avait pas eu besoin de ses conseils jusqu'ici. La plupart de ses patients s'étaient blessés en skiant et venaient d'ailleurs ; ils lui demandaient généralement de les orienter vers un médecin de leur ville d'origine. Aucun ne s'était jamais lancé dans un périple tel que celui que prévoyait Bill. Jessie s'était inquiétée de voir Lily entreprendre un tel voyage dès sa sortie. Mais il avait pensé à tout. Il avait affrété un avion privé et réservé des suites dans les meilleurs hôtels. Il avait demandé à Jessie si elle pensait qu'un médecin devrait les accompagner, laissant entendre assez clairement qu'il souhaitait qu'elle le fasse, mais c'était impossible. Elle ne pouvait pas quitter ses enfants, surtout si tôt après la mort de leur père, ni ses autres patients de Squaw Valley. Elle lui suggéra donc de faire appel à une infirmière du service de neurochirurgie et se chargea de la sélectionner et de lui donner des instructions détaillées. Jennifer Williams saisit l'occasion de ce voyage avec enthousiasme.

L'emploi du temps des neurochirurgiens qu'ils devaient consulter et la disponibilité de l'avion déterminèrent la date du départ : le jour de la Saint-Valentin. Ils devaient décoller de Reno, où une limousine les conduirait. L'assistante de Bill à Denver avait tout planifié jusque dans les moindres détails.

Quoique toujours persuadée de l'inutilité de ce périple, Jessie n'essaya pas de les en dissuader et promit d'être joignable pour une conférence téléphonique avec les spécialistes si nécessaire. Elle leur avait déjà envoyé le dossier de Lily électroniquement. Compte tenu des résultats des divers examens et tests, elle s'étonnait qu'ils acceptent de les recevoir. Bill avait dû faire jouer ses relations. Jessie était bien placée pour savoir de quel entêtement il était capable. Il s'obstinait à affirmer que sa fille remarcherait un jour. Jessie jugeait son attitude irresponsable.

Deux jours avant leur départ, Lily aborda le sujet avec elle.

— C'est fini, alors, docteur Matthews ? lui demanda doucement la jeune fille.

Elle avait commencé sa rééducation à Squaw et Jessie avait établi avec l'équipe du Craig Hospital le programme qu'elle devrait suivre une fois rentrée à Denver. Cette étape était cruciale pour l'aider à s'adapter à sa nouvelle existence.

Quand elle s'était sentie un peu mieux, Lily avait repris contact avec ses amis. Elle avait appelé Jeremy et Veronica, qui avaient été horrifiés par ce qui lui était arrivé, puis quelques autres. Mais un grand fossé s'était brusquement creusé entre Lily et eux. Ils ne parlaient que de choses auxquelles elle ne pourrait plus prendre part : le ski, leur préparation olympique... Hélas, elle ne fréquentait pour ainsi dire que ses coéquipiers. Et, comme pour elle autrefois, toute leur vie tournait autour de l'entraînement. Aussi brutalement qu'irrémédiablement, son accident la mettait sur la touche. Elle se sentait déjà comme une étrangère avec eux. Et un vide énorme emplissait sa vie, chaque jour davantage, à mesure qu'elle comprenait que la plupart des activités de ses amis lui seraient interdites.

Son coach l'avait appelée pour l'encourager et avait assuré à son père que, dans cinq ans, elle ne serait pas trop vieille pour remporter la médaille d'or. Car Bill avait affirmé à ce dernier qu'elle allait se rétablir complètement. Il n'avait dit à personne que sa lésion était complète. Elle non plus ne l'avait pas confié à ses amis ; son père l'en avait dissuadée.

— Ici ? A Squaw ? Oui, c'est fini, confirma Jessie en souriant à la jeune fille. Tu es suffisamment rétablie pour nous quitter.

Elle s'était attachée à Lily bien davantage qu'à la plupart de ses autres patients. C'était une personne adorable.

— Tu vas avoir beaucoup à faire, en rentrant chez toi, poursuivit-elle. Entre le Craig Hospital, l'école, tes copains... Et bientôt, l'université.

Elle s'efforçait de la pousser à se tourner vers l'avenir plutôt que vers le passé.

— Ce n'est pas ce que je voulais dire, corrigea sa patiente d'un air triste et résigné. Je voulais dire : *ça*, c'est fini.

Elle avait pointé le doigt vers ses jambes. Celles-ci étaient sanglées dans le fauteuil pour qu'elles ne glissent pas. Elle ne pouvait en aucune façon les contrôler, ne sentant strictement rien en dessous de la taille. Jessie prit le temps de réfléchir avant de lui répondre. Bill s'était formellement opposé à ce qu'elle apprenne à Lily qu'elle ne remarcherait pas. Toutefois, il lui semblait être de son devoir de médecin de la préparer à la vérité, car ses confrères ne manqueraient pas de la lui révéler – en tout cas celui de Boston, que Jessie avait appelé. Il confirmait à 100 % son pronostic et avait bien senti que le père refusait d'admettre la réalité.

— Je ne ressortirai jamais de ce fauteuil, n'est-ce pas ? répéta Lily.

Tout ce qu'on lui avait dit la portait à le

croire. Pourtant, son père ne cessait de soutenir le contraire. Il n'en démordait pas. Or, il ne lui avait jamais menti.

Jessie voyait combien la jeune fille était déconcertée.

— La recherche est très active, dans ce domaine. Les lésions médullaires intéressent beaucoup de monde. Les travaux sur les cellules souches, en particulier, donnent énormément d'espoir.

Lily la regarda dans les yeux. Les avancées futures de la science ne l'intéressaient pas. Ce qu'elle voulait, c'était la vérité sur son cas.

— Pour l'instant, non, lâcha Jessie d'un ton sérieux. Au Craig Hospital, tu vas apprendre beaucoup de choses qui vont te permettre de te débrouiller de mieux en mieux.

La pratique intensive du ski avait surtout musclé le bas de son corps. Il allait falloir qu'elle acquière de la force dans les bras pour faire rouler son fauteuil, pour se soulever… Son père lui avait procuré un fauteuil dernier cri extrêmement léger pour le voyage. C'était l'un des meilleurs modèles existants. Et Jennifer serait là pour l'aider.

— Lily, il n'y a aucune raison pour que tu ne vives pas une vie extraordinaire. Pas seulement belle, mais extraordinaire. Je ne lance pas cela à la légère, je suis sincèrement persuadée que tu vas y arriver. Je ne prétends pas que ce sera facile, surtout au début, il va te falloir un temps d'adaptation, mais tu es capable d'y arriver. De nouvelles portes dont tu ne soupçonnes même pas l'existence vont s'ouvrir devant toi. Certes, tu ne pourras pas remporter la médaille d'or olympique, mais tu pourras gagner celle de la vie. Crois-moi, elle a encore plus de valeur. Tu es une battante, Lily, je le sais. Alors accroche-toi, et vois où cette course te mènera.

Les yeux humides, Lily hocha la tête.

— Mon père n'arrête pas de me répéter que je vais remarcher alors que je sais très bien que ça n'arrivera pas.

Les larmes coulèrent sur ses joues. Quelle épreuve, surtout pour une jeune fille de dix-sept ans… Elle avait énormément de mérite à y faire face de la sorte.

— Il t'aime énormément, assura Jessie.

— Je sais, ça. Mais vous, vous ne croyez pas que je remarcherai, si ?

— Non, concéda-t-elle une nouvelle fois, je ne le crois pas. Sauf si les recherches actuelles aboutissent à quelque chose.

Elle n'avait pas de meilleure réponse à lui offrir.

— Alors pourquoi mon père veut-il m'emmener voir tous ces médecins ?

Elle n'avait aucune envie d'entreprendre ce long périple et d'être examinée par d'autres praticiens. A la différence de son père, elle avait confiance en Jessie. Elle savait qu'elle disait vrai. Elle le sentait depuis le début. Ses jambes étaient mortes et ne ressusciteraient pas.

— Parce qu'il espère que je me trompe. Je ne le blâme pas. J'en ferais sans doute autant pour mes enfants. Il n'est jamais mauvais de solliciter d'autres avis.

Jessie s'efforçait de respecter la décision de Bill

Thomas, au moins devant sa fille. Cependant, elle aurait préféré que Lily se rende directement au Craig Hospital pour commencer sa rééducation. Par chance, ils allaient voyager dans les meilleures conditions. Ses objections étaient donc plus philosophiques que médicales. Elle aurait été désolée que Lily se raccroche à de faux espoirs ; à l'évidence, ce n'était pas le cas.

— Vous allez me manquer, fit Lily d'une toute petite voix.

Elle approcha son fauteuil et serra longuement Jessie dans ses bras.

— Merci de m'avoir sauvé la vie, ajouta-t-elle en s'étranglant.

Jessie avait les larmes aux yeux. Il s'était passé tant de choses depuis leur rencontre… Leur vie à l'une comme à l'autre avait été bouleversée. Elles avaient perdu énormément et les avantages de leur nouvelle situation, s'il devait y en avoir, n'étaient pas encore manifestes.

— Tu me donneras de tes nouvelles ? demanda-t-elle avec douceur.

D'ordinaire, elle ne le proposait pas, sauf concernant le suivi médical, mais elle s'était beaucoup attachée à Lily. Bill avait raison sur ce point : c'était une jeune fille exceptionnelle.

— Promis.

Jessie était heureuse qu'elles aient eu l'occasion de parler en tête à tête. C'était rare. Son père ne quittait pour ainsi dire jamais Lily. A la longue, son extrême sollicitude risquait de devenir oppressante. Toutefois, Jessie comprenait qu'il ait du mal à se remettre du choc de l'accident. Elle aussi avait changé depuis la mort de Tim. Maintenant, à chaque fois que Chris prenait la voiture, à chaque fois que le téléphone sonnait, son cœur se mettait à battre la chamade. Elle le savait, il lui faudrait des années avant de faire à nouveau confiance à la vie.

Le départ de Lily de l'hôpital fut un moment d'intense émotion pour tous ceux qui s'étaient occupés d'elle. Les infirmières défilèrent pour lui faire leurs adieux et lui offrir de petits cadeaux. Tout le monde l'embrassa, lui souhaita bonne chance. Lily serra Jessie dans ses bras et la remercia encore.

Jennifer, la jeune infirmière qui les accompagnait, était tout excitée à la perspective de ce voyage. Ils allaient d'abord s'envoler pour Londres, où était prévue la première des quatre consultations. Bill aurait aimé consulter un cinquième spécialiste en Allemagne, mais, à la lecture du dossier, ce dernier avait refusé, arguant qu'il leur ferait perdre leur temps. A vingt-sept ans, Jennifer n'était jamais allée en Europe, ni même dans l'est des Etats-Unis. Elle avait fait ses études d'infirmière à San Francisco avant de revenir à Lake Tahoe, sa ville d'origine. C'était donc pour elle une grande aventure. Devant l'avion qui les attendait à Reno, la jeune femme resta bouche bée. C'était un Boeing Business Jet, aménagé de façon extrêmement luxueuse. La cabine comportait un salon, un coin salle à manger et deux chambres, auxquelles Bill avait tenu afin qu'ils puissent se reposer. Ils devaient atterrir à Londres dans dix heures, c'est-à-dire à 7 heures du matin, heure locale. Le rendez-vous avec le neurochirurgien du King's College Hospital était prévu pour le jour suivant dans la matinée. Bill avait donc réservé deux suites au Claridge's. Il espérait beaucoup de cette consultation et était prêt à rester sur place si le médecin proposait de la traiter là-bas.

Lily regarda deux films, puis Jennifer l'aida à s'installer dans une des chambres. La salle de bains n'était pas accessible en fauteuil roulant. Bill dut la porter puis la coucha. La jeune fille dormit pour le reste du voyage. Jennifer surveilla ses paramètres vitaux ; tout était normal.

A Heathrow, on leur fit passer la douane très rapidement. Une Bentley les attendait pour les conduire à l'hôtel. Lily avait très envie de sortir, mais son père tenait à ce qu'elle se repose. Elle appela Veronica, mais son amie devait être à l'entraînement, car elle tomba directement sur sa boîte vocale. Elle lui laissa un message pour lui dire qu'il lui tardait de la voir. Ils devaient rentrer à Denver dans dix jours, si leur tournée médicale se déroulait comme prévu.

Le lendemain matin, après un petit déjeuner dans leur chambre, ils se rendirent au King's College Hospital. Le médecin qui les reçut parut vieux et très sérieux à Lily. Il l'examina, puis elle retourna dans la salle d'attente avec Jennifer pendant qu'il s'entretenait avec son père. L'étude du dossier lui aurait suffi à établir son pronostic ; cependant, son père avait absolument tenu à ce qu'il la reçoive en consultation.

— Navré, monsieur Thomas, dit-il d'un air

sombre en allant droit au but, mais je suis entièrement de l'avis du neurochirurgien qui a opéré votre fille. Avec une lésion complète de la T10, elle ne recouvrera pas l'usage de ses jambes. C'est médicalement impossible. Je ne veux pas vous donner de faux espoirs ni à l'un ni à l'autre. Il faut qu'elle se concentre sur la réadaptation et qu'elle reprenne le cours de sa vie. De grandes personnalités ont accompli des choses extraordinaires en fauteuil roulant, à commencer par votre président Franklin Roosevelt. Il me semble important d'aider Lily à en prendre conscience plutôt que de lui faire nourrir des espoirs qui seront déçus.

Accablé et mécontent, Bill estima que c'était un médecin de la vieille école, qu'il était défaitiste et que Jessie avait dû l'influencer par le contenu de son rapport. Lily, elle, n'eut pas besoin que son père lui fasse un compte-rendu. Elle n'avait que trop bien compris ce que pensait le médecin d'après les questions qu'il lui avait posées en l'examinant – les mêmes que celles de Jessie ces six dernières semaines. Depuis sa conversation avec elle, Lily n'avait plus aucune illusion. Elle demanda à son père s'il pouvait les déposer, elle et Jennifer, chez Harrods. Elle avait envie de faire du shopping, et ils ne partaient pour Zurich que le lendemain.

Elle était loin d'imaginer, cependant, combien il était difficile de faire des courses en fauteuil, le visage au niveau des coudes et des sacs à main. Les gens la bousculaient, les vendeurs s'adressaient à Jennifer plutôt qu'à elle, certains allant jusqu'à l'ignorer lorsqu'elle leur posait des questions directes. En plus, elle ne pouvait rien essayer : cela aurait été trop compliqué. L'expérience se révéla effrayante, bouleversante. Un pénible avant-goût de la vie qui l'attendait. Elle regagna la voiture au bord des larmes.

Son père, qui les avait attendues là en passant des coups de fil, s'étonna de les voir revenir si vite, les mains vides.

— Ça alors ! fit-il en souriant. C'est bien la première fois que tu n'achètes rien.

— Je n'ai rien vu qui me plaisait, dit-elle d'un ton morne. On peut rentrer à l'hôtel, s'il te plaît ?

— Tu n'as pas envie de déjeuner dehors ? demanda Bill, encore plus surpris.

Elle secoua la tête. Ce qu'elle aurait voulu, c'était disparaître. Elle venait de comprendre avec la violence d'un boulet de canon les difficultés que lui réservait l'avenir.

Ils rentrèrent donc au Claridge's et commandèrent un déjeuner au *room service*. Bill se rendait bien compte que cela n'allait pas, mais il ne comprenait pas pourquoi. Il n'avait pas été témoin de sa détresse chez Harrods, et, trop intimidée par lui, Jennifer n'osa rien dire. Elle déjeuna dans sa chambre pour laisser Lily seule avec son père. Elle ne voulait pas s'imposer.

— Ça va aller, ma chérie, assura Bill d'un ton apaisant tandis qu'ils attendaient le serveur. Et puis, tu ne vas pas rester toute ta vie clouée dans ce fauteuil. Tu pourras faire les boutiques autant que tu voudras dès que tu seras remise sur pied.

Ces propos ne firent qu'aggraver les choses. Lily

se sentait comme Alice au pays des Merveilles dans son rêve, comme la Dorothy du *Magicien d'Oz*.

— Arrête ! cria-t-elle, à la grande stupeur de Bill. Arrête de faire comme si j'allais remarcher. Je sais que ça n'arrivera pas. Tu es le seul à y croire.

Sa voix se brisa et elle se mit à sangloter, inconsolable.

— Il suffit parfois d'une seule personne, suffisamment déterminée et qui y croie, fit-il valoir. Je ne renoncerai jamais, Lily. Je ferai tout ce qu'il faudra pour que tu marches à nouveau.

— Mais tu ne peux *rien* faire, répliqua-t-elle. Ma moelle épinière est sectionnée, papa. Mes jambes ne fonctionneront plus. Je vais rester dans ce fichu fauteuil pour toujours. Tu ne peux pas le comprendre, l'accepter ? Je ne veux pas voir ces médecins ! Ils vont tous répéter la même chose.

— Jusqu'à ce que nous en trouvions un qui soit d'un autre avis, répondit-il calmement. C'est celui-là que nous cherchons.

Il était parti en quête du Saint-Graal. Aux yeux de Lily, c'était absurde et insensé.

— Je veux rentrer à la maison, dit-elle tristement.

— On rentre bientôt. Encore huit jours et nous serons à Denver.

Sauf qu'elle n'irait pas chez elle. On l'attendait au centre de rééducation ; elle devait y être admise dès le lendemain de leur retour et y resterait des semaines, voire des mois. Lily avait peur. Cet endroit lui faisait l'effet d'une prison. Tous ces gens en fauteuil roulant… Des vieux, probablement. Ses amis lui manquaient tant. Six semaines d'hôpital à Squaw Valley, c'était déjà bien assez. Trop, même. Tout ce qu'elle voulait, c'était rentrer à la maison.

Bill se coucha tôt ce soir-là. Ce qu'avait dit le médecin anglais l'avait déprimé. Ils étaient venus pour rien.

Le lendemain, le neurochirurgien suisse tint le même discours. Il examina Lily rapidement, pour la forme : il s'était déjà fait une opinion avant leur arrivée, à partir des comptes-rendus et des tests de Jessie. Ils ressortirent de son cabinet moins d'une heure après y être entrés et, bien que Bill eût réservé deux des plus belles suites du magnifique hôtel Baur au Lac, il décida de reprendre l'avion pour New York le soir même. A sa demande, Angie parvint à avancer leur rendez-vous là-bas au lendemain après-midi. Ils auraient sûrement plus de chance avec les médecins américains. Les Européens étaient trop traditionnels. Ils n'avaient rien d'innovant à proposer.

Ils dînèrent de bonne heure, puis se rendirent à l'aéroport. A minuit, heure locale, ils atterrissaient à New York. Le décalage horaire jouant en leur faveur, ils avaient gagné six heures. Ils furent à l'hôtel Carlyle en une demi-heure. Lily et Jennifer se firent monter une collation et jouèrent aux cartes. Les deux jeunes filles s'entendaient à la perfection. En plus d'être excellente infirmière et très discrète, Jennifer savait à merveille simplifier la vie à Lily et lui changer les idées avec des cartes, des jeux, des magazines de mode ou de potins. Sa compagnie lui avait rendu le voyage beaucoup plus agréable.

Plus tard, Lily envoya un SMS à Veronica, à Denver, pour lui annoncer qu'ils se trouvaient à New York. Son amie lui répondit aussitôt. Elle était à une fête avec plein de garçons super-mignons et elle avait hâte de la revoir. Lily aussi était pressée de rentrer. Ces deux mois avaient sans conteste été les plus longs, les plus durs de sa vie. Sa maison, ses amis, sa vie lui manquaient.

8

Joe Henry était assis dans le noir, dans le bureau de son appartement new-yorkais. Depuis le départ de ses fils du nid familial, il y avait de cela quinze ans, sa femme et lui avaient vécu là. Mais cela faisait six mois désormais qu'il y habitait seul. Le départ des enfants avait porté un coup à Karen et à leur couple. Sans eux, elle s'était retrouvée perdue. Aujourd'hui, âgés tous deux d'une trentaine d'années, ils habitaient l'un à Atlanta et l'autre à Cleveland, étaient employés dans de grandes sociétés, mariés et avaient à leur tour des enfants.

Pour tenter de combler le vide de son existence, Karen s'était tournée vers les religions orientales. Très pris par son travail à Wall Street, Joe l'avait délaissée. Il s'en était rendu compte avec le recul. L'absence de ses fils lui avait fourni l'occasion de travailler toujours plus pour développer son entreprise. Il avait pris un associé, ce qui s'était révélé désastreux, tandis que Karen s'était mise à faire des voyages en Inde, au Tibet et au Népal, et à passer des semaines, puis des mois, dans un ashram. Elle suivait son gourou avec dévouement. Elle s'était même inscrite à un cours de cinéma à l'université de New York et tournait des documentaires pour faire connaître son enseignement. Ces dix dernières années, elle n'avait été que rarement chez eux.

L'entreprise de Joe, un fonds spéculatif, avait d'abord connu une croissance exponentielle avec l'arrivée de son associé, de nouveaux clients venant s'ajouter à son portefeuille. Et puis, tout s'était effondré. Son associé avait fait de mauvais investissements, qu'il lui avait cachés. Et ils avaient perdu des sommes colossales pour le compte de leurs clients. Joe avait vécu des mois dans la crainte de condamnations judiciaires, auxquelles il avait finalement échappé de peu. Le FBI avait cru à son innocence. Sa seule faute avait été d'avoir, par naïveté et crédulité, fait confiance à son associé, un brillant escroc manipulateur. Celui-ci avait été condamné pour détournement de fonds et utilisation frauduleuse du réseau des télécommunications.

Il était à l'heure actuelle en prison. Mais les multiples procès au civil avaient englouti les économies de Joe. Aujourd'hui, il n'avait plus rien, sa réputation était anéantie, sa carrière s'achevait dans le déshonneur. Karen avait jugé le moment opportun pour s'installer définitivement au Népal. Elle était partie six mois plus tôt, après avoir demandé le divorce. Il restait à Joe tout juste de quoi vivre. Karen, en partant, n'avait rien voulu de lui. Pas même les photos qui témoignaient de leur histoire et de leur longue union. A l'entendre, elle était ressuscitée, née à une nouvelle vie, et elle ne voulait rien conserver de son passé. Elle n'était même pas restée en contact avec ses fils. Joe estimait qu'elle avait un peu perdu le nord.

Cela dit, contrairement à lui, elle était heureuse.

Alors, de quel droit l'aurait-il jugée ? Il l'avait à peine reconnue quand il l'avait vue avant son départ. Elle portait sa chevelure blanchie prématurément en une longue crinière et était vêtue d'une simple robe orange à la manière des religieuses bouddhistes. Il émanait d'elle une impression de paix extraordinaire. Elle lui avait annoncé qu'elle allait réaliser d'autres documentaires sur son gourou. Rien ne le liait plus à celle qu'elle était devenue.

Depuis le mois d'août précédent, Joe vivait donc seul dans l'appartement. Son entreprise avait fermé, ses dettes étaient payées, son associé était en prison, sa femme partie. A cinquante-huit ans, qu'aurait-il pu reconstruire ? Sa carrière, qui lui avait longtemps valu le respect de ses pairs et de ses clients, s'était achevée par un désastre. Depuis deux ans que l'affaire avait éclaté, il n'avait pas eu le courage de revoir ses amis. Il avait honte de sa bêtise. Et il s'estimait heureux de ne pas avoir terminé derrière les barreaux avec son associé.

De même, il lui semblait inconcevable de rencontrer une autre femme. Il lui était impossible d'assumer le fait que la sienne avait préféré devenir une religieuse bouddhiste plutôt que de rester avec lui. En gros, il n'espérait plus rien de l'avenir. Au mieux, on se souviendrait de lui comme d'un idiot.

Ses fils, il les voyait rarement. Ils étaient mariés à des jeunes femmes charmantes et heureux en ménage, ils avaient des enfants, ils étaient satisfaits de la ville dans laquelle ils vivaient, de leur entreprise, de leur monde. Joe se sentait superflu, pour eux. Inutile et sans intérêt. Il leur avait rendu visite pendant les fêtes, à Noël et pour Thanksgiving. Les deux fois, il s'était senti davantage pris en pitié que respecté.

Malgré l'obscurité de cette nuit de février, Joe ne s'était pas donné la peine d'allumer. Il s'était assis à son bureau par habitude, sans avoir rien à y faire. Il n'avait plus d'occupation, personne à qui parler. Il avait perdu contact avec tout le monde, même ses plus proches amis. Il avait trop honte. Il venait de mettre son appartement en vente, parce qu'il avait besoin d'argent pour vivre. Après, il ne savait même pas où il irait.

Songeant à tout cela, il tourna la clé du tiroir de son bureau, l'ouvrit et sortit de son étui le revolver qu'il y conservait. L'arme était chargée. Il resta ainsi un long moment. Ce n'était pas la première fois qu'il le faisait ; il espérait que c'était la dernière. Il en avait assez. Les circonstances, la malchance et ses propres erreurs avaient fait de lui un être inutile. Sa vie n'avait plus de sens. La quitter serait pour lui une délivrance, et ses fils ne seraient sans doute pas si surpris. Ils se manifestaient peu, et comment le leur reprocher ? Il n'avait jamais rien à leur dire. Il habitait trop loin pour occuper une place significative dans leur quotidien ou celui de ses petits-enfants. Au fond, rien ne le rattachait plus à la vie. Il était prêt. Il arma le pistolet et le porta lentement à sa tempe.

C'est alors que, comme dans un mauvais film, le téléphone sonna. Il était plus de minuit et il ne reconnut pas le numéro qui s'affichait. Sans doute une erreur. Personne ne l'appelait jamais à cette heure. A vrai dire, personne ne l'appelait jamais.

Mi-agacé, mi-curieux, Joe posa son revolver. Il n'était pas pressé. Simplement, il ne voulait pas flancher, comme cela lui était déjà arrivé plusieurs fois. Il décrocha néanmoins.

— Allô ?

Sa propre voix lui parut spectrale. Cela faisait des jours qu'il n'avait parlé à personne. Qu'il n'était pas sorti de chez lui.

— Joe ? C'est Bill. Excuse-moi de t'appeler aussi tard. J'arrive tout juste d'Europe. Il y a des siècles qu'on ne s'est pas parlé, mais je voulais te prévenir que j'étais de passage à New York.

Joe en resta muet de stupeur. Bill était l'un de ses amis les plus proches. Bien qu'il soit de six ans son cadet, ils avaient fréquenté la même école de commerce. Il lui avait donné de bons conseils au début de ses ennuis avec son associé, lui permettant de limiter les dégâts. Par la suite, trop gêné pour lui refaire signe, Joe s'était effacé. C'était trop dur de perdre l'estime de ses amis, même si Bill n'avait jamais émis le moindre jugement à son égard.

— Comment vont Karen et les garçons ? s'enquit-il.

Joe poussa un long soupir. Leur dernier échange remontait donc à un an au moins. Il aurait fallu le mettre au courant de tant de choses qu'il ne savait par où commencer.

— Que fais-tu à New York ? demanda-t-il machinalement en guise de réponse.

Il gardait les yeux rivés sur l'arme éclairée par la lumière de la rue.

— Je suis avec Lily. C'est une longue histoire. Je

me demandais si tu serais libre à dîner demain soir. Karen aussi, bien sûr, si elle n'est pas en voyage.

Bill trouvait qu'elle était devenue franchement loufoque depuis qu'elle avait rencontré ce gourou et passait la moitié de son temps en Inde, mais c'était la femme de Joe, et autrefois il l'appréciait beaucoup.

— Elle n'est pas là, répondit Joe. Nous avons divorcé. C'est officiel depuis la semaine dernière. Elle vit au Népal.

— Oh, mon Dieu. Désolé. Mais je suppose que tu t'y attendais. C'est une voie dans laquelle elle s'était engagée depuis un moment.

Bill n'était guère surpris. Et il estimait que c'était bon débarras pour Joe, même s'il ignorait comment son ami vivait cette séparation.

— Oui, c'est vrai. Sinon, les garçons vont bien. Et on est enfin au bout des procès. Excuse-moi de ne pas t'avoir tenu informé. Tu n'imagines pas la pagaille que ça a été. J'ai été obligé de fermer la société, mais au moins c'est fini. Et Roger est en prison. A vrai dire, c'est un peu le grand chelem : plus de femme, plus d'entreprise, plus de travail.

Il faillit ajouter « plus d'avenir », mais sa fierté l'en empêcha. Il passa le doigt sur le canon luisant du revolver. Il le reprendrait dès qu'il aurait raccroché.

— Je compatis à tes ennuis, assura Bill. J'aurais dû t'appeler. Le temps passe trop vite, pour nous tous.

Même si cela n'excusait pas tout, c'était la vérité.

— Et toi ? Et la jolie Lily, comment va-t-elle ?

Lily, l'enfant chérie… Joe se souvenait comme

si c'était hier de la joie de Bill à la naissance de sa fille. Depuis, elle n'avait été pour lui qu'une source de satisfaction – bien légitime d'ailleurs. Jamais il n'avait vu de demoiselle plus charmante.

— A vrai dire, c'est pour elle que je suis ici, répondit Bill avec gravité. Elle a eu un accident à Squaw Valley, il y a six semaines, et nous avons été obligés de rester là-bas jusqu'à maintenant.

Joe fut saisi par une vive inquiétude.

— Mais ça va ? S'entraînait-elle en vue des Jeux ?

Il avait accompagné Bill aux championnats du monde juniors, lors desquels elle avait remporté la médaille de bronze de descente. C'était pour lui un magnifique souvenir.

— Elle va se remettre, assura son ami, mais elle a dû interrompre sa préparation olympique. Le câble d'un télésiège s'est rompu et elle a fait une chute terrible. Elle a été touchée à la moelle épinière, Joe. Gravement, conclut-il d'une voix étranglée.

— Oh, mon Dieu ! fit Joe en repoussant machinalement l'arme plus loin de lui. Gravement, c'est-à-dire ?

— Je ne sais pas. C'est pour cela que nous sommes à New York. Elle a été opérée par une femme, à Squaw Valley, le Dr Matthews. Je n'ai aucune idée de ce qu'elle vaut. Il paraît qu'elle est bonne, mais enfin ce n'est jamais que le petit chirurgien du coin, alors comment savoir ? Je reviens de Londres et de Zurich où j'ai emmené Lily en consultation, sans succès. Nous voyons quelqu'un ici demain, puis nous allons à Boston. Sa moelle épinière a été sectionnée et, pour l'instant, elle est en fauteuil roulant. Tu imagines le choc. Elle réagit bien mieux que moi, mais c'est évidemment très dur pour elle.

Joe sentait les larmes dans la voix de Bill. Son cœur se serra. Ce qu'ils vivaient, Lily et lui, était infiniment pire que ses petits problèmes de couple et de carrière. Il s'agissait de l'existence, de l'avenir d'une toute jeune femme.

— Je suis vraiment désolé, Bill, assura-t-il avec émotion et sympathie. Que puis-je faire pour toi ?

Son ami avait toujours été là pour lui et il voulait lui rendre la pareille, ne fût-ce qu'en lui apportant son soutien moral.

— On va attendre de voir ce que diront les médecins. En revanche, cela me ferait vraiment plaisir de dîner avec toi. A l'hôtel. Car Lily ne sort pas encore. Elle a quitté l'hôpital il y a quelques jours seulement et je crois qu'elle serait gênée d'aller au restaurant en fauteuil.

— Bien sûr, Bill ! Moi aussi, cela me fera grand plaisir de vous voir. A quelle heure ?

— Vers 18 heures si ça te va, que nous ayons le temps de discuter. Toi aussi, il faut que tu me donnes de tes nouvelles, que tu me racontes comment tout ça s'est terminé.

Tout à coup, cette année de silence sembla absurde à Joe. Il était si proche de Bill, autrefois – et aujourd'hui encore. A quoi cela rimait-il de s'enfermer chez soi et de ne plus voir personne ?

— Tu peux compter sur moi, déclara-t-il. Au fait, ajouta-t-il après une longue hésitation, merci d'avoir appelé. Tu ne peux pas savoir ce que ça m'a fait, de t'entendre.

— Je ressens la même chose. J'avais vraiment

besoin de parler, ce soir. Heureusement que tu n'étais pas couché. Merci, Joe. Il me tarde de te voir demain, conclut-il d'une voix chargée d'émotion.

— Moi aussi.

Ils raccrochèrent, et Joe regarda l'arme posée sur son bureau. Il eut honte de s'être ainsi laissé aller à s'apitoyer sur son sort. Il prit le revolver et ôta les balles avant de le ranger dans le tiroir de son bureau, frémissant à la pensée de ce qu'il avait failli faire, des conséquences pour ses enfants et pour la personne qui l'aurait découvert. C'était comme s'il se réveillait d'un long cauchemar. Comme si quelqu'un venait de lui jeter de l'eau glacée au visage. Et si ce n'était pas Karen qui était folle, mais lui ?

Il se leva et s'éloigna, certain maintenant que, quoi qu'il puisse lui arriver, il ne recommencerait pas. Il ne songeait plus qu'à Bill et Lily. Si seulement il pouvait faire quelque chose pour les aider… Il était plus redevable encore à Bill que lorsqu'il lui avait donné des conseils pour sa société. Cette fois, sans même le savoir, son ami lui avait sauvé la vie.

9

Le spécialiste de New York fut plus décourageant, s'il était possible, que ceux de Londres et Zurich. Il prit le temps d'expliquer en détail à Bill pourquoi Lily ne remarcherait jamais. Il fit des schémas, lui montra des modèles, lui indiqua la lésion sur les radiographies et scanners, lui décrivit toutes les conséquences d'une blessure située à ce niveau. La seule bonne nouvelle, comme on le lui avait déjà dit, c'était qu'elle était suffisamment basse pour que son diaphragme et ses poumons ne soient pas atteints.

En sortant de son bureau, Bill avait compris. Il savait maintenant que sa fille ne remarcherait pas. Sauf avancée miraculeuse de la recherche dans le domaine des cellules souches, Lily resterait en fauteuil roulant toute sa vie. Bill ravala ses larmes. Lily, elle, était étrangement calme. A chaque médecin qu'il rencontrait, même si elle n'assistait pas à l'entretien, elle voyait l'expression de son père lui confirmer que Jessie avait raison. Contrairement à lui, elle l'avait crue dès le départ.

— Je crois que mon père commence à entendre le message, dit-elle à Jennifer quand ils rentrèrent à l'hôtel.

— Et toi, comment ça va ? lui demanda la jeune

infirmière. Tu tiens le coup ? Ce n'est pas trop pénible, toutes ces visites ?

— Ça va, répondit-elle d'un ton égal. J'ai simplement envie de rentrer chez moi, maintenant. Mais tu vas me manquer ! ajouta-t-elle en souriant.

Jennifer devait regagner Squaw Valley dès que Lily serait admise au Craig Hospital.

— Toi aussi, tu vas me manquer.

Ce voyage, les grands hôtels, le jet privé : ç'avait été pour elle une expérience extraordinaire, même s'ils n'avaient pas vu grand-chose des villes où ils étaient allés. Sans doute ne revivrait-elle jamais rien de tel.

Dans l'après-midi, Jennifer proposa à Lily de sortir. Il faisait frais, mais moins qu'en Europe ou à Squaw Valley au moment de leur départ. On était presque en mars et cette belle journée ensoleillée donnait comme un avant-goût de printemps. Prendre l'air ferait du bien à la jeune fille.

Jennifer prévint le père de Lily, qui trouva l'idée excellente et leur passa sa carte de crédit pour qu'elles puissent faire des emplettes sur Madison Avenue ou chez Barneys. Il n'était pas totalement conscient du cauchemar par lequel s'était soldée leur tentative chez Harrod's ni des difficultés qu'impliquait le seul fait de devoir essayer un vêtement. S'habiller lui prenait encore énormément de temps, même si elle apprenait peu à peu à accomplir les gestes qui facilitaient la tâche de Jennifer.

Les deux jeunes filles remontèrent Madison Avenue, mais se contentèrent de faire du lèche-vitrines sans entrer nulle part. Elles rebroussèrent chemin juste avant d'arriver à hauteur de Barneys. Pour Lily, la promenade se révélait à la fois tonifiante et pénible. Elle se rendait compte qu'elle se trouvait maintenant en dessous du champ de vision des passants, qui regardaient au-dessus de sa tête. L'on ne s'adressait qu'à Jennifer. Elle, elle était complètement ignorée.

— On dirait que je n'existe pas, lâcha-t-elle sur le chemin du retour. Ils ne me voient même pas.

C'était la vérité. Jennifer l'avait remarqué, elle aussi.

— C'est peut-être que les gens sont gênés quand ils voient une personne en fauteuil, commenta-t-elle, tentant de rassurer son amie. Ils ne savent pas comment se conduire.

A l'hôpital, le personnel soignant s'adressait toujours directement à Lily, mais, dans le monde extérieur, c'était tout différent.

— Cela me fait drôle. C'est comme si j'étais devenue invisible, tout à coup.

Dans l'ascenseur du Carlyle, l'expérience s'avéra pire encore. Avoir le visage au niveau de la taille des gens dans un espace réduit n'avait rien d'agréable. Là encore, personne ne baissa les yeux vers elle. Et lorsque Jennifer manœuvra le fauteuil pour sortir de la cabine, les regards se détournèrent. Le moral de Lily en prit un coup. Elle allait devoir s'habituer non seulement à une vie totalement différente, mais aussi au changement du regard des autres.

Joe se présenta à 18 heures, comme convenu. Il faillit fondre en larmes en voyant Lily, si jeune et si belle, clouée à ce fauteuil… D'autant qu'il savait combien elle était pleine de vie, active, auparavant. Pas étonnant que son père soit bouleversé. Les deux hommes se rendirent dans l'autre suite pour parler tranquillement tandis que Jennifer feuilletait un magazine et que Lily échangeait des SMS avec ses amis.

— Comment s'est passée la consultation d'aujourd'hui ? s'enquit Joe.

— Mal, avoua Bill dans un profond soupir. J'ai entrepris ce voyage en pensant trouver quelqu'un qui puisse lui rendre ses jambes et sa faculté de marcher, mais chaque étape n'a apporté que des mauvaises nouvelles. Je ne crois pas que ce sera beaucoup mieux à Boston demain.

Quoique profondément abattu, Bill paraissait heureux de voir Joe.

— Ensuite, elle passera trois ou quatre mois dans un centre de rééducation.

Joe eut soudain une idée.

— Et si je venais te voir, pendant qu'elle sera dans ce centre ? suggéra-t-il. Je n'ai rien de spécial à faire ici. Je pourrai peut-être te donner un coup de main pour quelque chose – ou simplement te tenir compagnie quelques jours.

Bill accueillit sa proposition avec joie. Il redoutait l'absence de Lily. Il allait se sentir affreusement seul, même s'il comptait bien lui rendre visite tous les jours.

— J'avoue que je n'ai pas encore beaucoup réfléchi à la suite. Il va sans doute falloir que je fasse construire des rampes et quelques aménagements dans la maison. Pour l'instant, rien n'est vraiment adapté à un fauteuil roulant. Peut-être faudra-t-il aussi un ascenseur. Tes suggestions seront les bienvenues.

Ces transformations étaient bien le moindre de ses problèmes. Qu'il s'en préoccupe était cependant le signe qu'il commençait à accepter la situation. Il ferait sans doute appel à un architecte. N'empêche que la possibilité d'échanger avec Joe et la perspective de sa visite le réconfortaient.

— Dis-moi quand tu veux que je vienne et je sauterai dans le premier avion, promit Joe.

Ensuite, ils parlèrent des déboires professionnels de Joe. Ils évoquèrent aussi Karen, mais il n'y avait pas grand-chose à dire. Elle avait demandé le divorce, rempli les papiers et était partie sans plus de cérémonie. Pour elle, leur mariage était du passé, voilà tout. Même si cela avait été douloureux, Joe tenait le coup. Il s'était incliné devant sa décision. Au fil de la conversation, il confia qu'il n'avait aucune envie d'une nouvelle relation. Il se sentait trop vieux pour recommencer quelque chose, même une aventure. Il y avait plus de trente ans qu'il n'avait pas fait la cour à une femme. Bill lui assura qu'il le comprenait. Lui-même ne se sentait pas d'humeur très romantique ces temps-ci. Lily occupait toutes ses pensées.

Ils dînèrent tous les trois dans la suite de Bill. A la fin du repas, c'est avec une tristesse infinie que les deux hommes regardèrent la jeune fille piloter adroitement son fauteuil pour regagner sa chambre. Puis Joe prit congé, ravalant difficilement ses larmes.

Bill resta songeur. La vie était étrange… Lui-même était veuf ; Karen vivait au Népal ; Joe, pourtant le plus brillant de leur promotion, avait fait faillite. Et Lily était paraplégique. Qui aurait pu prévoir un seul de ces événements ? Rien ne s'était déroulé comme il l'avait espéré. Il se coucha, épuisé. Ils se levaient tôt pour se rendre à Boston le lendemain. Si seulement le neurochirurgien du Mass General pouvait se montrer plus positif…

10

Dans le service d'oncologie du Mass General, on fêtait ce matin-là une jolie femme aux cheveux bruns mi-longs. Les médecins et les infirmières qui s'étaient occupés d'elle toute cette année l'entouraient, ainsi que son accompagnante, une ancienne malade, qui l'avait aidée à traverser cette période la plus dure de sa vie. Carole Anders était en rémission après un an de chimiothérapie et de radiothérapie, une double mastectomie et une hystérectomie. Elle n'avait pas bénéficié d'une reconstruction mammaire et ne le souhaitait pas. D'abord parce qu'elle estimait avoir subi suffisamment d'interventions pour le moment, et aussi parce qu'elle avait entendu dire que les implants pouvaient entraîner des infections ou des complications. Elle portait donc des prothèses dans son soutien-gorge. De toute façon, personne ne la voyait plus nue. Son mari l'avait quittée six semaines après le diagnostic du cancer. Même si on lui assurait que ce genre de réaction n'avait rien d'inhabituel, le choc avait été rude. Incapable de faire face à ce qui arrivait à Carole, il avait commencé une liaison avec une collègue de bureau. En fin de compte, c'était elle qui avait demandé le divorce. Elle avait tenu le coup grâce au soutien de l'équipe médicale du centre, de son accompagnante et de ses amis. Son mari, lui, avait brillé par son absence. Il ne l'avait même pas appelée au moment des interventions chirurgicales. Il était incapable d'affronter la maladie. Mais Carole avait réussi. Elle sortait victorieuse de cette expérience, sur le plan médical aussi bien qu'affectif, et les médecins la déclaraient en parfaite santé.

Sa mère et sa sœur aînée étaient toutes deux mortes d'un cancer du sein. Elle présentait donc un risque élevé. Toutefois, elle était déterminée à survivre. Sa sœur avait refusé la mastectomie, ce qui avait sans doute joué un rôle majeur dans l'issue de la maladie. Dans le cas de sa mère, le diagnostic avait été posé trop tard. Carole, elle, avait été traitée à un stade précoce grâce aux mammographies qu'elle passait tous les ans. Aujourd'hui, elle avait trente-huit ans ; son élégante coupe de cheveux était en réalité une perruque achetée fort cher chez un coiffeur de théâtre de New York. Elle ne regrettait pas cette dépense. Pour l'instant, son crâne commençait tout juste à se recouvrir d'un fin duvet. Son accompagnante, qui lui avait indiqué cette boutique de postiches, s'était révélée d'une aide extrêmement précieuse sur bien des plans, notamment au moment de la séparation et du divorce. Son mari à elle aussi l'avait quittée en apprenant sa maladie. Carole en avait déduit que ce qu'elle vivait, après cinq ans de mariage, était d'une banalité affligeante. Son ex voulait des enfants, mais l'hystérectomie avait anéanti ses chances d'en avoir. Il l'avait tellement déçue que les hommes ne l'intéressaient plus, une vraie relation étant toujours susceptible de mal se terminer et de la faire souffrir.

Malgré des traitements pénibles et deux opérations lourdes, Carole était parvenue à ne presque pas s'absenter de son travail. Ses supérieurs l'avaient énormément soutenue et avaient adapté son emploi du temps. Elle était psychologue, spécialisée dans les cas de jeunes atteints de lésions de la moelle épinière. Après un doctorat et un internat à Stanford, elle était venue exercer au Mass General. Elle adorait son métier. Les enfants et les adolescents avec lesquels elle travaillait étaient extraordinaires. Leur redonner le goût de la vie était pour elle la plus belle des récompenses.

Conserver son activité, son engagement dans la vie professionnelle, l'avait aidée à tenir le coup. A aucun moment, au cours de cette année difficile, elle ne s'était arrêtée de vivre. Elle était sortie, au théâtre, à des concerts, des expos ; elle avait vu ses amis autant que son état le lui permettait. Tout son entourage était impressionné par la façon dont elle avait traversé cette épreuve, conservant coûte que coûte une attitude positive, puisant dans sa force de caractère et appréciant chaque petit bonheur que la vie lui offrait.

Elle arriva au bureau d'excellente humeur. Elle avait prévenu sa secrétaire qu'elle serait là deux heures plus tard que d'habitude.

— Alors, c'était bien, cette petite fiesta ? s'enquit cette dernière.

— Oui, Janys, c'était super, répondit-elle gaiement tout en jetant un coup d'œil à son planning.

Extrêmement organisée, elle aimait tirer le meilleur parti de son temps.

— Quel est le programme, ce matin ?

— Vous avez une réunion avec le Dr Hammerfeld, au sujet de trois nouveaux patients. Mais il a pris du retard. Il est en rendez-vous, en ce moment.

— Avec l'un d'eux ?

Janys secoua la tête.

— Non, c'est une famille de Denver, qui est venue en consultation. Ils rentrent chez eux et la jeune fille va être admise à Craig.

— Il n'y a pas mieux. Que font-ils ici ?

— Le père espère un miracle, je crois. C'est une lésion au niveau T10.

— Complète ou pas ?

— Oui, complète, confirma Janys.

Elles savaient l'une comme l'autre ce que cela signifiait.

De fait, pendant que Lily se rhabillait, le Dr Hammerfeld porta le coup de grâce à son père.

— Nous ne pouvons absolument rien faire, dit-il d'un ton solennel. Qu'est-ce qui vous a poussé à venir ici ? Les tests étaient hélas suffisamment concluants.

— Pour être tout à fait franc, je n'étais pas sûr du neurochirurgien qui l'a opérée, ni de son diagnostic. Je me suis dit qu'il se pouvait qu'elle se trompe, qu'elle ait fait une erreur.

Le médecin jeta un coup d'œil au dossier de Lily et fronça les sourcils avant de relever les yeux vers Bill.

— Vous avez eu affaire à l'un des meilleurs spécialistes que je connaisse. A vrai dire, ajouta-t-il avec un petit sourire pédant, Jessie Matthews a été mon élève, même si elle n'a pas fait son internat ici. C'est un excellent chirurgien et il m'arrive régulièrement de lui adresser des patients.

Bill hocha la tête. Tout le monde chantait les louanges du Dr Matthews. N'empêche que Lily était paraplégique et qu'elle n'allait jamais remarcher.

En sortant, Bill se retint de craquer. Hammerfeld était son dernier espoir, pour l'instant en tout cas. Maintenant, il n'y avait plus qu'à rentrer et à entreprendre le chemin de croix de la réadaptation. Il faisait bonne figure quand il aida Lily à monter en voiture.

Ils retournèrent prendre leurs bagages à l'hôtel puis se rendirent à l'aéroport. Dans quatre heures, ils seraient enfin à Denver. Ce périple long et décourageant touchait à sa fin. Rien ne s'était déroulé comme ils l'espéraient et Lily en avait assez de tout ça. Elle n'avait qu'une envie, se retrouver chez elle, ne serait-ce que pour une nuit. La fatigue accumulée au cours du voyage eut raison d'elle, et elle s'endormit dès le décollage. Jennifer la réveilla juste avant l'atterrissage. Lily sursauta, mais lui sourit aussitôt. Puis, elle envoya un SMS à Veronica. Sa meilleure amie avait promis de venir la voir le soir même.

Pourtant, Lily connut une nouvelle déception : Veronica devait réviser pour les examens de milieu de trimestre. Ses parents refusaient de la laisser sortir parce que son bulletin était mauvais, comme d'habitude. Elle ne s'intéressait qu'au ski et n'avait jamais été bonne élève. Veronica promit de passer le lendemain. Sauf que, le lendemain, Lily serait à Craig. Et elle n'avait aucune idée de la façon dont se déroulaient les visites au centre. Elle ne savait même pas si elle serait seule dans sa chambre ou non.

Quant à Jeremy, elle n'avait pas de nouvelles de lui. Ces dernières semaines, ses messages s'étaient faits de plus en plus rares. D'ailleurs, Veronica lui avait laissé entendre qu'il s'intéressait à quelqu'un d'autre. Elle ne voulait pas que son amie ait un trop gros choc à son retour, disait-elle. Lily ne se faisait guère d'illusions : Jeremy était l'un des garçons les plus séduisants et les plus populaires de l'équipe ; il ne l'attendrait certainement pas les quatre mois qu'allait durer sa rééducation. Toutefois, il n'avait pas encore rompu avec elle, et elle ne pouvait s'empêcher d'espérer. Elle lui envoya quand même un SMS, qui resta à nouveau sans réponse.

Le chauffeur qui était venu les chercher à l'aéroport les mena à Cherry Hills Village, le quartier du sud de Denver où ils habitaient. Lily retrouva avec joie les rues qu'elle connaissait si bien. Elle se tourna en souriant vers son père. Mais celui-ci était perdu dans ses pensées, le visage tourné vers la vitre, triste.

La limousine s'arrêta dans l'allée circulaire devant la maison. Angie les attendait. Le chauffeur sortit le fauteuil roulant du coffre et Jennifer et Bill aidèrent Lily à y prendre place. Une fois installée, elle salua l'assistante de son père, qui retenait visiblement son émotion.

— Bonjour, Angie, lui dit-elle avec un sourire fatigué.

— Bonjour, Lily.

Angie la regarda faire rouler son fauteuil vers la porte, serra affectueusement l'épaule de Bill, puis les suivit à l'intérieur. Elle s'empressa de leur annoncer, avec une gaieté un peu forcée, que la gouvernante avait laissé de quoi dîner dans le réfrigérateur.

La maison était grande et belle, magnifiquement décorée d'antiquités et d'œuvres d'art. Jennifer était impressionnée, même si cette somptuosité n'avait rien d'étonnant après le voyage en jet privé et les suites réservées dans les plus beaux hôtels. Bill et Lily menaient une vie extraordinairement luxueuse, c'était certain. Pourtant, ils n'étaient pas épargnés par les coups du sort.

Lily s'arrêta sur le seuil du salon. Les deux marches qui y menaient l'empêchaient d'aller plus loin. Alors, elle fit demi-tour et se rendit dans la cuisine. La porte battante était pour elle un obstacle infranchissable, mais son père la lui tint ouverte. Angie sortait du réfrigérateur les plats que la gouvernante leur avait préparés. Lily ne tarda pas à se rendre compte qu'elle se cognait partout. La table, les chaises, l'îlot central étaient autant d'embûches sur son parcours. Accéder au réfrigérateur pour se servir à boire lui parut presque mission impossible. Quant aux plans de travail, ils étaient bien trop hauts. Voilà qu'elle ne trouvait plus sa place dans son univers de toujours. Elle ne pouvait même pas se laver les mains seule, faute d'atteindre les robinets. Contrariée, elle roula jusqu'à la table, prit du fromage et des fruits et annonça à son père qu'elle voulait monter dans sa chambre. Sans poser de questions, celui-ci la porta dans le grand escalier, tandis que Jennifer se chargeait du fauteuil. Il avait confirmation de ce à quoi il s'attendait. Sans un certain nombre d'aménagements, la vie ici serait impossible pour sa fille. Elle serait prisonnière de leur maison, incapable de rien faire sans aide.

Lily retrouva sa chambre avec bonheur. La soie recouvrant les fauteuils, le couvre-lit de satin rose, les rideaux fleuris… et l'épaisse moquette si douillette autrefois, si peu pratique aujourd'hui quand on devait l'arpenter en fauteuil. Jennifer défit sa valise. La jeune femme allait passer la nuit dans la chambre d'amis voisine avant de reprendre l'avion le lendemain pour rentrer à Squaw Valley.

A défaut de voir Veronica, Lily essaya de l'avoir en ligne pour bavarder. Mais elle ne parvint pas à la joindre. Quant à Jeremy, il n'avait toujours pas répondu à son message. Il la rappela deux heures plus tard, alors qu'elle était en train de se coucher entre ses draps propres et frais. Qu'il était bon de retrouver son lit !

— Depuis quand es-tu rentrée ? lui demanda-t-il comme s'il n'avait pas reçu ses derniers messages.

Son ton laissait supposer qu'elle revenait de vacances et non d'un voyage en enfer, avec un mois et demi d'hospitalisation, une lésion à la moelle épinière et un fauteuil roulant.

— Deux heures, à peu près. Tu veux passer ?

Elle mourait d'envie de voir un visage familier. Ses amis lui avaient terriblement manqué.

Dire qu'elle ne retournerait pas au lycée, qu'elle ne reverrait personne avant fin mai… Elle allait dépendre des visites qu'ils voudraient bien lui rendre à Craig. Un long silence suivit sa question. Elle eut soudain un mauvais pressentiment.

— Je suis un peu occupé, finit-il par lâcher. Et puis, Lily, je crois qu'il faut qu'on parle.

Elle ferma les yeux. Elle savait ce qu'il allait ajouter, et surtout elle savait pourquoi. Tout le groupe devait être au courant. Elle était dans un fauteuil roulant, et, bien qu'elle n'ait rien dit, sans doute avaient-ils deviné qu'elle ne remarcherait jamais.

— Je… je vois quelqu'un d'autre… ça fait un bout de temps que tu es partie.

— Et maintenant que je suis revenue ?

Elle voulait qu'il énonce les choses clairement. Au moins, elle saurait où elle en était. Plus que jamais, elle avait besoin de savoir sur quoi et sur qui elle pouvait compter.

— Sauf que tu n'es pas vraiment revenue, si ? Tu n'entres pas en rééducation demain ?

A l'entendre, on aurait dit qu'elle allait en prison. D'ailleurs, c'était un peu ce qu'elle ressentait.

— Je me demande si on ne devrait pas lâcher l'affaire, poursuivit-il. Pas toi ? Ça fait un moment que je voulais t'en parler.

Il avait l'air un peu gêné, mais pas vraiment désolé. Apparemment, une petite amie en fauteuil roulant, c'était trop pour lui. Et il ne serait sûrement pas le seul. Elle se sentit soudain dans la peau d'un paria.

— Oui, sans doute, admit-elle avec une

désinvolture qu'elle était loin de ressentir. Bon, eh bien, à plus. Merci d'avoir appelé.

Elle raccrocha avant de se mettre à pleurer, ce qui aurait été le comble de l'humiliation. Elle resta un long moment son portable à la main, le regard dans le vide, à se demander si quelqu'un voudrait d'elle un jour.

En bas, Bill venait d'appeler Penny. Il lui avait à peine parlé, ces deux derniers mois. Elle avait d'ailleurs paru surprise de l'entendre.

— Oh ! Bonjour, Bill ! Où êtes-vous ?

— Nous sommes arrivés de Boston tout à l'heure.

— Comment ça s'est passé, les rendez-vous avec les spécialistes ? s'enquit-elle avec une sollicitude qui semblait sincère.

— Pas très bien, répondit-il honnêtement. Ils ne nous ont pas laissé d'espoir.

— Je suis vraiment désolée, Bill. Qu'allez-vous faire, maintenant ?

— Lily entre en rééducation à Craig demain. Elle va y passer trois ou quatre mois, le temps d'apprendre tout ce qu'elle a besoin de savoir. On pourrait peut-être dîner ensemble la semaine prochaine ? ajouta-t-il d'une voix brisée par le chagrin.

Elle se retint tout juste de lui demander pourquoi. A l'évidence, il n'y avait plus de place pour elle dans sa vie. Il n'y en avait jamais eu beaucoup, à vrai dire, et moins encore aujourd'hui. Puisqu'il était resté des semaines sans lui donner de nouvelles, elle ne devait pas figurer très haut sur la liste de ses priorités.

— Je crains que ce ne soit pas possible, je pars demain au Kenya, pour trois semaines. Je vais m'occuper des relations publiques d'une nouvelle chaîne d'hôtels montée par un organisateur de safaris. C'est un super projet. Je t'appelle à mon retour.

Cela ferait alors trois mois qu'ils ne se seraient pas vus. Leur prétendue relation n'était-elle pas devenue absurde ?

— Je ne sais pas si j'ai beaucoup d'énergie pour nous deux, en ce moment, avoua Bill avec franchise. Ce qui est arrivé à Lily est très dur, et ça ne va pas aller mieux avant un bout de temps.

— Que cherches-tu à me dire ?

— J'aime bien être avec toi, Penny, mais tu es très occupée et, de mon côté, j'ai une fille qui va devoir se faire à l'idée de passer le restant de ses jours en fauteuil roulant. Il faut que je sois là pour elle.

— Comme tu l'as toujours été, approuva-t-elle simplement. Mais je comprends. Cela ne laisse pas beaucoup de place pour nous.

— En effet, fit-il d'un ton égal.

Une aventure sentimentale en ce moment, c'était au-dessus de ses forces.

— Je suis désolé, conclut-il, épuisé.

Jamais il ne s'était senti aussi vidé émotionnellement que depuis la chute.

— Je me doutais que cela finirait ainsi, assura Penny avec beaucoup de maturité et de calme. Je m'en suis toujours doutée, et surtout ces derniers temps.

— J'ai peur pour la suite ; ça ne va pas être facile, tu sais.

— Oui, je suis vraiment navrée, pour vous deux. Essaie de ne pas te laisser affecter trop profondément. Il y a des limites à ce que tu peux faire.

— Tout ce que je veux, c'est lui faciliter la vie.

— Et tu vas y arriver. Tu es un père génial.

Il rit.

— … et un petit ami minable, c'est ce que tu veux dire ?

Comme il avait lancé cela sur le ton de la plaisanterie, elle rit à son tour.

— Quelque chose comme ça. Au revoir, Bill. Prends soin de toi.

— Merci. Toi aussi. Et bon voyage.

— Oui. Embrasse Lily de ma part.

Quelques instants plus tard, ils avaient raccroché. C'était fini. D'ailleurs, c'était fini depuis des mois, et peut-être même davantage.

Bill éteignit la lumière de la cuisine et monta à l'étage, où il trouva Lily assise sur son lit, hébétée, son portable à la main.

— Je viens de me faire plaquer par Jeremy, lui dit-elle gravement.

— Et moi par Penny, répondit-il sur le même ton. A moins que ce soit moi qui l'aie quittée. Je ne sais pas trop. En tout cas, c'est terminé. Elle m'a chargé de t'embrasser.

— Ça te fait de la peine ?

— Un peu, répondit-il honnêtement. Mais ce n'était pas si important que cela.

Tout de même, deux ans, ce n'était pas rien. Et

puis il l'aimait bien. Elle avait une petite place dans sa vie et allait lui manquer.

— Et toi, tu as de la peine, pour Jeremy ?

— Oui, admit-elle. Mais ça ira. Est-ce que Penny t'a laissé tomber à cause de moi, parce que je suis blessée ?

Elle fit un signe vague en direction de son fauteuil.

— Je ne pense pas. C'est plutôt qu'elle voyage tout le temps et qu'elle travaille beaucoup. Et puis il y a peut-être des choses que les gens qui n'ont pas d'enfants ne peuvent pas comprendre.

Elle hocha la tête.

— Moi, je crois que Jeremy m'a larguée à cause de mon accident.

C'était plus facile à dire que « parce que je ne peux plus marcher ».

— Dans ce cas, il ne vaut pas bien cher et c'est bon débarras. Un jour, un garçon vraiment bien t'aimera et cela ne l'arrêtera pas.

Il l'espérait, en tout cas.

— Je ne sais pas, fit-elle d'un air mélancolique.

Malgré tout ce que lui avait dit Jessie, elle avait du mal à croire qu'un garçon puisse ne pas être rebuté par son fauteuil. En tout cas, ça répugnait à Jeremy. Elle l'avait senti dans sa voix.

— Où est Veronica, au fait ?

Bill s'étonnait de ne pas la voir. Les deux filles étaient inséparables.

— Elle doit réviser. Ses parents ne l'ont pas laissée sortir. Elle me rendra visite à Craig.

Bill ne put cacher sa déception. Après tout ce que Lily avait traversé, sa meilleure amie aurait pu venir la voir dès ce soir. Pourvu que ses copains ne la laissent pas tomber… Elle n'avait vraiment pas besoin de cela, surtout à un âge où l'on est particulièrement sensible et vulnérable.

— Bon, nous nous sommes peut-être fait larguer, mais, au moins, nous sommes tous les deux. C'est un bon début, conclut-il en souriant.

Il l'embrassa et sortit de sa chambre au moment où Jennifer entrait pour lui proposer une partie de cartes. La jeune infirmière avait été une excellente camarade pour Lily toute cette semaine, et une compagne de voyage parfaite.

— Tu vas me manquer, lui dit Lily tristement quand elle l'installa pour la nuit et éteignit la lumière.

— Toi aussi, tu vas me manquer. Et puis, ton père et toi, vous m'avez trop gâtée. Après ce voyage avec vous, mon appartement minable de Truckee et mes trois colocataires, ça va être l'enfer. Je vais avoir l'impression d'être Cendrillon au retour du bal.

— Tu sais, reprit Lily en la regardant dans les yeux, j'ai un peu peur d'aller à Craig.

— Il ne faut pas. Tout le monde va t'adorer. Et il y aura probablement d'autres jeunes. Et même de beaux garçons, qui sait ?

Lily hocha la tête sans conviction. Jennifer partie, elle resta un long moment allongée, les yeux grands ouverts, à songer à tout cela. Et puis finalement, épuisée, elle s'endormit.

11

Dans une salle de bains non conçue pour accueillir un fauteuil roulant, sans siège adapté dans la douche parce que Angie avait oublié d'en commander un, ce ne fut pas une mince affaire pour Lily de se préparer le lendemain matin. Jennifer dut la soutenir tout le temps et, à la fin, elles étaient toutes les deux trempées. Mais Lily prit la chose avec bonne humeur.

Après le petit déjeuner, un taxi vint chercher Jennifer pour la conduire à l'aéroport. Les deux jeunes filles s'embrassèrent chaleureusement. Quand ils furent seuls, son père regarda Lily, l'air tendu. Elle ne dit rien, mais elle aussi avait une boule au ventre. Ce séjour en centre de réadaptation leur faisait peur.

Bill la porta dans la voiture avant de ranger son fauteuil et sa valise dans le coffre. Elle avait pris un fourre-tout avec son iPod, des DVD, des CD, son ordinateur, des magazines et des livres. Son père lui avait assuré qu'elle aurait une chambre pour elle seule. On lui avait dit que la participation des familles était souhaitée et que des hébergements étaient même disponibles s'il souhaitait dormir sur place. Cependant, ils habitaient si près que cela ne leur semblait pas nécessaire, ni à l'un ni à l'autre. N'empêche que, malgré tout ce qu'elle avait lu au sujet de Craig sur Internet et malgré toute la documentation envoyée par le centre, elle ne savait pas à quoi s'attendre. C'était ce qui l'angoissait.

La plupart des patients s'y rendaient un à quatre mois après leur accident. Elle était donc parfaitement dans la norme. En revanche, les patients avaient en moyenne trente-huit ans, soit plus du double de son âge. Pour les trois quarts, c'était des hommes. La tranche d'âge la plus représentée était celle des dix-huit à vingt-cinq ans, et la moitié des blessures résultaient d'accidents de voiture ou de moto. Les accidents de sport ne représentaient que dix pour cent du total. Enfin, le centre n'acceptait pas les patients de moins de seize ans. Elle allait donc faire partie des plus jeunes. Un professeur particulier viendrait lui donner des cours afin qu'elle puisse suivre le programme scolaire. En première, c'était important. Elle espérait sortir de Craig fin mai, ce qui lui permettrait de retourner au lycée pour la fin du semestre. Tout dépendrait de ses progrès.

Le programme de rééducation se partageait entre de la kinésithérapie proprement dite – qui avait pour but principalement de renforcer les parties de son corps qui n'étaient pas paralysées – et des cours destinés à lui apprendre à se débrouiller dans le monde extérieur. Comment conduire un véhicule adapté ? faire les courses ? prendre l'avion ? D'après ce qu'elle avait lu, la moitié des patients n'avaient que des lésions partielles de la moelle épinière ; ils étaient donc moins handicapés qu'elle.

D'autres étaient là à cause de lésions d'origine cérébrale, mais ils suivaient un programme différent et Lily ne serait pas dans les mêmes groupes qu'eux. C'était Jessie qui l'avait adressée à ce centre, de sorte que son dossier médical l'avait précédée. D'ailleurs, malgré les efforts de l'équipe pour créer une atmosphère agréable, c'était avant tout un hôpital.

Il y avait cependant des séances de rééducation en piscine et toutes sortes d'activités de loisirs, y compris un cours de plongée qui tentait beaucoup Lily. Bien sûr, ce qui avait particulièrement retenu son attention sur la liste, c'était le ski. Elle ne voyait pas comment c'était possible, mais naturellement cela l'intéressait. Des sorties éducatives et culturelles figuraient aussi au programme, mais elles lui parurent dans l'ensemble destinées davantage aux adultes.

Pendant le trajet, Lily garda le silence. Le Craig Hospital se trouvait à Englewood, à huit kilomètres du centre de Denver, tout près de leur quartier de Cherry Hills Village. De fait, ils arrivèrent bien trop vite à son goût. Son père sortit son fauteuil, l'y installa et la poussa jusque dans le hall tout en portant sa valise. Ils se dirigèrent vers les admissions. La réceptionniste, très aimable, lui indiqua son numéro de chambre et leur expliqua comment s'y rendre. Lily regarda son père. Il avait l'air aussi nerveux qu'elle.

La chambre de Lily se trouvait au premier étage de l'aile ouest. Celle-ci comportait plusieurs cafétérias, dont une grande au sous-sol. Mais la nourriture était bien le cadet de ses soucis pour le moment. Ce qui l'angoissait le plus, c'était la rencontre avec les autres patients et le personnel soignant, et la découverte de ce que l'on attendait d'elle. Tout cela lui paraissait tellement plus difficile que de se qualifier pour les Jeux olympiques.

Son père l'aida à défaire sa valise. Il remarqua que tout était à bonne hauteur. Le placard était facilement accessible en fauteuil et la salle de bains était dotée de tous les équipements nécessaires. Cela lui rappela qu'il faudrait aménager les rangements de sa chambre. Pour l'instant, elle ne pouvait rien prendre ni ranger dans la penderie, et beaucoup d'étagères étaient trop hautes.

Quand tout fut en ordre, Lily se dirigea vers le bureau indiqué pour recevoir son planning. Elle avait d'abord une séance de kinésithérapie, puis de natation, avec une évaluation de ses compétences en piscine, et une leçon de conduite, si elle le souhaitait, ou un massage. Elle avait rendez-vous avec son professeur particulier à 18 heures. L'après-midi allait être bien rempli. Mais elle avait la matinée pour découvrir le centre et prendre ses marques. On lui expliqua aussi où elle pouvait déjeuner, en insistant sur le fait qu'il était fortement déconseillé aux patients de prendre leurs repas dans leur chambre. Dans la soirée, ceux qui le souhaitaient pouvaient s'inscrire à des cours de travaux manuels, assister à des projections de films, jouer aux échecs… Bill fut impressionné par la liste qu'elle lui montra. A contrecœur, il se décida à s'en aller. Il l'embrassa sur le seuil de sa chambre et promit de l'appeler plus tard et de revenir la voir en fin de journée. Il avait l'impression de l'abandonner. Mais il se raisonna. C'était pour son bien.

Lily resta un moment dans sa chambre à écouter de la musique sur son iPod, tentant de se détendre et de chasser son anxiété. Elle aurait voulu appeler Veronica, mais, à cette heure-ci, son amie devait être en cours.

Elle avait laissé la porte entrebâillée et fermé les yeux. Quand elle les rouvrit, elle sursauta en découvrant sur le seuil un garçon qui l'observait. Il devait avoir à peu près son âge. Il avait les cheveux blonds et raides, assez longs. Il l'étudiait avec curiosité. Elle ôta un écouteur de son oreille.

— Salut, fit-elle timidement. Je m'appelle Lily.

Il avait de longues jambes, portait comme des gants de golf munis de petits bâtonnets, et son fauteuil roulant était électrique – contrairement au sien – et commandé par une manette. Il entra et lui sourit. Il était plutôt mignon.

— Et moi, Teddy. Je me demandais qui allait avoir la chambre individuelle. Moi aussi, j'en ai une, mais c'est parce que je suis là depuis plus longtemps que tout le monde.

— C'est-à-dire ?

— Depuis mes deux ans, répondit-il nonchalamment en se déplaçant avec aisance dans la pièce. Non, je plaisante. Mais ça fait un peu plus de deux ans. J'ai une lésion complète au niveau C5/C6. Une chute de cheval. J'ai eu une dispense pour venir ici à quinze ans. Et si je suis encore là, c'est parce que mes parents ont peur de me ramener à la maison. Mon diaphragme est compromis, expliqua-t-il d'un ton étrangement guilleret. Du coup, parfois, je ne peux plus respirer. Quand je suis enrhumé, par exemple. Bon, voilà pour moi. Ah, et j'ai dix-sept ans. Et toi ? Qu'est-ce qui t'amène ici ?

Il avait été touché aux cervicales, donc bien plus haut qu'elle. Peut-être ses bras ne fonctionnaient-ils plus correctement, songea Lily. Etait-ce pour cela qu'il portait ces gants spéciaux équipés de bâtonnets ? Elle n'osa pas lui poser la question.

— Accident de ski, répondit-elle.

Il regardait ses CD en hochant la tête d'un air approbateur. Il semblait comme chez lui, ce qui n'était pas très étonnant au bout de deux ans. Mais quelle tristesse que ses parents aient peur de le reprendre chez eux... Elle n'imaginait pas son père la laissant ici une minute de plus que nécessaire.

— D'où viens-tu ? voulut-elle savoir.

Il l'intriguait. Elle était heureuse d'avoir rencontré quelqu'un de son âge et elle lui trouvait un beau visage, avec un regard très doux.

— Philadelphie. Ma mère passe son temps en concours hippique et mon père dirige une banque. Ils n'ont pas le temps de venir me voir. Ce sont des *gens très importants* ! conclut-il dans une imitation parfaite de l'accent de Philadelphie. Et toi, tu es d'où ?

— D'ici, fit-elle simplement. Denver.

Il hocha la tête.

— J'aime bien ta musique. Tu as eu quel genre d'accident ?

— Je suis tombée d'un télésiège ; le câble s'est rompu.

Il fit une grimace de sympathie.

— Ouille ! Quelle horreur ! Moi, j'ai sauté un

obstacle sans mon cheval. En principe, je montais mieux que ça. Alors tu es blessée à quel niveau ?

— T10. Section complète.

— Bienvenue dans la colonie de vacances de Craig. Tu pourras faire du canoë-kayak, de la plongée, du Hobie Cat, aller à la pêche, jouer au football, au billard, au tennis de table, prendre des cours de comédie ou de chant, apprendre à jouer aux fléchettes, à tirer à la carabine ou à manier une perche avec ton souffle, partir en randonnée, monter dans une montgolfière, faire du jardinage. Moi, je dessine. Malheureusement, on est aussi obligés d'aller en cours. Je suis en première. Et toi ?

— Moi aussi, répondit-elle en souriant. J'ai vu sur la liste qu'on pouvait faire du ski…

— Tu dois être incurable, si tu as envie de recommencer !

— Je m'entraînais en vue des Jeux olympiques, fit-elle tout bas.

De nouveau, la sympathie se peignit sur le visage de Teddy.

— Oui, il y a du ski, confirma-t-il, mais je n'ai pas essayé. Je ne remplis pas les conditions. On peut aussi monter à cheval, mais j'ai préféré arrêter avant que ça se gâte.

Les activités ne manquaient pas, c'était certain. Elle ne voyait même pas comment il était possible d'en proposer autant.

— Ensuite, continua-t-il, il y a les massages et l'acupuncture, que j'aime bien. Et puis on a sur place un dentiste, un dermatologue et un ophtalmo. Bref, la totale. C'est le meilleur centre de réadaptation du pays, résuma-t-il fièrement. Autrement, je ne serais pas là. A l'époque des colonies de vacances et des stages d'équitation, déjà, mes darons choisissaient ce qu'il y avait de mieux. L'important, c'était de trouver de quoi m'occuper pour que je ne sois pas dans leurs jambes.

Il avait beau le raconter d'un ton neutre, Lily trouvait cela triste.

— Tu as des frères et sœurs ? reprit-il avec intérêt. Moi non plus, enchaîna-t-il comme elle secouait la tête. Si ça se trouve, on est des jumeaux qui ont été séparés à la naissance.

Elle éclata de rire. Il regarda l'horloge fixée au mur. Elle indiquait midi.

— On devrait aller à la cafétéria avant que ce soit la cohue, suggéra-t-il. On mange pas mal, dans l'ensemble.

Elle constata qu'il était mince et en bonne forme physique, ce qui, avait-elle appris, n'était pas toujours le cas des patients atteints à la moelle épinière. Certains avaient tendance à prendre du poids parce qu'ils menaient une vie sédentaire. Pas Teddy, qui avait en outre les épaules et le haut des bras bien musclés.

— Je vais te montrer le chemin de la cafèt', proposa-t-il en sortant de la chambre.

Plus rapide que Lily dans son fauteuil motorisé, il dut ralentir pour l'attendre.

— Il y a beaucoup de jeunes de notre âge ? s'enquit-elle, contente d'avoir un guide.

Grâce à sa présence, tout lui semblait bien moins intimidant.

— Quelques-uns. Ça change tout le temps.

Quelquefois, ce sont des jeunes qui arrivent, et quelquefois, des plus vieux. Enfin nous sommes tout de même au bas de l'échelle, puisque Craig n'accueille pas les moins de seize ans. Et il est très rare qu'ils gardent un patient plus de quatre mois. Leur objectif est de nous renvoyer chez nous. Ils ont dû oublier de le préciser à mes parents quand ils m'ont déposé.

Ils ne lui avaient rendu visite qu'une fois en deux ans, ce qui sembla incroyable à Lily. En fait, Craig était devenu sa maison. Il faisait partie des meubles. La première année, au moment des fêtes, il avait trouvé cela dur. Et puis il s'y était habitué. Il venait de passer son troisième Noël ici.

La cafétéria était vaste et chaleureuse, avec des tables dressées pour quatre ou six, parfois deux.

— On est une cinquantaine de patients atteints à la moelle épinière, donc on se connaît plutôt bien, lui raconta Teddy pendant qu'ils allaient commander leur déjeuner.

Celui-ci leur serait apporté à leur place. Ils avaient l'un comme l'autre droit à un repas complet et choisirent un menu sain et équilibré. Il y avait déjà un peu de monde dans la salle, dont des techniciens, des thérapeutes et des membres de l'équipe médicale.

— Je t'ai dit qu'on jouait aussi au volley et au basket ?

Elle sourit. Il faisait à lui tout seul un excellent comité d'accueil. Elle avait l'impression d'embarquer pour une croisière de luxe, même si elle aurait préféré ne pas être là. En tout cas, c'était bien mieux que ce qu'elle avait craint.

— Je te présenterai à mes amis quand ils viendront me voir, promit-elle.

Teddy parut sceptique.

— N'y compte pas trop, Lily, la prévint-il gentiment. Tes amis étaient sûrement sincères, mais les gens sont très occupés, dans le monde réel. Au bout d'un moment, ils arrêtent de venir. Loin des yeux, loin du cœur : ils nous oublient. C'est la même chose pour ceux qui quittent le centre. Ils disent qu'ils reviendront en visite, mais cela n'arrive jamais. En plus, les valides sont mal à l'aise, ici. Ils flippent en nous voyant et en comprenant que cela pourrait aussi leur arriver. Bref, n'espère pas voir tes amis très souvent : tu serais déçue. J'en ai vu, des choses, depuis deux ans, conclut-il, philosophe.

Il n'y avait aucune aigreur dans ses propos ; il semblait simplement vouloir lui éviter une déconvenue.

— Mais toi, répondit-elle, j'espère que tu viendras me voir, quand je serai rentrée à la maison.

— Mon fauteuil est assez lourd, objecta-t-il avec pragmatisme. Il faut une camionnette spéciale.

— Nous pourrons peut-être en emprunter une ici.

Elle était si désolée pour lui, que ses parents ne venaient jamais voir…

— Mon père trouvera une solution, promit-elle. Il est assez doué pour ce genre de choses.

— Il doit être gentil, observa Teddy. Pas comme le mien, en tout cas. Quand il a su de quels soins j'aurais besoin pour revenir à la maison, il a préféré me laisser ici. Lui et ma mère prétendent que c'est moins risqué pour moi.

— Et c'est vrai ? demanda-t-elle avant de croquer dans sa pomme.

— Peut-être, admit-il. Si je tombe malade ou si j'attrape un rhume, je ne suis pas capable de tousser pour me dégager les poumons. Il faut que quelqu'un le fasse pour moi. Mais ce n'est quand même pas la mer à boire.

Pour ses parents, si, manifestement. Autrement, ils l'auraient repris. Lily savait que son père ne se conduirait jamais ainsi – cela dit, tout le monde n'était pas comme son père.

— Et ta mère, où est-elle, au fait ? s'enquit Teddy.

— Elle est morte quand j'avais trois ans. Dans un accident de voiture. Je vis seule avec mon père.

Ensuite, il voulut voir son planning et la renseigna sur les différents intervenants auxquels elle aurait affaire. Il la mit en garde contre le kiné, un vrai tyran.

— Oh, génial, fit-elle dans un soupir. J'ai bien besoin de ça, tiens.

— Il était dans les marines et ses séances ressemblent à un camp d'entraînement. Mais, en fait, il est génial. C'est grâce à lui que je me sers de mes bras, alors qu'on m'avait dit que je ne pourrais plus jamais.

Elle avait remarqué qu'il utilisait les bâtonnets fixés à ses gants comme elle ses doigts. Il était d'une grande adresse et elle le sentait parfaitement à l'aise. Il l'étonna encore davantage en lui parlant de sa passion pour le dessin.

— Je peins depuis deux ans. Peut-être que les cours d'arts plastiques te plairont, à toi aussi. Mais tu dois être plutôt du genre sportif, si tu faisais partie de l'équipe de ski. Dans ce cas, tu vas être servie, avec Phil. Les six premiers mois, je peux te dire que je l'ai haï. Maintenant, c'est mon meilleur ami. Il n'est pas aussi dur qu'il en a l'air.

— Tu me fais peur, dit Lily en souriant. Je n'ai jamais eu envie d'entrer dans les marines.

— Tout ce qu'il faut, c'est que tu te donnes à fond. Si tu ne fais pas d'efforts, il te pousse. Mais du moment que tu fais ton maximum pendant les séances avec lui, ça lui va. Il a horreur des fainéants et des gens qui baissent les bras. Mais ça ne me paraît pas être ton genre.

Deux mois après son accident, elle n'avait pas encore perdu son physique athlétique. Les muscles de ses jambes allaient fondre, puisqu'elle ne pouvait plus s'en servir, mais Phillip Lewis allait l'aider à développer tout le haut de son corps, au-dessus du niveau de la lésion.

— Je t'accompagne, si tu veux, proposa Teddy.

C'était tentant. Elle n'avait pas envie d'affronter seule le camp d'entraînement. C'était comme le premier jour dans une nouvelle école.

Après le déjeuner, il lui montra donc le chemin des salles de kinésithérapie et lui présenta Phil. Elle le regarda avec une certaine appréhension. C'était vrai qu'il avait l'air d'un sergent instructeur des marines, avec sa coupe militaire, son corps musculeux, sa posture très droite et son air de rigueur et de discipline. A peine Teddy parti, Phil étudia attentivement le torse de Lily. Il avait lu son dossier. Comme tous les skieurs, elle avait les jambes très musclées. Mais désormais, c'était de ses bras qu'elle allait avoir besoin.

— Il faut que tu sois capable d'aller où tu veux, lui expliqua-t-il, et de rouler aussi longtemps que tu en as envie. Ce n'est pas avec de la guimauve dans les biceps que tu y arriveras.

Il lui fit faire des exercices bien plus fatigants qu'elle ne s'y attendait, puis soulever des poids jusqu'à ce qu'elle ait les épaules et les bras en feu. Ensuite, il l'étendit sur un matelas et lui fit travailler les jambes. Quand elle se retrouva dans son fauteuil roulant à la fin de la séance, elle était moulue.

Elle n'eut qu'un quart d'heure de pause avant sa séance à la piscine, où elle eut la joie de retrouver Teddy. Il était équipé d'un harnais au moyen duquel on le faisait doucement descendre dans le bassin. Il avait l'air de passer un bon moment. L'équipe s'occupait aussi de plusieurs autres patients. On aida Lily à se mettre à l'eau. Après sa séance avec Phil, c'était divin. Elle passa une heure à se baigner sous surveillance. Ensuite, elle eut droit à un massage, et elle s'endormit sur la table. Quand elle regagna sa chambre un peu plus tard, elle n'avait qu'une envie : se mettre au lit. Elle fit la grimace en voyant Teddy apparaître à la porte restée entrouverte. Lui, au contraire, semblait en pleine forme.

— Alors, tu es d'attaque ? lui demanda-t-il gaiement.

— Tu veux rire ? D'attaque pour dormir douze heures, oui. C'est un vrai camp d'entraînement militaire, ici.

N'empêche que la perspective de se donner à fond ne lui déplaisait pas. Les prochains mois promettaient d'être intéressants – si elle survivait.

— Ils sont plus exigeants avec les jeunes. Ils pensent que nous pouvons en encaisser davantage, glissa Teddy avec un sourire narquois. N'oublie pas, on a cours à 18 heures.

— On peut sécher ? demanda-t-elle, pleine d'espoir.

— Pas question. Tu vas quand même pas renoncer à ton bac ! Moi, je devais aller à Princeton, comme mon père et mon grand-père, mais je préférerais faire des études d'art, si jamais je sors d'ici un jour. J'arrive à peu près à me maintenir au niveau, sauf que je suis nul en math.

— Moi aussi.

Ils allèrent retrouver leur professeur, une femme charmante qui exerçait dans un lycée voisin. Elle avait déjà pris contact avec les enseignants de Lily pour récupérer ses devoirs, et un plan de travail avait été mis en place. Elles devaient se voir tous les jours pour rattraper le retard des deux derniers mois.

Ils n'allèrent dîner qu'à 19 h 30, et c'est seulement une fois à table que Lily consulta son BlackBerry, pour la première fois de la journée. Elle avait été tellement occupée qu'elle n'y avait même pas pensé. Elle avait un SMS de Veronica, qui lui disait seulement : « Trop de devoirs. A demain. Bisous. V. », un autre d'une camarade d'école qui annonçait sa visite le samedi et un dernier de son père, qui la prévenait qu'il serait là à 20 heures. Elle avait donc une demi-heure pour dîner avant son arrivée. Elle commanda du poulet, une pomme de terre au four et des légumes vapeur et suivit Teddy à une table où étaient déjà installés deux garçons d'une vingtaine d'années. Teddy les lui présenta. Ils s'appelaient Bud et Frank, avaient un physique de sportifs et étaient sympathiques et drôles. Bud apprit à Lily qu'il s'était blessé en plongeant l'été précédent. Quant à Frank, il avait été victime d'un accident de la circulation, à Los Angeles, le soir du nouvel an. Ils avaient l'un et l'autre subi des blessures semblables à la sienne. Teddy était le seul d'entre eux à ne pas avoir le plein usage de ses mains, mais il se débrouillait admirablement.

Alors qu'ils dînaient en discutant avec animation, elle vit entrer son père dans la cafétéria et lui fit signe. Elle lui présenta ses nouveaux amis et il s'assit avec eux pour bavarder un moment. Elle lui raconta sa journée. Il fut très impressionné. Manifestement, le programme était exigeant, mais cela faisait des semaines qu'il n'avait pas vu Lily aussi gaie et pleine de vitalité. Et si Jessie avait raison ? La compagnie de jeunes gens confrontés aux mêmes difficultés qu'elle lui faisait probablement du bien.

Après le dîner, Bill et Lily se rendirent dans le salon. Il était vivement conseillé que les proches des patients viennent les voir, de sorte que tout le monde le salua chaleureusement. Il y avait là d'autres parents, qui séjournaient dans les hébergements que le centre leur réservait. Lily raconta à son père que les parents de Teddy n'étaient venus qu'une fois en deux ans ; il en fut horrifié.

Comment pouvait-on à ce point négliger son enfant ?

— Il a l'air très sympa, lança-t-il.

— On pourra l'inviter à la maison, un jour, s'il te plaît, papa ?

— Bien sûr, répondit-il sans hésiter.

— Il faudra emprunter une camionnette. Son fauteuil ne tient pas dans notre voiture.

Il en convint ; il avait vu l'encombrant fauteuil motorisé du garçon.

— Au fait, annonça-t-il, j'ai eu Joe. Il vient ce week-end.

— Ah, je suis contente pour toi, dit-elle en souriant.

Lily et Bill avaient peine à croire que ce n'était que son premier jour. Ils avaient l'impression tous les deux qu'elle était là depuis un mois. Il garda le secret parce qu'il voulait lui en faire la surprise, mais il avait rendez-vous avec un architecte le lendemain matin pour planifier les aménagements nécessaires dans la maison. Joe lui avait proposé de l'aider à suivre le chantier. C'était sa façon à lui de soutenir son ami. Et puis, il avait toujours eu une passion pour la rénovation et la construction de maisons. Il avait d'ailleurs fait bâtir une magnifique résidence secondaire dans les Hamptons, qu'il avait vendue par la suite.

— Combien de temps prévoit-il de rester ?

— Deux semaines, peut-être. Il n'a pas grand-chose à faire à New York. Son appartement est à vendre et il préfère ne pas être là pendant les visites. Bref, il est ravi de changer d'air.

Lily savait vaguement que Joe avait des soucis

d'ordre professionnel, mais elle en ignorait les détails. Son père ne lui en avait pas révélé davantage par respect pour son ami.

— Nous viendrons te voir après notre parcours de golf, dimanche, ajouta-t-il.

Il aurait bien aimé la faire sortir, mais on lui avait conseillé de la laisser au centre afin qu'elle puisse profiter des activités proposées le week-end. On lui affirmait que c'était mieux pour elle. Mais il ne pouvait s'empêcher d'éprouver un sentiment de culpabilité.

Lily regagna sa chambre vers 21 heures. Une aide-soignante vint l'aider à prendre sa douche. Elle se coucha épuisée. La journée avait été plus que remplie. Elle ferma les yeux en songeant à tout ce qu'elle avait fait et à ce que lui avait raconté Teddy. Elle ne pensa même pas à mettre son réveil. Cependant, quelqu'un viendrait la réveiller s'il le fallait, et l'aider à se lever. Dans l'intervalle, si elle avait besoin de quelque chose, il lui suffisait de sonner. Il y avait toujours des infirmiers de garde. C'était un hôpital, après tout. Pas un camp d'entraînement militaire, malgré les apparences.

12

La deuxième journée de Lily à Craig fut encore plus remplie que la première. Séance de kiné, natation, leçon de conduite et même un cours pour apprendre à se débrouiller dans une cuisine – ce qui n'était déjà pas sa spécialité avant l'accident. Elle n'eut même pas le temps de faire ses devoirs avant de voir sa tutrice. Celle-ci lui fit promettre de profiter du week-end pour se mettre à jour, et Teddy et elle prirent rendez-vous pour travailler ensemble. Enfin, elle eut la visite de Veronica. La jeune fille était extrêmement mal à l'aise. La vue de Lily en fauteuil roulant lui avait causé un choc évident. Soudain, l'accident devenait réel, tangible.

Veronica ne parla que de l'entraînement et de l'équipe. Elle décrivit à Lily tout ce que leur faisait faire leur coach et combien il les poussait. Quand elle repartit, Lily eut envie de pleurer. Le ski lui manquait trop, lui manquerait toujours. Elle se sentait mise sur la touche de sa vie d'autrefois. A tel point qu'elle regretta presque que Veronica soit venue la voir. Quand celle-ci ressortit de l'hôpital, libre comme l'air, Lily se sentait comme une prisonnière, avec une conscience de son infirmité plus vive que jamais. La psy lui avait assuré qu'il était normal que la perte de son ancienne vie la mette en colère. N'empêche que là, c'était le désespoir qui l'étreignait. Elle regagna sa chambre en pleurant et tomba sur Teddy, qui rentrait dans la sienne.

— Ça va ? s'inquiéta-t-il.

— Non, répondit-elle franchement.

— Que s'est-il passé ?

— Une amie est venue me voir. Ma meilleure amie.

Elle se remit à pleurer.

— Elle n'a parlé que de l'équipe de ski, de l'entraînement, de ce que font les uns et les autres.

Elle sanglotait, regrettant qu'il ne puisse pas la prendre dans ses bras. Cependant, elle trouva bientôt dans son regard autant de chaleur et de réconfort que dans une étreinte.

— Je suis désolé, Lily. Les gens ne se rendent pas compte. Je ressens la même chose quand ils parlent de leur famille et des bons moments qu'ils passent ensemble. Tu as envie qu'on regarde un film ?

— Non, merci, ça va.

Elle lui sourit à travers ses larmes et attrapa un kleenex pour se moucher.

— Veronica est ma meilleure amie depuis toujours… Je l'ai sentie terriblement nerveuse tout le temps de sa visite. Je ne pense pas qu'elle revienne.

— C'est possible, confirma-t-il honnêtement.

Et ce serait peut-être mieux ainsi, songea-t-il, même s'il s'abstint de le lui dire. Ils bavardèrent encore un petit moment, puis il retourna dans sa chambre. Lily appela son père.

— Qu'est-ce qu'il y a ? lui demanda-t-il aussitôt.

Ils parlèrent longuement, et Lily put se coucher rassérénée.

Le lendemain, Bill appela Jessie Matthews à Squaw Valley. Il lui apprit que Lily se trouvait à Craig.

— Tous vos confrères ont confirmé votre pronostic, avoua-t-il tristement. Et le Dr Hammerfeld, du Mass General, n'a pas tari d'éloges à votre sujet. Bref, ils sont unanimes : il n'y a rien à faire.

— Oui, je suis vraiment désolée. Comment ça se passe, pour Lily, à Craig ?

— Elle a l'air très occupée. Je dois dire que le programme est extraordinaire et elle a rencontré un garçon de son âge. Ils ont l'air de s'entendre très bien. Son petit ami l'a quittée et ses amis d'avant ne font pas beaucoup d'efforts pour venir la voir. L'équipe de ski lui manque. C'est dur, pour elle, de s'adapter à tous ces changements.

— Et pour vous aussi…

— Je vais faire aménager la maison avant son retour. Et vous, comment allez-vous ?

Sa vie à elle avait également subi des changements radicaux.

— Ça va. On se débrouille. Mais ce n'est pas facile pour les enfants.

— Cela ne doit pas l'être davantage pour vous, fit-il valoir, compatissant.

Elle soupira. Il avait raison. Tim lui manquait tant.

— Je fais de mon mieux pour tenir le coup. Il n'y a pas le choix. Donnez-moi des nouvelles de Lily, à l'occasion. Je pense qu'elle va apprendre énormément de choses, à Craig. C'est un centre extraordinaire.

— Je m'en rends compte. Mais il me tarde qu'elle rentre à la maison.

Ce jour-là, Lily eut un exemple des choses inattendues mais très utiles que l'on enseignait au centre. Une éducatrice la fit monter avec trois autres jeunes filles en fauteuil dans une camionnette spécialement équipée. Elles étaient un peu plus âgées qu'elle, mais cette sortie en petit groupe allait lui fournir une bonne occasion de faire connaissance. Elles se rendaient en ville, dans un grand centre commercial.

— Qu'allons-nous faire ? s'enquit l'une d'elles.

— Du shopping, répondit l'éducatrice.

Le but de l'exercice était de leur enseigner comment se débrouiller dans les boutiques : manœuvrer leur fauteuil dans les rayons, attirer l'attention des vendeurs et même essayer des vêtements. Ce fut un peu difficile dans le premier magasin, surtout à quatre en fauteuil. Mais, au bout de deux ou trois, elles avaient toutes fait de gros progrès. Chacune acheta quelque chose et elles passèrent finalement un très bon moment. C'était même la première fois que Lily s'amusait autant depuis son accident. Tandis qu'elles bavardaient avec animation, Lily se rappela son expérience désastreuse chez Harrods avec Jennifer et combien elle s'était sentie insignifiante, ignorée par les employés et bousculée par tout le monde.

A son retour au centre, Phil Lewis lui réservait une belle surprise.

— Quel est le programme, aujourd'hui ? lui demanda-t-elle, un peu inquiète, au début de la séance.

Elle avait passé un si bon moment le matin qu'elle ne se voyait pas replonger directement dans l'atmosphère de camp d'entraînement. Mais il avait prévu autre chose.

Il alluma le téléviseur à écran plat et glissa un DVD dans le lecteur.

— Aujourd'hui, annonça-t-il simplement, nous allons regarder un film.

C'était un documentaire sur les Jeux paralympiques, qui se déroulaient juste après les Jeux olympiques d'hiver, sur le même site, et étaient réservés aux personnes handicapées. Plusieurs disciplines étaient présentées. Y compris le ski alpin ! De la descente ! Une espèce de siège était fixée tantôt à un monoski, tantôt à une paire de skis – elle apprit qu'on parlait de dualski –, et le skieur se servait de deux bâtons se terminant chacun par un petit ski pour s'équilibrer et tourner. Ils allaient à une vitesse incroyable. Cela lui sembla follement excitant, et pas facile du tout. Fascinée, elle ne pouvait quitter l'écran des yeux.

A la fin de la projection, Phil se tourna vers elle :

— Je me suis dit que ça pourrait t'intéresser.

— Ça a lieu quand ?

— Tous les quatre ans, comme les autres Jeux. Donc l'année prochaine, en mars. Il y a des Jeux paralympiques d'hiver et d'été. Il me semble que tu pourrais t'essayer au ski en fauteuil. Il va te falloir beaucoup travailler, beaucoup t'entraîner, mais tu en es capable puisque tu faisais partie de l'équipe olympique de descente.

Lily le fixa un long moment, muette de stupeur.

— Je veux en faire, finit-elle par dire avec détermination.

— Tu vas devoir développer ton équilibre et la musculature du haut de ton corps, précisa-t-il. Réfléchis-y.

Il lui avait montré ce film pour la stimuler, lui montrer des objectifs qu'elle pouvait se fixer. Jamais elle n'aurait cru pouvoir skier à nouveau après son accident.

— Je veux en faire ! répéta-t-elle.

Phil hocha la tête. C'était bien ce qu'il espérait.

— Très bien, nous allons donc travailler dans ce sens.

Il avait trouvé la carotte pour la faire avancer. Cet après-midi-là, elle se plia à tous les exercices sans rechigner. Elle était encore surexcitée quand elle retrouva Teddy à la piscine. Elle lui raconta le film, la course qu'elle avait vue à l'écran et qui lui paraissait aussi exaltante que la descente telle qu'elle l'avait pratiquée.

— J'en ai entendu parler, répondit-il. Alors, tu vas en faire ?

Il paraissait heureux de la voir d'aussi bonne humeur.

— Je vais essayer. Et toi, tu ne veux pas t'y mettre ? suggéra-t-elle.

— Je ne suis pas très bon en sport. Je montais à cheval, mais c'était à peu près tout.

— Demande à Phil s'il pense qu'il y a une discipline qui te conviendrait !

Elle avait vu des épreuves de luge qui pourraient lui correspondre, même s'il fallait prendre certaines précautions contre le froid.

Elle ne put penser à rien d'autre de toute la journée. Mais elle n'en parla pas à son père quand il vint la voir ce soir-là. Elle craignait qu'il ne s'y oppose, de peur d'un nouvel accident. Elle ferma à peine l'œil de la nuit et en reparla à Phil le lendemain après-midi. Sans qu'elle en ait vraiment conscience, au bout de quelques jours, son torse commençait déjà à se muscler. Il était satisfait de ses progrès. Très volontaire, elle se donnait à fond dans ce qu'elle entreprenait. Lors de la réunion hebdomadaire de l'équipe, les intervenants furent unanimes. Lily s'en sortait très bien ; ils étaient sûrs qu'elle allait réussir.

Pendant le week-end, elle rattrapa ses devoirs avec Teddy. Le samedi soir, un groupe d'une dizaine de pensionnaires de Craig alla au cinéma. Au début, cette rangée de fauteuils roulants fit un drôle d'effet à Lily. Mais le film les fit rire, ils mangèrent du pop-corn, l'atmosphère se détendit. Et puis Teddy était de la partie. Ce fut une excellente soirée.

Le dimanche, comme promis, elle eut la visite de son père et Joe, qui restèrent dîner. En repartant, Bill avait meilleur moral.

— Ta fille est bien courageuse, lança Joe.

— C'est vrai, reconnut-il fièrement. Et cet endroit est remarquable. On leur apprend à vivre une vie bien remplie, le plus normale possible, malgré leurs blessures. Ils savent vraiment s'y prendre.

Il voyait que Lily avait déjà beaucoup appris

en moins d'une semaine. Elle semblait en bien meilleure forme physique et morale que ces deux derniers mois. Son assurance grandissait à mesure de ses progrès.

— Tu vas trouver cela bizarre, dit Joe, mais, pendant que nous étions là-bas, je n'arrêtais pas de me dire que tu pourrais construire un établissement du même genre, à une plus petite échelle…

— Mais pourquoi ? fit Bill, étonné. Craig est le meilleur centre qui soit.

— Je sais bien, mais la plupart des résidents sont plus âgés qu'elle. Tu as vu comme les plus jeunes ont tendance à se rapprocher les uns des autres ? Et leurs besoins sont différents de ceux des adultes, qui, eux, sont dans l'optique de reprendre leur carrière et de retrouver leur place de chef de famille. Mais si tu créais un centre de réadaptation destiné aux enfants et aux adolescents, les dix/vingt ans ou dix/vingt-deux – peut-être plus petits ? Je sais qu'il en existe déjà, mais tu pourrais faire quelque chose de vraiment exceptionnel. Il faudrait limiter le côté médical à leurs besoins stricts et ne les accepter que quand ils sont prêts à entamer leur rééducation, pas avant. Et le programme serait centré autour de leurs activités de prédilection, les arts plastiques, la musique et le sport. Mais un vrai programme sportif, avec des instructeurs formés spécialement pour les sports de compétition.

Lily avait évoqué les Jeux paralympiques en passant et Joe avait été conquis par l'idée.

— Bref, quelque chose de vraiment haut de gamme, reprit-il, mais à plus petite échelle. Tu pourrais même proposer des bourses au nom de Lily. Ce serait un très bel hommage à lui rendre.

Bill voulut intervenir, mais Joe ne lui en laissa pas le temps.

— Et pourquoi ne pas travailler en tandem avec Craig ? Leur proposer des choses dont ils auraient besoin pour leurs patients les plus jeunes et orienter vers eux les plus âgés des tiens. Ce pourrait être le complément idéal de ce qu'ils offrent. Et tu pourrais faire appel aux meilleurs coachs. Tu as les moyens, et les relations. En tout cas, cela vaut la peine d'y réfléchir. Tu ne crois pas ?

Bill hocha la tête, les yeux brillants.

— Bien sûr, poursuivit Joe, il ne s'agit pas de rivaliser avec Craig ni avec l'hôpital des enfants, mais de compléter leur action. Si ça se trouve, ils seraient même favorables à un tel projet.

Au cours du repas, Lily avait appris à Joe qu'il existait à Denver un centre réservé aux enfants, mais il avait en tête quelque chose de bien plus sophistiqué.

Ils étaient arrivés à la maison. Bill s'arrêta et le regarda.

— C'est peut-être de la folie, mais l'idée me plaît. Par où commencer ?

— Par y penser. Et par en parler avec des gens que tu as pu rencontrer et qui t'ont aidé. Tu as appris beaucoup de choses sur les lésions de la moelle épinière depuis l'accident de Lily. Fais-en bon usage ; pour Lily, mais aussi pour d'autres enfants dans son cas. A mon avis, il faut vraiment se concentrer sur les jeunes de son âge, à quelques années près dans un sens et dans l'autre. Je crois que tu pourrais vraiment y arriver.

L'enthousiasme de Joe était communicatif. Bill se prenait au jeu.

Il alla se coucher, titillé par l'idée de son ami. Etait-ce déraisonnable ? Il lui semblait qu'une force le poussait à le faire. Il se tourna et se retourna dans son lit toute la nuit. A 6 heures le lendemain matin, en se levant, sa décision était prise. L'accident de Lily devait se traduire par quelque chose de positif et il lui apparaissait clairement que c'était *cela*. Il appellerait son établissement « L'Equipe de Lily », en hommage à sa fille. Ce serait un centre de réadaptation modèle, réservé aux enfants.

13

En descendant prendre son petit déjeuner, Bill trouva son ami déjà attablé dans la cuisine devant un café et son journal.

— Je vais le faire, lui lança-t-il tout en se servant une tasse.

Son esprit galopait.

— Faire quoi ?

Joe s'étira. Il était bien, chez Bill. C'était l'antidote idéal à sa solitude et son désœuvrement new-yorkais.

— Ce dont nous avons parlé hier soir. Le centre pour les enfants. Je l'appellerai L'Equipe de Lily. Je ne sais pas pourquoi, mais je sens qu'il faut que je me lance. Je n'ai aucune idée de la façon de construire un centre de rééducation, mais si nous arrivons à nous entourer de personnel compétent pour le faire tourner, nous pourrons créer un lieu extraordinaire.

Joe sentait tout l'enthousiasme de Bill. Or son ami était un visionnaire. C'était d'ailleurs grâce à son génie, son cran et sa détermination qu'il avait fait fortune. Aujourd'hui, il avait tout pour réussir : des moyens presque illimités et le courage d'entreprendre quelque chose de nouveau et de grand.

— Oui, renchérit Joe avec la même énergie, ce serait fabuleux. Et je pourrais t'aider, ce n'est pas le temps qui me manque. Je ne connais rien aux hôpitaux, mais je peux apprendre. Et les affaires sont les affaires, quoi que l'on vende. Il te faudra bien entendu un directeur médical de grande envergure, mais il y aura aussi des tâches administratives.

Bill hocha la tête. Malgré le récent fiasco de sa carrière, il connaissait les compétences de Joe. Avant qu'il ait eu le temps de répondre, on sonna à la porte. Il avait complètement oublié son rendez-vous avec l'architecte.

Quoique jeune, Steve Jansen avait déjà réalisé des projets de ce type. Il lui avait été recommandé par deux de ses confrères. Bill lui expliqua qu'il voulait que tout soit pratique, confortable et accessible sans pour autant que la maison se transforme en hôpital. Steve saisit parfaitement. Il lui conseilla d'abord d'installer une rampe d'accès dans l'entrée et dans le salon, avec des balustrades en cuivre qui se fondraient dans le décor. Dans la cuisine, il faudrait abaisser l'îlot central, la cuisinière et les placards et même déplacer l'évier pour faciliter l'accès au réfrigérateur. La salle de bains devrait être réaménagée complètement, avec une baignoire et une douche spéciales et un lavabo plus bas. Pour l'ascenseur, il faudrait condamner un grand placard à chaque étage. L'un contenait des dossiers et des bagages que Bill rangerait ailleurs, et l'autre, les affaires de ski de Lily, dont elle n'aurait plus besoin. Bill sentit les larmes lui monter aux yeux. Au fond, il valait mieux qu'elle ne revoie pas son matériel. C'était aussi bien que tout disparaisse.

Steve lui assura que les travaux pourraient être faits en deux mois, et donc terminés à temps pour le retour de Lily. Elle aurait accès absolument à tout. Certes, cela allait avoir un coût. Mais, aux yeux de Bill, le jeu en valait largement la chandelle. Il s'était bien rendu compte, en une seule soirée, combien il lui avait été difficile de faire quoi que ce soit dans la maison. Aussi allait-il faire en sorte que cela change, qu'elle puisse vivre le plus normalement possible chez eux.

A la fin du rendez-vous, Bill servit à Steve et Joe une tasse de café qu'ils burent debout, dans la cuisine. L'architecte leur expliqua que tout serait high-tech et qu'il n'emploierait que des matériaux de la meilleure qualité – du granit noir dans la cuisine et du marbre rose dans la salle de bains de Lily. Le résultat ne serait pas uniquement fonctionnel, mais très beau, en harmonie avec la décoration de la maison. C'était un vrai défi à relever, mais Steve ne doutait pas qu'il y parviendrait.

C'est alors que Bill eut une idée.

— Que penseriez-vous d'une résidence pour des jeunes blessés à la moelle épinière ? lui demanda-t-il tout à trac. Vous croyez que ce serait un projet fou ?

Steve parut intrigué.

— Comme Craig, vous voulez dire ?

— Oui et non. Pour des patients plus jeunes, uniquement des lésions médullaires, et uniquement pour la phase de réadaptation, donc sans toutes les infrastructures hospitalières. Un lieu d'apprentissage exclusivement destiné aux enfants, aux adolescents, peut-être jusqu'à une vingtaine d'années.

L'accent serait mis sur les activités sportives, artistiques et musicales, ainsi que sur la rééducation bien sûr, et l'enseignement de tout ce qu'il leur faudrait savoir pour réintégrer le système scolaire ou entrer en apprentissage. Bref, tout ce dont pourraient rêver des jeunes en bonne santé, mais conçu pour des jeunes en situation de handicap et leurs besoins spécifiques. Et sur un mode plus ludique, mieux adapté à leur âge. Avec des activités qui leur plaisent.

— Le sexe et la drogue, vous voulez dire ?

Cette plaisanterie les fit rire.

— Non, je veux dire des divertissements sains. Mais à leur goût. Craig offre une gamme étendue, satisfaisant un large public. Nous, nous pourrions recentrer. Je laisserais également de côté dans un premier temps la question des hébergements familiaux (à part peut-être quelques chambres doubles pour les plus petits afin que leur mère ou leur père puisse rester avec eux la nuit). L'idée n'est pas de rivaliser avec Craig, d'autant que l'établissement a déjà quarante ou cinquante années d'existence. Je ne le pourrais pas et ne le souhaite pas. Ce serait absurde. En revanche, je veux me positionner sur ce qu'ils ne font pas, ou moins. Nous pourrions même nous adresser mutuellement les patients selon que l'un ou l'autre établissement leur correspond mieux. Je ne sais pas…

Bill voyait le futur centre comme une sorte d'école où petits, moyens et grands côtoieraient quelques étudiants comme Lily, qui les guideraient et leur montreraient ce qu'il était possible d'accomplir. Pourquoi pas un jumelage avec Craig, dont certains patients – ou anciens patients – pourraient offrir de leur temps pour redonner espoir aux enfants ?

— C'est Joe qui a eu cette idée, reprit-il, et j'y ai réfléchi toute la nuit. J'aimerais bien avoir votre avis et savoir quel genre d'infrastructures il faudrait, selon vous.

Légèrement pris de court, Steve réfléchit avant de répondre. C'était un projet extraordinaire et Bill devait être le genre d'homme à réaliser ses rêves jusqu'au bout. Il suffisait pour s'en rendre compte de voir la maison dans laquelle il vivait, d'être au courant de sa réussite professionnelle.

— Bien entendu, il est possible de construire un tel centre, avança Steve d'une voix posée. Toutefois, vous seriez opérationnel bien plus vite si nous pouvions utiliser une structure existante et l'adapter à vos besoins au lieu de la faire sortir de terre.

C'est alors qu'une illumination lui vint.

— Connaissez-vous le complexe La Vie ?

Bill secoua la tête. Il n'en avait jamais entendu parler.

— C'était un beau concept… Cela s'appelait La Vie, mais la devise était « La vie est belle », en français. Le fondateur était d'ailleurs français. Je l'ai rencontré deux ou trois fois. Il voulait implanter aux Etats-Unis un spa tel qu'on en trouve dans les Alpes. Je crois qu'il avait d'abord pensé au Wyoming ou au Montana, avant de choisir Denver pour sa plus grande facilité d'accès. C'est une propriété d'une quinzaine d'hectares, assez sauvage. Avec de très belles maisons, assez grandes. Il comptait que les gens viendraient y faire d'assez longs séjours, pour se reposer. Il y avait un spa extraordinaire, une immense salle de gym, mais aussi des maisons plus petites et des bureaux. Le tout se fondant parfaitement dans la nature. Je crois que le complexe était prévu pour accueillir cinquante ou soixante hôtes. D'autre part, les activités sportives et le spa devaient être ouverts aux habitants du voisinage. C'était une idée fabuleuse. Une sorte de paradis niché dans les montagnes. Le type a englouti une véritable fortune là-dedans.

« Et puis l'économie s'est effondrée, ici et en France. Il a dû fermer quelques mois à peine après avoir ouvert. C'est vraiment dommage. J'adore ce qu'il a fait ; les bâtiments sont superbes. On dirait un domaine privé. Aux dernières nouvelles, il était complètement à l'abandon. J'ai entendu dire que la banque allait le saisir. Je ne sais pas si c'est fait. J'ignore d'ailleurs si le propriétaire a changé entre-temps. Je me suis toujours dit que cela ferait une propriété magnifique, une sorte de complexe familial, si vous voulez, ou bien une résidence d'artistes ou d'écrivains. En tout cas, c'est un lieu extraordinaire. S'il vous convenait, cela vous ferait gagner beaucoup de temps. Je pourrais facilement trouver à qui il appartient.

Bill buvait ses paroles.

— Ça m'intéresse, dit-il calmement. Où est-ce ?

Joe sourit.

— A une quinzaine de kilomètres d'ici. Un terrain vraiment magnifique, mais le site a ouvert et fermé si vite que personne ne s'en est rendu compte, sans doute. Un peu comme Brigadoon. Je vais me renseigner. Au bon prix, ce serait forcément un bon investissement. Le terrain était relativement bon marché, je crois, quand il a acheté, mais il a dépensé une fortune en travaux. Et rentabiliser le tout était presque mission impossible. Ce sont des choses qui arrivent. Les gens s'emballent, et puis, soudain, tout s'écroule.

Steve avait vu le même phénomène se produire avec des maisons qu'il avait dessinées pour des particuliers. Ils dépensaient beaucoup trop et ne parvenaient pas à rentrer dans leurs frais quand ils revendaient. Il s'efforçait de mettre en garde ses clients quand il craignait que leurs moyens ne soient pas à la hauteur de leurs rêves. Toutefois, il savait que ce n'était pas le cas de Bill.

— Si mes souvenirs sont bons, le fondateur de La Vie avait un spa en France et un hôtel à Saint-Barth. Il devait donc savoir ce qu'il faisait. Mais peut-être est-ce différent aux Etats-Unis. Ici, beaucoup de gens ont tout perdu, ou presque, quand les cours de la Bourse ont plongé. Je vous tiendrai au courant. Et je vous envoie les plans pour les transformations de votre maison d'ici quelques jours. Ça va être superbe, assura-t-il avec un sourire chaleureux.

Son projet respecterait la décoration, l'atmosphère et le cachet du lieu. Il n'était pas question de lui donner l'aspect d'un institut médicalisé…

Bill, de son côté, avait déjà l'esprit occupé par le spa abandonné. A peine Steve parti, il téléphona à Hank Peterson, un agent immobilier de sa connaissance, et lui demanda de se renseigner. Deux heures plus tard, celui-ci le rappelait.

— Ce que vous avez déniché là est très

intéressant, dit-il. Je n'avais jamais entendu parler de ce site. Je me demande comment ça se fait. Il offre mille possibilités. D'autant que le terrain est vaste.

— Qui est le propriétaire ?

— Je ne sais pas trop. D'après ce que j'ai appris, la banque était sur le point de saisir le bien il y a un an pour défaut de remboursement de l'emprunt, mais le propriétaire a trouvé les fonds nécessaires au dernier moment. J'ignore ce qu'il en est aujourd'hui. J'imagine que c'est toujours à lui, même si cela fait trois ans que personne n'y a mis les pieds. J'ai un collaborateur qui affirme que c'est magnifique. Hors des sentiers battus, mais sans être trop isolé. Voulez-vous que je me renseigne pour savoir à qui cela appartient ?

— Oui, s'il vous plaît, répondit Bill calmement.

Il ne voulait pas montrer trop d'intérêt pour cette affaire. N'empêche que son cœur battait la chamade. C'était là qu'il voulait mener à bien ce projet auquel, la veille, il ne songeait même pas encore.

— Auriez-vous envie d'aller y faire un tour, pour voir à quoi ça ressemble ? suggéra Hank.

— Pourquoi pas ? répondit-il, feignant une décontraction qu'il était loin de ressentir.

Il se sentait comme Kevin Costner dans *Jusqu'au bout du rêve*, quand la voix lui dit : « Si tu le construis, il viendra. » Habituellement, il était plus rationnel que cela. Pourtant, il lui semblait que c'était le destin qui avait poussé Steve Jansen à lui parler de La Vie aujourd'hui.

— Quand voudriez-vous visiter ?

— Je suis libre maintenant, si vous avez du temps.

— Très bien. Je vous retrouve là-bas dans une heure.

Après avoir noté l'itinéraire, Bill descendit et trouva Joe devant son ordinateur. Il écrivait à ses fils pour les prévenir qu'il se trouvait à Denver et expliquer les circonstances de sa visite. L'un des deux avait déjà répondu en disant combien il était peiné de ce qui arrivait à Lily.

— Tu veux aller faire un tour ? lui proposa Bill avec désinvolture.

Joe sourit. Il le connaissait trop bien pour être dupe. Son ami avait une idée derrière la tête. Il ressemblait à un chat prêt à bondir sur sa proie.

— Qu'est-ce que tu mijotes encore ?

— J'ai envie d'aller jeter un coup d'œil à ce spa dont Steve nous a parlé ce matin. A priori, il appartient toujours au Français qui l'a créé. En tout cas, c'est ce que croit l'agent immobilier. Ça doit lui coûter une fortune rien qu'en intérêts. La banque a failli saisir le bien l'année dernière. Allons voir à quoi cela ressemble, avant que je m'énerve trop.

Il était déjà passablement tendu. Mais il souhaitait passer un coup de téléphone à Jessie Matthews avant d'y aller.

— Lily va bien ? demanda-t-elle aussitôt, inquiète.

— Oui, très bien. En tout cas, elle allait bien la dernière fois que je l'ai vue, c'est-à-dire hier soir. Merci d'avoir répondu aussi vite.

— Je craignais qu'il ne lui soit arrivé quelque chose.

Depuis la mort de Tim, Jessie redoutait toujours le pire.

— Hier soir, raconta Bill, un ami m'a fait une suggestion dont je voudrais vous parler.

Il alla droit au but. Il savait qu'elle n'avait pas de temps à perdre.

— Ça semble fou, la prévint-il, mais je n'arrive pas à me sortir cette idée de la tête. Que diriez-vous d'un centre de rééducation conçu spécialement pour les enfants souffrant d'une lésion de la moelle épinière ? Destiné aux petits et aux adolescents, ceux qui sont trop jeunes pour être admis à Craig.

Il lui exposa les détails tels qu'il les avait déjà imaginés.

— Alors, qu'en pensez-vous ? lui demanda-t-il quand il eut terminé. Ne me dites pas que c'est de la folie : je le sais déjà.

Il rit et elle l'imita.

— Je trouve que c'est un projet extraordinaire.

Il manquait effectivement une structure pour accueillir les plus jeunes.

— J'ai également l'intention d'offrir des bourses à ceux qui en auront besoin.

Beaucoup de gens n'avaient pas les moyens de financer de longs séjours et certains ne pouvaient même pas y aller du tout, s'ils n'avaient pas d'assurance ou si la prise en charge n'était que partielle. Surtout dans des établissements de la qualité de celui qu'il semblait vouloir créer.

— Alors, qu'en pensez-vous ?

— Je pense que ce serait un magnifique cadeau

à faire à ces malades. Il est vrai que nous nous trouvons parfois dans des situations difficiles. L'année dernière, j'ai eu une petite patiente de neuf ans. Ça ne s'est pas bien passé dans le centre de réadaptation où nous l'avions envoyée. Nous avons eu un mal fou à lui trouver autre chose. Des programmes aussi personnalisés que ceux que vous décrivez constitueraient un atout formidable dans la planification du traitement. Actuellement, il y a même des parents qui sont obligés de se charger eux-mêmes de la rééducation de leurs enfants. Ce que vous proposez serait une solution extraordinaire. Plus qu'extraordinaire, même. Envisagez-vous réellement de mener ce projet à bien ?

— Je voulais connaître votre avis.

— C'est un projet très ambitieux ; je ne vois même pas comment vous allez vous y prendre, et cela va vous coûter une fortune. Mais l'idée est si généreuse !

— Disons que je le fais parce qu'il est en mon pouvoir de le faire. Je donnerais tout pour revenir en arrière, mais ça, ce n'est pas possible, argua-t-il, la voix chargée d'émotion.

Jessie était très admirative. Bill Thomas avait totalement changé sa façon de penser en acceptant la situation de Lily.

— Je trouve votre intention admirable.

— Le problème, c'est que je n'y connais rien. Je n'ai que la volonté et les moyens. Il me faut la compétence d'experts. Je veux engager les meilleurs médecins et les meilleurs thérapeutes.

Il hésita un instant avant de poursuivre :

— Si le centre voyait le jour, voudriez-vous être à sa tête en tant que directrice médicale ?

Elle resta d'abord abasourdie.

— Je suis chirurgien, répondit-elle finalement. Je ne connais rien à l'administration. Il vous faut quelqu'un de bien plus compétent que moi dans ce domaine.

— Vous pourriez exercer à Denver, continuer à opérer à l'hôpital. J'ai besoin d'un crack à la tête de la structure, quelqu'un qui sache vraiment ce qu'il faut.

L'idée était séduisante et l'enthousiasme de Bill Thomas, communicatif. Mais, pour Jessie, c'était impossible.

— Je ne pourrais pas faire cela à mes enfants. Ce qu'ils ont vécu avec la mort de leur père est déjà bien assez dur. Je ne veux pas les déraciner. D'ailleurs, ils me tueraient. Chez eux, c'est ici. Ils ont toujours vécu à Tahoe et ils adorent.

— Pardon, docteur, mais je ne pouvais pas ne pas vous poser la question. Ç'aurait été idiot.

Or, il était tout sauf idiot. C'était même l'un des êtres les plus intelligents qu'elle eût rencontrés. Et son idée était magnifique.

— Accepteriez-vous au moins de m'aider à monter une équipe ? Rien n'est encore certain, cela dit. Pour l'instant, c'est encore au stade de projet chimérique.

— Je ferai mon possible, répondit-elle. Je vais y réfléchir.

Elle allait en parler à Ben, son associé. Sans enfants, sans autre attache que Kazuko, il se trouvait dans une situation moins compliquée que la sienne. D'ailleurs, avec un peu de chance, Kazuko aurait peut-être envie elle aussi de travailler dans ce nouveau centre. Il n'était pas indispensable que le directeur médical soit un neurochirurgien. Toutefois, elle pourrait aussi recommander à Bill d'autres confrères de la même spécialité qu'elle. La difficulté était de trouver quelqu'un qui accepte de s'installer à Denver. Elle, elle ne pouvait pas déménager. Trop de liens la retenaient à Squaw Valley.

— Je vous tiendrai au courant de l'évolution, promit Bill. Je vais visiter une propriété cet après-midi. Peut-être que cela ne donnera rien, mais ça vaut le coup d'y jeter un coup d'œil.

Jessie comprit que cette entreprise était pour lui une façon d'accepter ce qui était arrivé à sa fille. Même s'il ne la menait pas à bien, c'était signe qu'il avançait dans la bonne direction. Et c'était tout à son honneur.

— Oui, donnez-moi des nouvelles, le pria-t-elle avant de raccrocher.

Elle en parla à Ben en fin d'après-midi, après sa dernière consultation de la journée.

— C'est totalement dingue, comme plan, lâcha-t-il. Tu as l'intention d'accepter sa proposition ? ajouta-t-il en la regardant.

Elle avait l'air épuisée, ces derniers temps. Elle brûlait la chandelle par les deux bouts, à trop travailler, privée du soutien et de l'aide de Tim. Elle était si triste. Il était désolé de la voir ainsi.

— Non, c'est impossible, répondit-elle. Je ne peux pas déménager.

— En tout cas, ce Bill Thomas doit être riche comme Crésus.

— Je crois qu'il a pas mal de moyens, oui. Et toi ? Ça ne te dirait pas de participer à la création d'un établissement pareil ?

Il secoua la tête.

— Je suis bien, ici. Je n'ai pas d'autre ambition que de réparer les gens quand ils se cassent. Contrairement à toi, Jessie, je n'ai pas l'étoffe d'un grand médecin. Et ma petite vie de province me satisfait pleinement. Ce que Bill Thomas propose, si son projet aboutit, c'est un énorme poste. Avec beaucoup trop de soucis pour moi. Toi, en revanche, tu devrais y réfléchir sérieusement.

— Impossible, je te l'ai dit. Je ne pourrais pas faire cela à mes enfants. Après le traumatisme qu'ils ont subi, déménager, changer d'école, quitter leurs copains et la maison de leur enfance, ce serait trop. De toute façon, ils s'y opposeraient.

— Tu toucherais certainement un salaire de ministre, argua Ben, pratique.

— Cela ne changerait rien, pour les enfants.

— Mais pour toi, si.

Le décès de Tim l'avait privée de la moitié des revenus de la famille. Il n'avait jamais pris le temps de souscrire une assurance. Ils étaient très occupés, tous les deux, et trop jeunes pour envisager leur disparition. Elle n'avait donc plus que son salaire pour élever ses quatre enfants. Elle secoua néanmoins la tête avec détermination.

— J'ai réfléchi, dit Ben d'un ton neutre. Ce qu'il faudrait, à un moment ou un autre, c'est que tu retournes à Stanford.

— Tu cherches à te débarrasser de moi ou quoi ? repartit-elle, surprise et un peu froissée.

— Non. C'est juste que je pense sincèrement que tu as l'étoffe d'un grand médecin et que ta place n'est pas ici. Certes, de temps en temps, tu as un patient à ta mesure, comme la petite Thomas. Mais tu serais bien mieux dans un hôpital universitaire, où tu pourrais traiter des cas bien plus intéressants. Je me le disais déjà du vivant de Tim, alors que tu voulais rester ici parce qu'il y était heureux. Maintenant, il faut que tu penses à toi. Surtout que, d'ici quelques années, tes enfants quitteront le nid – et cela arrivera bien plus tôt que tu ne t'y attends. Tu mérites une vie plus riche, une carrière qui te permette d'exprimer tout ton talent.

— Jimmy ne partira à l'université que dans douze ans, au mieux. J'aurai alors cinquante-cinq ans : je serai trop vieille pour intéresser Stanford. Ce qu'ils veulent, c'est des jeunes médecins avec des idées innovantes. Dommage pour vous, docteur Steinberg, vous n'allez pas vous débarrasser de moi comme cela.

— Ce n'est pas pour moi que c'est dommage, Jessie, c'est pour toi. Mais, si tu n'as pas envie de retourner à Stanford, tu devrais étudier la proposition de Bill Thomas.

— Qui sait seulement s'il va aller au bout de son idée ? Il est en pleine euphorie. Je ne peux pas me permettre de me laisser entraîner dans les rêves des autres, Ben. Je dois faire face à la réalité de ma propre vie. J'ai quatre enfants à charge, et ils veulent vivre ici, là où ils ont passé leur enfance.

— Qui sait ce qu'ils veulent ? Qui sait quelle

est la bonne route à prendre ? Ne les laisse pas tout diriger, Jess. Il faut aussi que tu penses à toi.

— On voit bien que tu n'as pas d'enfants ! lâcha-t-elle en riant. Crois-moi, je n'aimerais pas avoir à annoncer à Heather que nous déménageons à Denver. Elle a déjà fait un scandale, hier, parce que je n'ai pas repassé son chemisier comme elle voulait. Tim s'est toujours occupé du linge bien mieux que moi. Ah, je te jure, les filles de quinze ans…

Son BlackBerry sonna. C'était le service, qui la prévenait que le patient qu'elle avait opéré la veille faisait une poussée de fièvre. Elle sortit du bureau en faisant un petit signe à Ben.

Puisque la proposition de Bill n'intéressait pas son associé et qu'elle-même avait quatre très bonnes raisons de ne pas l'accepter, tout ce qu'elle pouvait faire, c'était lui indiquer d'autres neurochirurgiens.

Elle alla voir son patient, puis rentra s'occuper des enfants, des devoirs, du linge, des factures, du dîner. Comme elle était d'astreinte, elle risquait d'être rappelée à l'hôpital. Les journées étaient bien longues, désormais, et les soirées encore davantage. Elle n'avait plus pour l'aider que Chris, son aîné. Comment s'en sortirait-elle quand il irait à l'université, à l'automne ? Elle ne voyait plus devant elle qu'une route longue et accablante, faite de travail, de tristesse, du grand vide que laissait la mort de Tim.

Bill et Joe retrouvèrent Hank Peterson pour visiter la propriété. Sise à une quinzaine de kilomètres de la ville, elle s'étendait sur quatorze hectares. La maison principale, très grande et bien conçue, avait des allures de manoir français avec son toit à la Mansart et son vaste porche. La végétation envahissait les jardins et les vergers à l'abandon. Toutefois, les constructions, qui n'avaient que quelques années, étaient en parfait état et les toitures étaient saines.

Dans la maison principale, Bill compta vingt très jolies chambres avec salle de bains attenante, quatre belles salles de réception, une cuisine très moderne et, au sous-sol, un dédale de bureaux. Le propriétaire n'avait pas reculé devant la dépense. Il ne restait en revanche que quelques meubles çà et là. Le reste du mobilier avait été vendu aux enchères, expliqua le négociateur.

Ils visitèrent une deuxième maison conçue selon les mêmes plans, mais avec douze chambres seulement. Le troisième bâtiment était l'ancien spa, avec des salles de massage, un hammam, un sauna, un jacuzzi et un petit bassin de nage. Plus à l'écart, d'autres structures abritaient des logements pour le personnel et des bureaux. Il y avait encore une salle de sport, un énorme garage et quelques dépendances destinées sans doute au rangement du matériel. Au bout du terrain, une belle serre abritait une jungle de plantes. Un ruisseau traversait le domaine, que complétaient une cuisine extérieure et une écurie avec un corral.

Bill n'aurait pu rêver mieux. D'autant que l'on sentait tout le soin et tout l'amour qui avaient été apportés à la création de ce lieu. Il n'imaginait que trop bien la déception du propriétaire, son désespoir, même, devant l'échec de son projet. Il s'abstint néanmoins de tout commentaire pendant la visite. Il ne voulait pas que l'agent immobilier perçoive son enthousiasme.

— Savez-vous à qui appartient le site ? demanda-t-il seulement. A la banque ou au propriétaire initial ?

— Au propriétaire initial, pour l'instant. J'ai vérifié. Mais la banque n'est pas loin de saisir. Il parvient tout juste à rembourser son emprunt et il ne veut pas vendre. Sauf qu'il y sera contraint, tôt ou tard.

— Savez-vous combien il a investi, en tout ? s'enquit Bill, l'air de rien.

— Il a acheté le terrain cinq millions. Je ne sais pas à combien se montent les travaux, mais cela fait un paquet d'argent. Il a dû y laisser sa chemise. Si vous lui faisiez une offre correcte, vous auriez des chances qu'il l'accepte - même si, officiellement, ce n'est pas à vendre.

Bill essaya de calculer mentalement la somme engagée pour la construction des bâtiments. Parce que l'on était à Denver, il l'estima à cinq ou sept millions de dollars, en plus du terrain. A New York ou en Californie, cela lui aurait sans doute coûté dix à vingt millions.

Il refit le tour de la propriété avec Joe, presque sans rien dire, se laissant guider par son instinct. Il n'était pas encore certain de pouvoir créer un centre de rééducation. Cependant, s'il acquérait ce domaine, ce serait déjà un pas de fait dans la bonne direction et, au pire, il pourrait le revendre. Toutes les structures étaient neuves, donc en excellent état. Les trente-deux chambres étaient assez grandes pour accueillir deux patients et il suffirait de quelques aménagements pour rendre l'ensemble accessible aux handicapés, d'autant que le sol avait été nivelé avant les travaux. En regardant autour de lui, Bill sentit que, sans le chercher, il avait trouvé l'endroit rêvé.

Il regagna sa voiture, puis déclara simplement :

— Je vais faire une offre.

Peterson hocha la tête.

— A combien ?

Il s'attendait à ce que Bill annonce une somme très basse, pour voir. Il devait vouloir revendre très vite pour réaliser un coup spéculatif, présumait-il. Le bien s'y prêtait, surtout avec un propriétaire étranger en difficulté.

— Huit millions, annonça Bill d'un ton neutre.

— Je vais rédiger la proposition, dit Hank avec empressement. Où puis-je vous joindre en fin de journée ?

— Chez moi.

Bill estimait qu'il aurait énormément de chance s'il l'avait à ce prix-là. Le propriétaire allait certainement avancer une contre-proposition. Pour sa part, il était prêt à monter jusqu'à dix millions.

— Je vous la déposerai afin que vous puissiez la signer, poursuivit Hank, et je la ferai parvenir au propriétaire demain.

C'était pour lui un coup de chance extraordinaire, le rêve de tout agent immobilier. Une offre ferme d'un acheteur qui avait de l'argent et un propriétaire qui avait besoin de vendre. Sauf que personne ne savait encore si ce dernier était prêt à se séparer de son bien. Après avoir visité les lieux, Bill comprenait qu'il y soit attaché. C'était pourquoi il avait annoncé un prix très correct. Une telle somme ne pourrait que le tenter. Restait à espérer que la raison l'emporte sur les sentiments.

Sur le chemin du retour, Bill se tourna vers Joe avec un sourire qui en disait long.

— Alors, qu'est-ce que tu en penses ?

— J'en pense que tu es le type le plus étonnant qui soit. Je me doutais bien que tu étais un peu fou, quand je t'ai connu, à Harvard. Mais là, j'en ai la preuve. Tu es complètement cinglé. Cela dit, j'espère bien que tu vas l'avoir.

— On verra. Il n'y a plus qu'à attendre maintenant.

Bill feignait le calme. Mais son cœur battait à cent à l'heure.

Hank se présenta à 16 heures avec la proposition à signer. Il allait faxer l'offre en France, avec un délai de trois jours ouvrés pour la réponse. La somme était payable au comptant, après les expertises de rigueur pour vérifier qu'il n'y avait pas de vice caché. Hank avait demandé à Bill des références bancaires à joindre à la proposition. Son banquier lui avait donc fait parvenir un document qui restait bien entendu assez vague, mais assurait au vendeur que l'acquéreur potentiel était solvable et sérieux quant à ses intentions.

Les trois jours qui suivirent, Bill ne parla à personne de la propriété. Même avec Joe, il l'évoqua à peine. Le jeudi matin, il reçut un coup de téléphone de Hank qui lui annonça, d'un ton de conspirateur :

— Nous avons une contre-offre à douze.

Bill n'hésita pas une seconde. Il s'y attendait et il était plutôt ravi. Sa plus grande crainte était de s'entendre répondre que le domaine n'était pas à vendre. Maintenant, il avait un prix. C'était en bonne voie.

— Proposez dix. Signature définitive sous quinze jours après expertises et vérifications légales. C'est mon dernier prix.

C'était une opération tout à fait valable pour le vendeur, à qui il resterait sans doute une somme assez substantielle après remboursement de l'emprunt. Si tout se déroulait bien, d'ici quinze jours, La Vie donnerait le jour à L'Equipe de Lily. Mais il ne fallait pas s'emballer. Rien n'était encore signé.

Hank sonna à la porte moins d'une heure plus tard avec la contre-proposition rédigée selon les indications de Bill. L'agent était au comble de l'excitation. Quand il fut reparti, Joe et Bill éclatèrent de rire.

— Tu vas lui faire faire une crise cardiaque, déclara Joe, hilare. Il n'a jamais dû avoir affaire à quelqu'un comme toi avant. On le voit déjà baver devant la commission qu'il va ramasser si le vendeur accepte – ce que j'espère.

— Pas tant que moi, fit Bill en souriant.

Cette fois, la réponse leur parvint sous vingt-quatre heures.

— Il a accepté votre offre !

Hank hurlait presque dans le téléphone.

— Il aurait été idiot de ne pas le faire. Maintenant, il faut lancer les expertises.

Il fit virer l'argent sur un compte bloqué. Cinq jours plus tard, les vérifications nécessaires avaient été effectuées et tout était en ordre. La signature se déroula sans accroc. Deux semaines après sa proposition, la belle propriété de quatorze hectares des environs de Denver était à lui.

Il retourna la voir avec Joe dès la vente conclue. Ils en firent le tour. Bill imaginait en silence ce qu'elle allait devenir. Le chemin serait encore long, mais une chose était certaine, désormais : L'Equipe de Lily, son rêve, serait un jour réalité. Joe n'en revenait toujours pas. Et Bill non plus, à la vérité. Tout était arrivé si vite, si facilement… Ce n'était pas uniquement une question d'argent. Tout était tombé à point nommé pour les différents protagonistes, et cela avait été décisif.

— Maintenant, déclara Bill tandis qu'ils faisaient le tour de la maison principale, il me reste à trouver un médecin à mettre à la tête du centre. Il va me falloir aussi un directeur administratif. Dis-moi, ajouta-t-il en s'arrêtant et en regardant son ami, cela te dirait de te charger de la gestion d'un centre de réadaptation pour enfants ?

— J'en rêve ! répondit Joe, fou de joie. J'en sais encore moins que toi sur la rééducation, mais, nonobstant mes récents déboires, je me crois capable d'être un bon administrateur. Si je me rends compte que ce n'est pas le cas, je te le ferai savoir aussitôt.

— Il va falloir que tu t'installes ici, tu sais

— De toute façon, mon appartement de New York est en vente, et je ne veux plus vivre là-bas. C'est trop déprimant. Je vais y retourner le temps de tout boucler. Ou, mieux, je vais chercher un appartement avant de partir, pour savoir ce qu'il faut que je fasse expédier ici et ce dont je vais me séparer.

L'Equipe de Lily avait désormais une maison et un administrateur. Restait à recruter un directeur médical et du personnel, à rédiger un cahier des charges, à établir un programme et à faire venir des patients. Bref, Bill et Joe avaient du pain sur la planche. Joe était fou de joie. Grâce à son ami, il se sentait revivre. Dire que, il y a quelques semaines à peine, il touchait le fond... Aujourd'hui, il avait un nouvel emploi, dans une nouvelle ville.

Ce soir-là, Steve Jansen, l'architecte, appela Bill.

— Je suis vraiment désolé de ne pas vous avoir contacté plus tôt au sujet de la propriété dont je vous ai parlé, dit-il. J'ai été débordé. Hélas, je n'ai pas de très bonnes nouvelles. Une promesse de vente a été signée. Il semblerait que quelqu'un ait fait une offre. Je ne sais pas si elle va être acceptée, mais je crains que le domaine ne nous soit passé sous le nez, avoua Steve d'un ton contrit.

Bill se mit à rire.

— Pas du tout : c'est moi qui l'ai acheté. Comme vous le pensiez, c'est le site idéal pour ce que je veux faire. Alors dépêchez-vous de terminer le réaménagement de ma maison, parce que nous allons avoir du travail.

Il y eut un long silence au bout du fil.

— C'est sérieux ? articula Steve, abasourdi.

— Absolument. J'en suis officiellement propriétaire depuis hier. Nous allons créer L'Equipe de

Lily. J'aimerais faire le tour avec vous la semaine prochaine pour avoir une idée des travaux à faire.

— Avec grand plaisir, répondit l'architecte, admiratif. Vous ne plaisantez pas, vous, dites donc.

— Non, confirma Bill. Jamais.

Il ne lui restait plus qu'à annoncer la nouvelle à Lily – et à s'y mettre. D'arrache-pied.

14

Lily fixait son père, incrédule.

— Tu as *quoi* ?

— J'ai acheté une propriété de quatorze hectares avec de beaux bâtiments pour y créer un centre de rééducation. Je vais l'appeler L'Equipe de Lily, résuma-t-il avec un large sourire.

Lily n'en croyait pas ses oreilles.

— Tu es fou, papa ? Qu'est-ce que tu connais à la rééducation ?

— Rien. Mais il y a des spécialistes, et nous les engagerons pour aider des enfants et des jeunes victimes d'accidents semblables au tien. Nous allons leur offrir l'environnement le plus beau et le plus stimulant qui soit tout en leur enseignant comment vivre, et bien vivre, avec leur handicap. Comme tu l'apprends ici en ce moment.

— Mais pourquoi ?

— Parce que je t'aime et que je veux te rendre honneur, ainsi qu'aux adolescents aussi courageux que toi, à ton ami Teddy, aux plus petits : à tous ceux qui auront besoin de ce que nous allons proposer.

Elle l'écouta les larmes aux yeux, puis le serra dans ses bras de toutes ses forces.

— Papa, je suis si fière de toi, fit-elle d'une

voix étranglée. C'est magnifique. Mais alors, qui va diriger le centre ?

— Je ne sais pas encore. J'ai demandé à Jessie de nous aider à monter une équipe. Je lui ai proposé le poste, mais elle m'a dit qu'elle ne pouvait pas quitter Squaw Valley à cause de ses enfants.

Lily hocha la tête, déçue, même si c'était compréhensible.

— Et moi, je pourrai aider ?

— Oui, avec grand plaisir. Nous allons avoir besoin de tes conseils et de ceux d'autres jeunes pour imaginer ce que devra être le centre. Toutes tes idées sont les bienvenues, Lily. C'est pour toi et à cause de toi que je me lance dans cette aventure.

Après le départ de son père, Lily passa la soirée dans sa chambre avec Teddy à écouter de la musique. Il avait vu juste, au sujet de ses amis : ils ne venaient jamais la voir. Ils avaient toujours une bonne excuse et, plutôt que de l'appeler, ils lui envoyaient des SMS. « Désolé, je ne peux pas passer aujourd'hui… A demain. » Sauf qu'il n'y avait pas de demain. « Oups, je suis trop à la bourre. A la prochaine. » « Ma mère ne veut pas que je sorte. » « Ma voiture est en panne. » « Il faut que je révise. » « J'ai un entraînement. »… Sans doute était-ce dur pour eux, mais ne l'était-ce pas davantage encore pour elle ? C'était courant, hélas. Très peu d'amitiés résistaient à ces situations. C'était la réaction de Veronica qui la blessait le plus. Lily avait même l'impression qu'elle cherchait à prendre sa place, au sein de l'équipe comme auprès de leurs copains… Au fond, elle ne lui apparaissait même plus comme une véritable amie. C'était simplement quelqu'un qu'elle avait connu autrefois. Heureusement, elle avait Teddy. C'était lui qui était en train de devenir son meilleur ami. Ils passaient des heures à bavarder, comme frère et sœur, de leurs rêves, de leurs craintes, de leurs objectifs.

— Tu ne vas pas me croire, chuchota-t-elle, les yeux brillants d'excitation.

— Quoi ?

Il s'attendait à un potin croustillant. Lui comme les autres résidents de Craig guettaient avec avidité les nouvelles du monde extérieur, se nourrissant des miettes de ceux qui menaient une vie plus remplie que la leur.

— Mon père va créer un centre de réadaptation pour les enfants atteints à la moelle épinière.

Il la regarda, stupéfait.

— C'est vrai ? Mais pourquoi ?

— Pour aider les gens. Il a déjà acheté le terrain. Il paraît que c'est magnifique. Il va appeler son centre L'Equipe de Lily.

Elle était très fière de son père, cela sautait aux yeux. Parfois, Teddy enviait leur relation privilégiée. Il n'avait jamais connu cela avec ses parents, déjà froids et distants avant son accident. Maintenant, ils l'appelaient une fois par semaine, lui racontaient ce qu'ils faisaient et promettaient de lui rendre visite un de ces jours, sans jamais s'exécuter. Teddy n'arrivait pas à déterminer s'ils se sentaient coupables ou s'ils se moquaient simplement de ce qu'il devenait.

— Il m'a dit que je pourrais l'aider à choisir

les activités qui seront proposées, reprit Lily. Et il voudrait aussi ton opinion.

— Il faut plus d'arts plastiques, répondit-il aussitôt, tout excité. Y compris des enseignements plus sophistiqués. Moi, j'aimerais faire de la peinture à l'huile. Ici, ils ne veulent pas, parce que l'odeur incommode les gens, mais j'obtiens une bien plus belle texture avec l'huile. Et il faudrait un groupe, aussi. Un *vrai* groupe, qui joue le genre de musique qu'on écoute.

— J'ai déjà parlé à papa d'un super programme sportif. La propriété qu'il a achetée comprend une salle de sport magnifique. J'ai évoqué les Jeux paralympiques, mais ils n'ont lieu que tous les quatre ans, comme les Jeux olympiques. Nous pourrions organiser une espèce de championnat chaque année, avec des médailles et des prix.

Ils continuèrent à en discuter un long moment. Les idées fusaient.

— J'aimerais apprendre aux enfants à dessiner, fit enfin Teddy dans un soupir mélancolique. Après mes études, je voudrais être professeur d'arts plastiques. Pour les enfants ayant des problèmes de scolarité.

Il souhaitait étudier les beaux-arts, mais ses parents ne voulaient pas en entendre parler. De même, à cause de ses problèmes de respiration, ils refusaient qu'il participe aux sorties éducatives. Ils estimaient que l'enseignement qu'il recevait à Craig suffisait. Mais Teddy n'était pas d'accord. Qu'ils le veuillent ou non, à l'automne, il enverrait sa candidature à des universités.

Le lendemain, Bill téléphona à Jessie pour lui annoncer qu'il avait acheté la propriété. Elle fut ébahie par la vitesse à laquelle il avait agi et comprit qu'il prenait le projet très au sérieux.

— Maintenant, ajouta-t-il, il me faut un directeur médical pour m'orienter. Si vous ne voulez pas du poste, puis-je compter sur vous pour m'aider à trouver le personnel adapté, à tous les niveaux ? Je vous paierai des honoraires de consultant, bien entendu. Pour l'instant, j'avance sans aucune visibilité.

— Je serais dans le même cas, assura-t-elle. Je n'ai jamais dirigé de centre de rééducation. Je vais essayer de penser à des gens, mais vous n'avez pas besoin de me payer pour cela. J'ai déjà une idée d'ailleurs : vous allez avoir besoin d'une psychologue, et je connais celle qu'il vous faut. J'ai travaillé avec elle à Stanford. Elle est au Mass General, maintenant, rattachée à la faculté de médecine de Harvard. C'est une excellente professionnelle. Elle s'appelle Carole Anders. Vous l'avez peut-être rencontrée, avec Lily, quand vous êtes allés là-bas ?

— Non. Nous n'avons vu que le Dr Hammerfeld.

— C'est logique. Carole a été longtemps absente, l'année dernière. Elle a eu de gros problèmes de santé. Mais j'ai entendu dire qu'elle était guérie. Cela fait un moment que nous ne nous sommes pas parlé, je dois dire. Mais vous devriez l'appeler. Il n'est pas facile de débaucher les gens du Mass General, à cause du prestige, mais votre projet est en plein dans sa spécialité, alors on ne sait jamais. En tout cas, elle acceptera peut-être un rôle de consultant. C'est une femme extraordinaire. Je suis sûre que vous l'apprécierez.

Elle donna à Bill son numéro de téléphone avant de reprendre :

— Je vais continuer à réfléchir. Carole n'est pas une directrice médicale potentielle, mais, si elle acceptait, ce serait tout de même un pilier de votre équipe.

— Et vous, accepteriez-vous une mission de consultant ? la pria-t-il humblement. Vous pourriez venir jeter un coup d'œil au site, si vous en avez le temps ?

Ses conseils seraient précieux...

— Mais oui, avec plaisir. Et je serais très heureuse de revoir Lily. Comment va-t-elle ?

— Elle est emballée par le projet.

— Moi aussi, très franchement, avoua Jessie. Je vais faire ce que je peux pour vous. Si j'ai une idée, je vous appelle. En attendant, prenez contact avec Carole.

Vingt minutes plus tard, Bill composait le numéro de Carole Anders. Il lui expliqua qui il était, ce qu'il faisait, pourquoi, et lui précisa que c'était le Dr Jessica Matthews, de Squaw Valley, qui lui avait donné ses coordonnées. Le nom de Jessie agit comme un sésame. Elle écouta tout ce qu'il avait à dire. Puis elle assura que son projet était magnifique et extrêmement utile, mais qu'elle ne comptait pas quitter le Mass General.

— Dans ce cas, accepteriez-vous de jouer un rôle de consultant ?

Il se rendait compte qu'il allait être plus difficile

qu'il ne s'y attendait d'attirer des gens compétents à Denver.

— Vous pourriez peut-être venir ici et nous aider à démarrer. Nous partons de zéro.

— Pourquoi pas ? répondit-elle. Dans deux mois, quand le projet sera plus avancé, cela vous irait ?

— Vous serait-il possible de vous déplacer plus tôt ? Dans une quinzaine de jours ? Bien sûr, je prendrais en charge votre billet d'avion et votre séjour dans un excellent hôtel. Question honoraires, votre prix sera le mien.

Elle hésita, puis accepta, et ils fixèrent une date. Elle allait passer le week-end à Denver et les rencontrer, Joe et lui. Elle était impressionnée par la façon dont Bill Thomas s'y prenait. Il avait beau affirmer ne rien y connaître, il abordait son projet avec beaucoup de maîtrise et d'intelligence.

Le téléphone à peine raccroché, Carole appela Jessie. Celle-ci répondit en souriant, heureuse d'avoir des nouvelles de son amie. Cela faisait trop longtemps.

— Dis donc, dans quoi cherches-tu à m'embarquer ? demanda Carole de but en blanc. Qui est ce type ?

— Le père d'une jeune fille avec une lésion à la moelle épinière, que j'ai opérée juste après Noël. Il m'a pour ainsi dire accusée d'être un charlatan, se rappela-t-elle en riant.

— Et tu lui as donné mon numéro ? s'indigna Carole.

— Bah, c'était un père angoissé. Il est veuf et il adore sa fille ; elle est tout pour lui. Ils sont de Denver. Elle est en rééducation à Craig, en ce moment. Il a eu l'idée de s'inspirer de ce modèle pour créer un centre de taille plus réduite et réservé aux enfants. Ce n'est pas mal pensé. Il est intelligent et je crois que l'argent n'est pas un problème. Donc, s'il parvient à s'entourer de gens compétents, il fera quelque chose de bien. Il vient d'acheter une propriété qui a l'air magnifique. Ce qu'il lui faut, maintenant, ce sont des conseils avisés et une bonne équipe. C'est pour cela que je lui ai dit de t'appeler. Au fait, avant son accident, sa fille faisait partie de l'équipe nationale de ski. Les conséquences sont donc d'autant plus traumatisantes pour eux. Après son départ d'ici, il a fait le tour du monde avec elle pour consulter d'autres neurochirurgiens – qui lui ont tous dit la même chose que moi. Mais comment lui en vouloir ? Dans sa situation et avec ses moyens, j'en aurais sûrement fait autant. Au moins, il cherche à faire bon usage de son argent. Alors, que lui as-tu répondu ? Le poste t'intéresse ?

— Non. Je suis très bien ici, et ils ont été super avec moi l'année dernière. Je ne vais pas les quitter maintenant. Au fait, je regrette vraiment de ne pas avoir pu venir à l'enterrement de Tim. J'étais encore en traitement et la chimio me rendait malade comme un chien.

— Je m'en suis doutée, ne t'inquiète pas. Et maintenant, comment ça va ?

— Je suis officiellement en rémission. Ouf ! Mais toi, tu t'en sors ?

— Je ne sais pas trop. J'avance au jour le jour.

Les enfants ne sont pas faciles. C'est dur, vraiment. Tu ne veux pas venir nous rendre visite, un de ces jours ?

— Je vais passer le week-end à Denver dans deux semaines pour rencontrer ton type. Mais je crains le pire. Est-ce que c'est un vrai connard ? S'il t'a traitée de charlatan, il ne doit pas être bien fin.

— Tu sais, la compétence ne se voit pas sur le visage. Et il ne l'a pas dit, corrigea Jessie en riant, il l'a laissé entendre. Il a tout de même un minimum de tact. J'opérais sa fille la nuit où Tim est mort, ajouta-t-elle avec un sanglot dans la voix.

— Je suis désolée, Jess.

— C'est gentil. Moi aussi. Et toi, comment ça va, depuis le divorce ?

— Bien. Tout ce que je veux, maintenant, c'est aller de l'avant. L'année dernière a été la pire de ma vie, entre le cancer, le divorce et les opérations. Au fond, participer à un nouveau projet en tant que consultant va peut-être me faire du bien. Je n'ai pas précisé à Bill Thomas que j'avais été malade. Tu lui en as parlé, toi ?

— J'ai juste dit que tu avais eu des problèmes de santé, mais pas qu'il s'agissait d'un cancer. C'est à toi de le faire si tu veux.

— Cela ne le concerne pas. Je vais bien, maintenant. Et je n'ai accepté qu'une mission de consultant, pas un emploi salarié.

— Très bien. Tu me raconteras ce que tu en penses, quand tu y seras allée ?

— Bien sûr. En tout cas, merci d'avoir pensé à moi. Ça va mettre un peu de beurre dans mes épinards. Dylan a emporté presque tous nos meubles, ce qui est très élégant. Grâce à ces honoraires, je vais pouvoir me racheter un canapé.

Jessie rit. Elle était ravie.

— Prends bien soin de toi, dit-elle doucement.

— Toi aussi. A bientôt.

Bill appela le Dr Hammerfeld au Mass General pour lui demander de lui indiquer soit des consultants, soit des candidats potentiels pour des emplois. Impressionné par son projet, le neurochirurgien lui promit d'y réfléchir. Bien entendu, Bill ne lui révéla pas que Carole Anders allait le conseiller. Ce n'était pas à lui de le faire.

Lily parlait du projet avec son père tous les soirs. Elle avait chaque jour de nouvelles idées à lui soumettre. Tout comme Teddy. Ce projet les excitait beaucoup tous les deux, comblait un vide en eux. Et cela aidait Lily à oublier que ses amis ne venaient pas la voir. Quelques camarades de classe avaient fini par lui rendre visite. Mais ils avaient été tellement bouleversés de la voir en fauteuil roulant que la rencontre avait viré au fiasco. Faute de savoir quoi dire ou comment se conduire, ils s'éloignaient. Elle en parlait à Teddy, mais pas à son père. Elle était trop gênée d'avouer qu'elle n'avait plus de copains. Elle avait l'impression d'avoir cessé d'exister pour eux et se sentait nulle.

Plus encore que le projet de son père, ce fut Phil qui fit tourner le vent pour Lily. Il lui avait déjà expliqué que les Jeux paralympiques d'hiver comprenaient cinq sports divisés en sous-catégories. La discipline qui s'imposait logiquement à elle était le ski alpin en fauteuil. Comme elle avait l'air vraiment motivée, il lui proposa un essai à Winter Park, la station au-dessus de Denver. Lily n'en croyait pas ses oreilles. Elle allait refaire du ski ! Quel bonheur !

— Si tu en as envie, et si tu es sérieuse, tu vas pouvoir t'entraîner. Les Jeux paralympiques ont lieu dans moins d'un an.

Au comble de l'excitation, Lily parvenait à peine à parler.

— Je peux y aller quand ?

— Pourquoi pas demain ? répondit-il en souriant.

Il avait déjà réservé un créneau horaire avec deux instructeurs, qui allaient l'aider à prendre le télésiège et skier à côté d'elle pour s'assurer qu'elle ne se fasse pas mal.

— Je vais demander à mon père de m'apporter mes affaires ce soir.

A peine sortie de la séance de kiné, elle lui téléphona.

— Tu plaisantes, j'espère ! fit-il, horrifié.

— Pas le moins du monde, dit-elle sur un ton de défi qui n'était pas dans ses habitudes.

Elle avait trop envie de remonter sur des skis. Il ne pouvait pas l'en empêcher.

— Je veux me préparer pour les Jeux paralympiques, papa.

Elle était animée de la même volonté de fer que lui, et elle ne craignait pas de lui tenir tête.

— J'ai trop peur que tu te blesses, Lily. Tu as déjà été suffisamment mise à l'épreuve. Essaie autre chose.

— Il y a plein de gens, au centre, qui font du

ski. Et je suis bien meilleure qu'eux – en tout cas, je l'étais, avant.

— Mais imagine, si un nouvel accident se produisait ? Si tu perdais l'usage de tes bras, comme Teddy ? Ou si tu recevais un choc à la tête ? Non, Lily !

— Si, papa ! Soit tu m'apportes mes affaires, soit j'irai en jean.

Il savait qu'elle le ferait. Ils bataillèrent ainsi une dizaine de minutes, puis il finit par céder.

— Je veux faire les Jeux, plaida-t-elle. C'est pour cela que je m'entraîne depuis des années. Et je ne vais pas ne plus rien faire sous prétexte qu'il m'est arrivé quelque chose.

Pour la première fois, elle avait l'espoir de participer à nouveau à des courses de descente. Sa vie ne changerait peut-être pas aussi radicalement qu'elle l'avait redouté. Et elle était prête à se battre pour cela.

— Prends un blouson neutre et un pantalon noir, papa, s'il te plaît. Est-ce que j'ai un casque sur lequel il n'y a rien de marqué ? Je ne m'en souviens même pas.

— Je vais en trouver un. Mais c'est de la folie. Si jamais il t'arrive quelque chose, Lily, je te jure que je vais tuer ce kiné. S'il y a une chose au monde que je n'ai pas envie que tu fasses, c'est bien cela.

Il avait l'air au bord des larmes.

— Et moi, papa, c'est la seule chose au monde que j'aie envie de faire.

C'était la vérité, il le savait.

Son père semblait triste et amer quand il lui apporta ses vêtements ce soir-là. Cependant, il s'était donné la peine d'en chercher qui ne soient pas marqués du logo de l'équipe olympique et il avait même déniché au fond du placard un casque bleu tout simple qu'elle portait autrefois. Elle l'essaya : il lui allait encore. Il ne lui avoua pas qu'il avait failli donner toutes ses affaires de ski quand il avait dû vider la penderie. Ils bavardèrent quelques minutes, mais il repartit de bonne heure.

Lily regagnait sa chambre, son sac sur les genoux, quand Teddy la rattrapa dans le couloir. Il lui demanda ce qu'elle transportait.

— Mes affaires de ski ! répondit-elle dans un cri de victoire. Je vais à Winter Park demain. Phil a tout organisé.

Il ne l'avait jamais vue aussi excitée. Il sourit.

— Tu te prépares pour les Jeux paralympiques ?

— Je vais déjà faire un essai et voir si ça me plaît. Si j'aime ça et si j'en suis capable, oui, j'aimerais beaucoup faire les Jeux.

Sa détermination se lisait dans son regard et dans la façon dont elle relevait le menton.

— Moi aussi, révéla-t-il.

Elle se tourna vers lui, surprise.

— C'est vrai ? Dans quelle discipline ?

— Il y aura une démonstration de rugby-fauteuil aux Jeux d'hiver, même si c'est un sport d'été. Phil dit que je peux en faire. J'ai droit à un fauteuil électrique pour le rugby, alors que ce n'est pas autorisé au basket.

— C'est assez violent, d'après le film que m'a montré Phil, fit-elle valoir.

Teddy éclata de rire, en garçon de dix-sept ans qu'il était malgré tout.

— Oui, mais ça a l'air cool, non ?

Le lendemain, Lily était fébrile. Quand elle arriva à Winter Park, les deux instructeurs étaient déjà là ; ils l'attendaient. Ils l'assirent et la sanglèrent sur le petit siège fixé au monoski. Puis ils l'installèrent sur le télésiège et l'un d'eux monta avec elle. Au moment de s'élever dans l'air, elle éprouva une sensation à la fois habituelle et étrange et se rappela sa dernière ascension, ce fameux matin, à Squaw Valley, juste avant sa chute. Elle ne dit rien et s'efforça de ne pas y penser, de se concentrer sur la joie de skier à nouveau.

Elle avait opté pour un monoski, qui allait lui permettre un meilleur contrôle pour commencer. Dès qu'elle se trouva sur la neige, tout lui redevint familier. Elle mit ses lunettes et empoigna les bâtons dont le bout était équipé de petits skis destinés à l'aider à s'équilibrer. Sur le conseil d'un des moniteurs, elle glissa un peu sur le plat pour s'habituer aux sensations. Cela lui parut d'une facilité déconcertante. Elle n'eut aucun mal à trouver son équilibre. Elle avait à peine besoin des bâtons. Peu à peu, elle prit de la vitesse dans la pente ; elle se sentait parfaitement à l'aise. C'était comme avant, quand elle dévalait la montagne, le visage fouetté par le vent, la neige sous ses skis. Elle rencontra une bosse qu'elle négocia sans difficulté. Intrépide, elle volait. C'était comme s'il lui avait poussé des ailes à la place des jambes. Ils furent en bas bien trop tôt à son goût. Elle riait, parlait et pleurait tout à la fois.

— J'ai réussi ! cria-t-elle aux instructeurs. Je sais encore skier ! Je veux recommencer !

Ils firent trois descentes ce jour-là. A chaque fois, Lily gagnait en vitesse et en équilibre à mesure qu'elle apprenait à placer son poids sur le siège. Elle était douée, et sa longue expérience du ski l'aidait énormément, mais, surtout, elle était heureuse. Elle avait retrouvé le monde des vivants.

Elle sourit tout le chemin du retour, aux anges. Phil Lewis lui avait rendu sa vie. Elle pouvait encore skier, elle volait même ! Cela, personne ne pourrait le lui prendre.

15

Carole était arrivée à Denver un vendredi en toute fin de journée et avait dormi au Ritz-Carlton, où Bill Thomas lui avait réservé une chambre. Elle avait rendez-vous ce matin avec lui et Joe Henry, son futur directeur administratif, pour le petit déjeuner. Ensuite, ils devaient aller visiter le domaine.

Bill y était déjà retourné plusieurs fois avec Steve Jansen et ils ne manquaient pas d'idées. Ils étaient d'accord sur l'utilisation des deux bâtiments principaux ; les plus petits offraient aussi toutes sortes de possibilités et pourraient accueillir soit des patients, soit des bureaux. La salle de sport était impressionnante et Steve avait suggéré la construction d'une piscine olympique au fond du parc, dans un bâtiment fermé, proposition que Bill avait aussitôt adoptée. L'architecte était ravi de la qualité des travaux réalisés par l'ancien propriétaire. Il faudrait simplement prévoir des aménagements semblables à ceux que Steve réalisait chez Bill.

Carole attendait dans la salle à manger de l'hôtel. Elle s'était préparée avec soin. Jamais on n'aurait pu soupçonner que ses longs cheveux bruns et lisses étaient en fait une perruque. Et pour mettre en valeur sa silhouette sportive, elle avait choisi un pantalon et un col roulé noirs et des bottines à talons. Intriguée, elle regarda les deux hommes qui traversaient la pièce et venaient dans sa direction. L'un – Bill Thomas, comme elle l'apprit rapidement – affichait un air d'autorité qui ne trompait pas, mais il y avait de la gentillesse dans ses yeux. L'autre – Joe Henry –, sans doute légèrement plus âgé, était grand et séduisant.

Ils commandèrent des œufs au bacon tandis que Carole choisissait du café, un pamplemousse et des toasts de pain complet. Bill avait apporté une liste de suggestions émises par Lily et Teddy. Alors que le garçon mettait l'accent sur les arts et la musique, Lily insistait sur l'importance des activités sportives et proposait même un championnat annuel sur le modèle paralympique. Bill évoqua également certaines activités de loisir proposées à Craig qui pourraient être adaptées à des plus jeunes. Carole l'écoutait attentivement, hochant la tête régulièrement, jetant de temps à autre un coup d'œil à Joe, qui restait silencieux.

— Vous devriez mettre en place un programme d'accompagnement par d'autres malades, suggéra-t-elle finalement. Un système associant des enfants d'âges différents, de façon que chacun ait un « grand frère » ou une « grande sœur ». C'est une formule extraordinaire. Il vous faudrait également un conseiller d'orientation qui suive vos pensionnaires souhaitant s'inscrire à l'université. Ou à la recherche de stages en entreprise. La transition avec le monde du travail est toujours un point délicat.

Elle leur donna une liste d'exercices thérapeutiques dans le cadre de groupes d'entraide. Chacun y alla de ses commentaires dans un échange très constructif, qui dura tout le petit déjeuner.

— Mettez-vous en place des systèmes de ce type au Mass General ? voulut savoir Bill.

— Notre organisation ne nous le permet pas. Toutefois, je suis mes patients longtemps après leur hospitalisation. Je tiens à savoir comment ils s'en sortent et à les aider dans leur réinsertion. J'anime aussi des groupes. C'est une chose que vous pourriez proposer, vous aussi. Les adolescents ont du mal à trouver leur place dans le monde, même lorsqu'ils sont en bonne santé. Les lésions de la moelle épinière ne font qu'ajouter aux difficultés qu'ils rencontrent déjà à l'école, dans les relations amoureuses, avec leurs parents, leurs frères et sœurs, leurs camarades. Et il ne faut pas oublier les dangers liés à l'alcool et à la drogue, qui les concernent autant que les autres jeunes de leur âge. J'ai moi-même fait l'expérience de cette formule d'accompagnement individualisé au sein d'une association de malades, et je dois dire que cela m'a énormément aidée. J'ai eu un cancer du sein, précisa-t-elle simplement, et parfois mon accompagnante a su m'informer de façon beaucoup plus utile que mon médecin.

Elle leur fit cette confidence sans difficulté, alors qu'elle n'en avait nullement l'intention au départ. Mais elle se sentait à l'aise avec eux.

— Je vous rassure : je vais bien, maintenant, ajouta-t-elle.

— Vous nous en voyez ravis, répondit Bill avec sincérité.

Joe, lui, se taisait. Il écoutait Carole avec une

admiration manifeste. Du reste, Bill aussi était impressionné. Il trouvait les suggestions de Carole très pertinentes.

— Hormis vous kidnapper, ce que je n'exclus pas, lança-t-il à la fin de la rencontre, que faut-il que je fasse pour vous convaincre de venir vous installer à Denver et travailler avec nous ? Nous voulons créer un centre modèle : de quoi vous en mettre plein la vue.

— C'est déjà fait, assura-t-elle. J'adhère pleinement à votre projet et à votre façon de le concevoir. C'est formidable. Mais je suis un peu snob, avoua-t-elle en souriant. Il est difficile de quitter une institution comme le Mass General. Un hôpital universitaire relié à Harvard, forcément, cela fait bien sur un CV.

— Mais la création d'un centre comme le nôtre aussi, surtout en tant que chef du service de psychologie, fit-il valoir. Vous pourriez engager qui vous voulez pour vous aider.

— Ne me tentez pas trop, dit-elle avant de boire une gorgée de café. Je suis en phase avec tout ce que vous avez dit jusqu'à maintenant. J'aimerais beaucoup participer à votre projet en tant que consultante. Je pourrais venir autant de week-ends que nécessaire et je peux même me libérer en semaine, à l'occasion, si vous me prévenez suffisamment à l'avance. Mon contrat prévoit que je peux accomplir des missions de ce type.

Bill sentit qu'il n'en obtiendrait pas davantage pour l'instant. Cependant, il était bien décidé à tout faire pour la convaincre de les rejoindre à temps plein. Carole Anders l'épatait. Il n'était pas étonnant qu'elle ait travaillé à Harvard *et* à Stanford.

Après le petit déjeuner, ils rejoignirent la propriété. Bill offrit à Carole – qui, sur son conseil, avait prévu des chaussures de sport – une visite détaillée des bâtiments et du terrain. Il lui précisa quelles modifications il prévoyait de faire. Elle se montra très sensible à son intention d'accorder des bourses à certains patients. Et la beauté du site l'émerveilla. Il s'en dégageait une impression de paix et de bonheur. Ce Bill Thomas, qui lui plaisait de plus en plus, allait créer un centre hors pair. Il serait merveilleux de vivre et de travailler dans un environnement aussi positif.

— Quand comptez-vous ouvrir, au fait ? lui demanda-t-elle.

— En août de l'année prochaine. Dans seize mois, autrement dit. Je crois que nous pouvons y arriver.

— Moi aussi, confirma-t-elle. D'autant que vous avez déjà le principal des constructions.

— Le problème, c'est l'équipe, répondit-il en lui lançant un coup d'œil appuyé. Jessica Matthews m'a donné les noms de quelques confrères à elle, mais aucun ne me semble être le directeur médical qu'il me faut. Et il me manque aussi la chef psychologue…

— Quel dommage que Jessie ne soit pas partante… dit Carole tout bas, comme pour elle-même.

— Je suis bien de votre avis. Mais elle explique que ses enfants ne veulent pas quitter Squaw Valley. Que puis-je répondre à cela ?

— J'ai l'impression que ce n'est pas facile pour

eux, sans leur père. Quel coup du sort… C'était un type formidable.

— Il est mort la nuit où elle opérait ma fille.

Bill se sentait étrangement lié à Jessie par ces drames qui les avaient frappés au même moment. Et il s'en voulait encore de la méfiance qu'il avait montrée eu égard à ses compétences. Il n'avait pas saisi à quel point elle était brillante.

— Vous allez trouver quelqu'un, j'en suis sûre, affirma Carole d'un air confiant. Je vais ouvrir l'oreille, à Boston.

— Merci, c'est très aimable à vous.

Bill proposa ensuite qu'ils passent à Craig pour que Carole fasse la connaissance de Lily. Ils s'arrêtèrent en chemin pour manger un morceau, de sorte qu'il était près de 16 heures quand ils arrivèrent. Lily rentrait tout juste d'une sortie dans un grand magasin. Elle avait encore sur les genoux de gros sacs de chez Neiman Marcus. Elle sourit, heureuse de les voir. Son père lui avait dit que Carole était une amie de Jessie et qu'il la rencontrait au sujet de L'Equipe de Lily.

Ils se dirigèrent vers le salon des visiteurs pour bavarder un moment.

— S'il y a bien une chose que j'aimerais qu'on ne t'apprenne pas, ici, lâcha son père, c'est à faire les courses. Tu t'es toujours très bien débrouillée sans l'aide de personne, la taquina-t-il.

En réalité, ce qu'on lui enseignait était très utile, il le savait.

— Moi aussi, j'adore le shopping, confia Carole.

Elle était d'ailleurs très élégante, avec un vrai style à elle.

— Ce qui manque, à Craig, c'est un salon de beauté, déclara Lily de but en blanc. J'adore votre coupe, Carole. Moi, je n'ai pas vu un coiffeur depuis Noël. C'est comme les manucures et les pédicures. J'aime beaucoup ça.

Elle avait remarqué les ongles impeccables de Carole et son joli vernis rose. Et elle n'était pas la seule. Joe, lui aussi, était très sensible au raffinement de la jeune femme.

— Ajoutez cela à la liste des activités de L'Equipe de Lily, suggéra cette dernière. Un salon de beauté. Ou alors un arrangement avec un salon des environs pour qu'ils viennent au centre plusieurs fois par semaine. Ou pour que l'on amène des patients chez eux.

C'était le genre de choses qui aidait les jeunes filles à se sentir mieux.

— J'ai été malade, l'année dernière, révéla-t-elle à Lily. Je ne pouvais pas me faire faire de manucure à cause des risques d'infection, et je t'assure que ça m'a beaucoup manqué, à moi aussi.

Elle fit un sourire complice à Lily, qui appréciait déjà son côté chaleureux, ouvert et direct.

Ils parlèrent de Craig et des activités qu'y pratiquait Lily. Carole n'en revint pas d'apprendre qu'elle s'était remise à skier et envisageait de participer aux Jeux paralympiques.

— Je préparais les Jeux olympiques, quand j'ai eu cet accident.

— Je sais. Les Jeux paralympiques sont tout aussi impressionnants – et peut-être même encore plus. J'ai eu la chance d'y assister, une fois. Comment as-tu eu cette idée ?

— C'est mon kiné qui m'a montré un DVD. Et qui a tout organisé. Mon père n'est pas trop chaud, ajouta-t-elle avec un coup d'œil à Bill. Il craint un autre accident. Pourtant, avant, il n'avait pas peur. D'ailleurs, ce n'est même pas en skiant que je me suis fait mal.

— Peut-être, mais maintenant c'est différent, intervint-il avec un regard inquiet.

— Pas obligatoirement, assura Carole. Les personnes atteintes de lésions à la moelle épinière peuvent faire les mêmes choses que tout le monde, avec certaines adaptations.

— Ici, on peut faire de la plongée sous-marine, renchérit Lily, et plein d'autres trucs. Il y a beaucoup de gens qui jouent au golf. Mon copain Teddy va faire du rugby. Moi, j'aimerais bien me mettre au volley, mais il n'y a pas d'équipe de filles. Nous ne sommes pas assez nombreuses à vouloir y jouer.

Lily était une jeune fille de dix-sept ans comme les autres, qui parlait des sports qu'elle aimait et de sa passion pour le ski de descente.

— Quand retournes-tu au lycée ? lui demanda Carole.

— En mai, répondit Lily, dont le visage s'assombrit aussitôt.

— Tu n'aimes pas l'école ?

— Si. Avant. Mais depuis que je suis ici mes amis ne viennent plus me voir. C'est bizarre. J'ai perdu le contact avec eux. Je crois que mon handicap leur fait peur. Ou alors c'est de venir au centre qui les perturbe. Ils ont toujours quelque chose à faire.

— Ce sera différent quand vous vous verrez

tous les jours, assura Carole. A ce moment-là, ils ne pourront plus t'ignorer. Et ils s'habitueront à te voir en fauteuil.

— Oui, peut-être, concéda Lily sans grande conviction.

Carole demanda ensuite à la jeune fille si elle pouvait lui faire visiter le centre. Elle en avait énormément entendu parler, mais n'y était jamais venue. Elle prit beaucoup d'intérêt à tout ce que lui expliqua Lily. En s'arrêtant à la cafétéria pour boire quelque chose, ils tombèrent sur Teddy.

— Où étais-tu passé ? s'enquit Lily.

— Je peignais, répondit-il joyeusement.

Elle le présenta à Carole et il salua les trois adultes.

— Et toi, demanda-t-il ensuite, où étais-tu ?

— Je suis allée faire du shopping. On a commencé par le supermarché, ce matin – bien rasoir –, puis on est allés chez Neiman, Nordstrom et Macy's. Ça, c'était super.

Teddy se mit à rire et se joignit à eux pour la fin de la visite. De retour dans le hall, Carole se tourna vers Lily.

— J'ai été très heureuse de faire ta connaissance, lui dit-elle chaleureusement. J'ai l'impression que L'Equipe de Lily va être géniale. Il faut que vous pensiez à tout ce que vous aimeriez y trouver, Teddy et toi. Vos désirs seront des ordres, ajouta-t-elle avec une petite révérence humoristique.

Lily sourit, non sans admirer à nouveau sa coupe de cheveux impeccable.

— Merci d'être venue me voir, Carole, répondit-elle poliment avant d'embrasser son père et Joe.

Après leur départ, elle remonta dans sa chambre, avec Teddy.

— Je t'ai acheté des CD, aujourd'hui, lui annonça-t-elle.

— C'est vrai ?

Il avait l'air ravi.

— Green Day, Blink-182, Good Charlotte, New Found Glory, énuméra-t-elle en souriant.

— La classe ! s'exclama-t-il en se penchant pour l'embrasser sur la joue.

Elle rit. Elle avait passé une bonne journée, et lui aussi. Il était content de ce qu'il avait peint.

— J'aime bien l'amie de ton père, au fait, reprit-il.

— Oui, moi aussi. C'est une psy du Mass General, spécialiste des enfants atteints à la moelle épinière. Mon père voudrait l'engager dans L'Equipe de Lily.

— Elle a l'air très intelligente, en tout cas.

— J'adore sa coiffure et ses ongles, renchérit-elle d'un air rêveur.

Teddy éclata de rire tandis qu'elle étalait les CD sur le lit.

— Non, mais tu entends ce que tu dis ? C'est une psychologue d'un des hôpitaux les plus prestigieux du pays et toi, tu ne t'intéresses qu'à ses cheveux et à sa manucure !

— Eh bien, ça compte aussi, répliqua-t-elle en regardant ses mains avec dédain.

Celles-ci n'avaient pas reçu de soins dignes de ce nom depuis quatre mois, mais Lily était trop paresseuse pour s'en occuper elle-même et cela faisait des siècles qu'elle n'avait pas acheté de vernis à ongles – elle aurait pu aujourd'hui, mais elle n'y avait pas pensé. Elle n'avait pris que deux pulls, un blouson, les CD pour Teddy et de nouvelles baskets à porter en rééducation. Rose vif.

— Vous avez une fille adorable, déclara Carole en quittant Craig.

Elle comprenait pourquoi Jessie s'était tellement attachée à Lily. Intelligente, gentille, bien élevée, à l'aise avec les adultes et, surtout, très courageuse… elle avait tout pour plaire.

— Le fait qu'elle se remette à skier m'inquiète, avoua Bill. Surtout en compétition. Après ce qui lui est arrivé…

— Mais c'est sa passion, fit valoir Carole avec douceur.

— Oui, c'est toute sa vie.

— Et vous, faites-vous du ski ? s'enquit Joe, assis à l'arrière.

— J'en ai fait, autrefois, répondit-elle.

Elle se tourna et lui sourit. C'était un homme calme, moins énergique que Bill, sans doute, mais chez lequel elle devinait une grande profondeur.

— Vous devriez apporter vos vêtements de ski, la prochaine fois, poursuivit-il. Il y a une station tout près.

— Je n'aurai sans doute pas beaucoup de temps, malheureusement. Au fait, Bill, pourriez-vous me déposer près d'un grand magasin ? J'ai une petite course à faire. Je prendrai un taxi pour rentrer à l'hôtel.

— Pas de problème, nous ne sommes pas loin

de Neiman Marcus. Etes-vous libre, pour dîner, ce soir ? ajouta-t-il. Nous pourrions sortir.

— Avec plaisir, répondit-elle, non sans se demander si Joe serait de la partie.

Elle n'avait pas envie de dîner en tête à tête avec Bill. Il risquait de se méprendre. Pour elle, ce voyage était strictement professionnel.

— On pourrait aller à la Table 6, suggéra Joe, qui, du même coup, effaça les craintes de Carole.

— Merci encore pour cette excellente journée.

Elle leur fit un petit signe en descendant de voiture avant d'entrer dans le magasin. Elle se rendit directement au rayon cosmétique, choisit quatre vernis à ongles de couleurs différentes, y compris un rose semblable à celui qu'elle portait, prit aussi un petit kit de manucure, du spray pour accélérer le séchage du vernis, des soins pour les cheveux et un masque relaxant pour le visage. Elle fit emballer le tout dans un paquet cadeau qu'elle déposa en taxi à Craig à l'intention de Lily. Quelques minutes plus tard, elle était de retour à son hôtel. Elle eut le temps de s'étendre et de se délasser une heure avant de se préparer pour le dîner. Elle avait ôté sa perruque avant de s'allonger. Plusieurs fois dans l'après-midi, elle avait remarqué que Lily la fixait avec beaucoup d'attention. Avait-elle deviné qu'elle portait des cheveux postiches ? Carole le lui aurait dit, si elles avaient été seules. Mais elle ne voulait pas que les hommes soient au courant. Elle massa son crâne, qui se couvrait d'un fin duvet, et ferma les yeux pour une petite sieste. Elle se fatiguait plus vite qu'autrefois, mais cela allait de mieux en mieux et elle recommençait à pouvoir profiter de la vie.

A 19 heures, elle changea de haut, passa une jupe et mit des escarpins à talons, se lava le visage, se remaquilla, brossa sa perruque et la remit. Elle descendit dans le hall ; Bill et Joe arrivaient tout juste. Tous deux portaient une veste plutôt sport et Joe, sans doute encore fidèle à ses habitudes new-yorkaises, arborait une cravate. C'était l'un comme l'autre des hommes élégants et séduisants. Son ex-mari avait de faux airs de Joe, en un peu plus jeune. Il préférait lui aussi le style côte Est. Sauf que Dylan s'était révélé être un salaud. Finalement, elle était bien mieux sans lui.

— Il faut que je vous remercie, Carole, dit Bill dès qu'elle monta dans la voiture. Lily m'a appelé ; elle ne savait pas comment vous joindre ni dans quel hôtel vous étiez descendue. Il paraît que vous lui avez fait porter des trucs extraordinaires à Craig : du vernis, des produits pour les cheveux et je ne sais quoi encore. Je lui ai donné votre adresse électronique pour qu'elle puisse vous remercier. J'espère que cela ne vous ennuie pas.

Il avait à peine fini sa phrase que le BlackBerry de Carole émit une petite sonnerie. C'était un e-mail de Lily, qui s'extasiait sur tout ce qu'elle lui avait envoyé et la remerciait avec effusion. Elle sourit.

— Ravie que cela lui ait plu, répondit-elle à Bill. Je me suis rappelé en l'écoutant cet après-midi combien ces choses en apparence futiles avaient de l'importance. C'était fou comme on pouvait vite oublier ce genre de détail.

Le restaurant proposé par Joe servait une nourriture excellente dans une atmosphère cosy des plus agréables. Entre eux trois, la conversation était naturelle et détendue. A un moment donné, ils en vinrent à parler mariage. Chacun évoqua sa situation.

— Ma femme est partie au Népal pour suivre son gourou, raconta Joe avec une ironie désabusée. La crise de la cinquantaine, je suppose. A moins que ce ne soit moi qui l'aie fait fuir, ajouta-t-il en riant.

Il en souffrait beaucoup moins depuis qu'il était à Denver et qu'il avait un nouveau projet avec Bill.

— Mon mari, lui, a pris ses jambes à son cou quand on m'a diagnostiqué un cancer, lâcha Carole. Il paraît que c'est assez courant. Mais il y a des choses pour lesquelles on préférerait ne pas être dans la norme. Enfin, tout va bien maintenant. Je suis guérie. La vie est belle.

— C'est horrible de faire une chose pareille, répliqua Bill. Je vous trouve bien philosophe. Je ne crois pas que je le serais autant, à votre place. A vrai dire, j'en suis même certain. J'espère que vous lui avez pris une fortune, au moins.

— Non, même pas. J'aurais peut-être dû, remarquez. Mais j'étais trop mal en point pour me soucier d'argent.

Pendant que tous trois passaient une excellente soirée, Lily s'offrait une séance beauté. Elle s'était verni les ongles en rose, comme Carole, et s'occupait maintenant de sa peau. Teddy poussa un cri d'horreur feinte quand, entrant dans sa chambre, il découvrit son visage enduit du masque relaxant.

— C'est à ça que tu ressembles, sans maquillage ? Merde, Lily, tu me fous la trouille !

— Ne me fais pas rire, protesta-t-elle les dents serrées, le masque va se craqueler.

— Très bien, comtesse Dracula. Comme vous voudrez.

Il regagna sa chambre en secouant la tête d'un air consterné.

16

Jessie sortit tard du travail, comme tous les soirs. Evidemment, les magasins étaient fermés et ils n'auraient rien de bon à se mettre sous la dent. Elle n'arrivait plus jamais à rentrer assez tôt pour passer une soirée agréable : se détendre, parler avec les enfants, les aider à faire leurs devoirs, préparer un dîner convenable… Cela faisait quatre-vingt-onze jours que Tim était mort… Et il lui semblait avoir complètement perdu le contrôle de sa vie.

Quand elle arriva chez elle, un désordre indescriptible régnait. Adam et Jimmy se battaient dans le salon pour la PlayStation, Chris était introuvable, même si sa voiture garée devant la maison laissait supposer qu'il devait se trouver dans les parages, et Heather était enfermée dans sa chambre, pendue au téléphone, ne prêtant pas la moindre attention aux cris de ses deux petits frères qui essayaient de s'entretuer. Jessie fila droit à la cuisine et enfourna deux pizzas surgelées pour la troisième fois de la semaine. On allait finir par l'accuser de maltraitance si cela continuait. Les enfants ne levaient pas le petit doigt. Il faut dire qu'ils souffraient tout autant qu'elle. Les résultats de Heather avaient plongé depuis la mort de son père. Son dernier carnet de notes affichait toute une série de D, et même un F en sport pour absentéisme.

— Encore de la pizza ! grogna Adam d'un air écœuré en entrant dans la cuisine. Y en a marre.

— Je suis désolée. J'ai eu une urgence à 18 heures. Un enfant avec un traumatisme crânien. Il a fallu que je l'hospitalise.

Elle lui parlait comme à un confrère et non comme à un enfant qui avait besoin de sa mère et d'un bon dîner.

— Appelle les autres à table, ajouta-t-elle, prise de désespoir.

Elle avait l'impression de ne mériter que des F, elle aussi, autant comme mère que comme chef de famille et comme cuisinière. Il lui semblait ne plus faire qu'une chose correctement : son travail. Au moins, elle n'avait encore tué aucun patient.

Chris descendit, l'air soucieux, et Heather bouscula Adam quand il voulut se servir en premier.

— T'as passé une bonne journée, maman ? s'enquit gentiment Jimmy.

Elle lui sourit. C'était le petit rayon de soleil de la famille. Son père lui manquait autant qu'aux autres, elle le savait, mais il restait le même, aussi adorable et facile à vivre que Tim.

— Couci-couça, lâcha-t-elle franchement avant de les regarder tour à tour. Et vous, ça a été ?

A les voir, ce n'était sans doute pas le cas, mais un miracle était toujours possible.

— Tu es allée en gym ? demanda-t-elle à Heather.

La jeune fille ne répondit pas tout de suite.

— C'est quoi, cette grimace ? Ça veut dire oui, j'espère ?

— Ça veut dire que j'avais trop de devoirs et que j'ai dû rentrer à la maison.

Elle savait que c'était une excuse en béton armé – ou, du moins, que cela aurait marché si elle n'avait pas eu d'aussi mauvaises notes. A l'évidence, elle ne faisait plus ses devoirs, et Jessie n'avait pas le temps de vérifier ni de l'aider. Le temps qu'elle débarrasse, qu'elle s'occupe du linge et des paperasses et qu'elle range un peu la maison, ils dormaient tous.

— On fait une sortie à Sacramento, la semaine prochaine, annonça Adam. On va voir le musée du Hall of Fame. Pense à me donner de l'argent, pas comme la dernière fois.

— Je vais essayer de ne pas oublier.

Elle se sentait réduite à l'état de zombie, arrivant tout juste à assurer sa journée de travail, s'endormant encore tous les soirs en pleurant, dans un pyjama de Tim. Et d'ici deux semaines, ce serait les vacances de printemps et les enfants se retrouveraient livrés à eux-mêmes, ce qui était pire encore. Ils allaient s'écharper au sujet de la PlayStation. Il faudrait qu'elle pense à engager quelqu'un pour la semaine, pour s'occuper des trajets et du déjeuner. Elle ne pouvait pas demander à Chris de s'en charger tous les jours.

Ils avalèrent leur dîner en vitesse, puis remontèrent dans leur chambre. Avant de sortir de la cuisine, Jimmy l'embrassa. Les autres rincèrent leur assiette et la mirent dans le lave-vaisselle. Chris s'attarda.

— Qu'est-ce qu'il y a ? lui demanda-t-elle, le sentant préoccupé.

Pourvu qu'il n'ait pas mis une fille enceinte... Qu'il n'ait pas un problème de racket... Elle n'arrivait plus à envisager que les pires scénarios.

— J'ai reçu mes lettres, aujourd'hui, fit-il d'un air qui en disait long.

— Tes lettres ? Quelles lettres ?

Elle n'y était plus du tout.

— Mes lettres d'acceptation, maman ! répondit-il, visiblement agacé.

Elle ne comprenait toujours pas.

— Mes lettres d'acceptation à la *fac*, lâcha-t-il avec emphase.

Enfin, elle comprit.

— Pardon, chéri. Cela m'était sorti de l'esprit. Alors ?

Elle s'assit à la table de la cuisine et le regarda avec un sourire d'expectative.

— Dis-moi !

— Je suis pris à Princeton, Harvard et Yale, répondit-il d'un air narquois.

— Très drôle.

Il n'avait pas voulu postuler pour les établissements de l'Est et il n'avait pas d'assez bonnes notes pour prétendre aux universités de l'Ivy League.

— J'ai Arizona.

Il se doutait qu'elle dirait non parce qu'elle était persuadée qu'on n'y faisait que la fête. Tim était d'ailleurs de son avis, mais cela n'avait pas arrêté Chris.

— Je n'ai ni Berkeley ni l'UCSB.

Aïe. Et il n'avait fait que cinq demandes.

— Mais je suis pris à Boulder et à DU, conclut-il d'un air satisfait.

Elle savait qu'il avait envie de continuer à skier. Pour sa part, elle préférait DU, l'université de Denver, à Boulder.

— Tu as l'air content, lâcha-t-elle. Alors, qu'en dis-tu ?

Elle était trop fatiguée pour feindre de se réjouir. Elle aurait aimé qu'il aille à Berkeley, mais ses résultats n'étaient pas suffisants. Il n'avait jamais été très bon élève.

— Laquelle des deux te tente le plus ? Je sais qu'elles t'ont plu, quand on les a visitées.

— Boulder m'attire pas mal, mais je sais que papa préférait DU. Du coup, je pense que je vais plutôt aller à DU.

Cette attention l'émut aux larmes.

— Moi aussi, je suis très favorable à Denver, mais il faut que cela te plaise, plaida-t-elle doucement en lui caressant le bras puis la joue.

Ils se regardèrent longuement. Elle lui sourit en ravalant ses larmes.

— Je veux que tu sois heureux, mon petit chéri. Et c'est aussi ce que voudrait ton père.

Il hocha la tête. Lui aussi avait les yeux humides. Puis il la serra dans ses bras et elle étouffa un sanglot.

— Je vais aller à DU, annonça-t-il d'un ton égal. Ça me plaît bien.

— Tu es sûr ?

— Oui. D'ailleurs, j'ai deux copains de ma classe qui y vont. On pourra peut-être se prendre une chambre tous les trois.

— Tu sais, c'est drôle, on me propose une mission de consultant là-bas. Je pourrai venir te voir, quand j'irai.

— Quel genre de mission ?

Il avait l'air étonné. Il faut dire que c'était la première fois qu'elle faisait cela. Mais elle avait besoin d'argent. Si elle devait y aller plus de une ou deux fois, elle demanderait à Bill Thomas de lui payer de petits honoraires.

— C'est pour quelqu'un qui veut créer un centre de rééducation pour les enfants et les jeunes atteints de lésions à la moelle épinière. Je n'aurai qu'un rôle de conseil.

Il hocha la tête. Le sujet ne semblait pas le passionner. En revanche, il paraissait satisfait de sa décision et déclara qu'il allait essayer d'entrer dans l'équipe de ski ou de natation de l'université. Brillant athlète, il excellait dans ces deux sports.

Mais qu'il était difficile d'imaginer qu'il allait quitter la maison… Tout arrivait si vite. Elle redoutait déjà son départ. Il ne restait plus que cinq mois.

— Donc, tu es bien sûr, pour DU ?

— Oui, complètement.

Il l'étreignit encore et monta. Elle le suivit à l'étage pour aller embrasser Jimmy et lui souhaiter bonne nuit, mais il dormait déjà. C'était la même chose tous les soirs. Elle passa la tête par la porte de la chambre d'Adam pour lui enjoindre de se brosser les dents et de se coucher. Quand elle entra chez Heather, elle la trouva au téléphone.

— Tes devoirs sont faits ? articula-t-elle en silence.

La jeune fille hocha la tête et lui fit signe de

sortir. Elle considérait l'intrusion de sa mère dans sa chambre comme de l'espionnage ; ses conversations téléphoniques ne la regardaient pas.

Alors, Jessie alla dans sa chambre, se déshabilla, entra dans la douche et laissa l'eau chaude ruisseler sur elle et se mélanger à ses larmes. Puis elle enfila le pyjama de Tim et se coucha en songeant à Chris qui allait partir à l'université de Denver. Pourvu qu'il ait pris la bonne décision... Même Denver lui semblait très loin, maintenant. Si seulement elle pouvait remonter le temps... Ses quatre petits redeviendraient des bébés et Tim serait en vie. Mais non. Chris allait partir et Tim était mort. Elle se retourna et éteignit la lumière. Elle avait tenu une journée de plus.

17

Bill appelait régulièrement Jessie pour l'informer de l'avancement du projet et discuter de ses suggestions en matière de recrutement. Elle finit par céder à ses prières et accepta de se rendre à Denver. On était alors en mai. Après s'être organisée pour caser les enfants chez des amis pour le week-end et avoir demandé une journée de congé, elle prit l'avion le vendredi matin. Certes, elle culpabilisait de laisser ainsi sa famille, mais l'entreprise de Bill la passionnait et elle avait très envie de revoir Lily. Son séjour à Craig touchait à sa fin. Selon Bill, tout s'était très bien passé. Elle avait réussi à rattraper ses cours et passerait en terminale à la rentrée. Parallèlement, elle s'entraînait pour les Jeux paralympiques et avait skié jusqu'à la fin de la saison. C'était vraiment une jeune fille remarquable. Si seulement ses propres enfants pouvaient être aussi énergiques et travailleurs…

Comme convenu, elle prit un taxi à l'aéroport pour rejoindre Bill chez lui. Tout était encore sens dessus dessous à cause des travaux qui n'étaient pas terminés – mais devaient impérativement l'être avant le retour de Lily.

Quand elle sonna à la porte, Steve, l'architecte, venait d'apporter à Bill une maquette du site, et ce dernier l'examinait, ravi. C'était L'Equipe de Lily exactement telle qu'il l'avait rêvée. Il accueillit Jessie avec un sourire jusqu'aux oreilles.

— Bonjour, bonjour, la salua-t-il. Bienvenue à Denver !

Elle laissa son sac dans l'entrée, enjamba tout un bric-à-brac qui gênait le passage et suivit Bill dans la cuisine, où il lui présenta Steve. Puis il lui montra la maquette.

— Oh, c'est extraordinaire ! s'exclama-t-elle. On dirait un vrai village.

— C'est un peu notre ambition, confirma-t-il. Tout y est déjà, il ne nous reste qu'à adapter ce qui existe à nos besoins. La seule chose qu'il nous faudra construire, c'est la piscine. Les travaux vont commencer en juin. Ce devrait être fini pour octobre, avant l'hiver. Voulez-vous manger quelque chose ? Boire un café ? Avez-vous fait bon voyage ?

— Excellent, merci. Et je prendrais bien un café, s'il vous plaît.

— Et vos enfants, comment vont-ils ? demanda-t-il en lui tendant une tasse.

— Ils tiennent le coup. Mon fils vient d'être admis à l'université de Denver. Cela me fera deux bonnes raisons de venir : pour travailler avec vous et pour lui rendre visite.

— Vous pourriez vous installer ici, fit-il valoir sur le ton de la plaisanterie. Imaginez comme ce serait pratique.

— Oui, sauf que les autres me tueraient. Comment va Carole ? Elle est revenue vous voir ?

— Nous l'attendons la semaine prochaine. Vous

savez, Jessie, je n'en reviens toujours pas que vous soyez là.

— Moi non plus, avoua-t-elle. Jusqu'à la dernière minute, j'ai cru que mes enfants allaient inventer quelque chose qui m'obligerait à annuler.

— Je suis heureux que vous ne l'ayez pas fait.

Bill n'en parla pas, mais il avait remarqué combien Jessie avait l'air fatiguée. Elle avait beaucoup maigri, et elle était très pâle, avec les yeux cernés. Sa vie ne devait pas être facile ; c'était d'ailleurs ce que lui avait laissé entendre Carole. Cela n'avait rien d'étonnant. Bill était bien placé pour savoir qu'il n'était pas simple d'élever seul un enfant. Mais lui s'était retrouvé veuf avec une seule petite fille, pas avec quatre adolescents qui devaient lui prendre tout son temps et toute son énergie.

— Etes-vous prête à aller visiter L'Equipe de Lily ? lui demanda-t-il un peu plus tard.

Toujours assis à la table de la cuisine, ils avaient échangé des nouvelles et parlé des récents progrès du projet. Pour l'instant, ils se concentraient sur l'aménagement du site et le recrutement. Le reste, et notamment la conception des programmes, viendrait par la suite. Bill souhaitait constituer une première équipe de base, qui se mettrait à l'œuvre six mois avant l'ouverture.

— Je suis heureuse d'être là, déclara Jessie pendant le trajet. C'était le bon moment pour moi, pour venir. C'est plutôt calme, ces derniers temps. La saison de ski est terminée, ce qui fait que nous voyons beaucoup moins de traumatismes crâniens.

Et cela faisait des siècles que je n'étais pas partie. J'ai l'impression d'être en vacances.

Quand ils arrivèrent sur le site, elle fut aussitôt frappée par la beauté des lieux. La propriété était magnifique, paisible et idéalement conçue. Un mariage parfait entre la nature et l'architecture.

— C'est extraordinaire, Bill ! s'exclama-t-elle. Je ne m'attendais vraiment pas à tout ça.

Il lui fit visiter la maison principale et lui expliqua ses projets. Tout ce qu'il lui avait décrit par téléphone prenait peu à peu sens. Elle n'eut à faire que quelques suggestions concernant l'aspect médical. Elle proposait de transformer une partie des pièces dont il pensait faire des bureaux en salles d'examen, puisqu'il leur en faudrait. Elle lui indiqua l'agencement qui lui semblait le mieux adapté. Il le jugea très fonctionnel et facile à mettre en œuvre. Ensuite, il lui montra le gymnase et l'emplacement de la piscine. Les deux lieux communiqueraient par un passage couvert.

— Waouh ! s'exclama-t-elle. Ce que vous faites est merveilleux, Bill. Cela donne envie de rester ici pour toujours.

Ce qu'elle voyait lui plaisait énormément. Des zones étaient aménagées à l'extérieur pour que les enfants puissent s'y réunir et y jouer ou lire quand il ferait beau. Une autre était prévue pour organiser des barbecues ou prendre des repas dehors. Il y aurait des feux de camp en été, et le toit de la piscine serait rétractable.

— On dirait bien plus une super colonie de vacances qu'un hôpital, n'est-ce pas ? dit Jessie, qui n'en revenait pas.

— C'est tout à fait l'idée, oui.

Il lui fit visiter les salles de soins et lui expliqua les changements recommandés par Carole, qu'elle valida immédiatement. Il n'y avait rien à redire.

— Si seulement nous pouvions avoir un établissement de ce genre à Squaw… Il n'est pas toujours facile d'envoyer les patients jusqu'à Denver. Pour vous, c'était plutôt commode parce que vous habitez ici, mais, pour beaucoup de gens, c'est très loin.

— Si ça marche, nous pourrons peut-être ouvrir une autre structure, un jour, fit-il en souriant. A ce moment-là, vous ne pourrez pas refuser d'en devenir la directrice médicale.

— J'aimerais énormément pouvoir accepter le poste que vous me proposez, assura-t-elle honnêtement. Mais, encore une fois, c'est impossible. Et Jimmy ne quittera pas la maison avant une douzaine d'années. Cependant, je vous l'ai promis, je vais vous aider à trouver quelqu'un.

Ils allèrent ensuite voir Lily à Craig. La jeune fille avait rendez-vous avec sa tutrice et ne pouvait pas rester longtemps avec eux. Elle étreignit Jessie affectueusement.

— Que je suis contente que vous ayez pu venir ! Vous m'avez manqué.

— Toi aussi, tu m'as manqué, répondit Jessie en souriant.

La jeune fille était rayonnante.

— Mon père vous a emmenée voir L'Equipe de Lily ? demanda-t-elle, tout excitée.

— Oui. C'est extra.

— Je suis jalouse. Moi, je n'y suis pas encore allée.

— Tu vas adorer, tu verras ! promit Jessie.

Lily dut les quitter et Bill raccompagna Jessie à l'hôtel.

— Etes-vous trop fatiguée pour que nous dînions ensemble ce soir ?

— Non. Ce sera avec plaisir, merci beaucoup.

— J'aimerais que vous fassiez la connaissance du directeur administratif de L'Equipe de Lily. C'est un vieil ami ; je l'ai connu à la fac. Il a quitté New York le mois dernier pour venir s'installer ici. C'est une véritable bénédiction.

— Je serai ravie de le rencontrer, assura-t-elle. A ce soir, Bill !

— A ce soir, Jessie. Je viendrai vous chercher à 20 heures.

Elle lui fit un petit signe d'au revoir avant de suivre le groom de l'hôtel.

Une fois dans sa chambre, elle s'allongea sur le lit et alluma la télévision. C'était la première fois depuis bien des années qu'elle n'avait rien à faire. Rien d'autre que rester là et se détendre en attendant le dîner. Cinq minutes plus tard, elle dormait à poings fermés.

Elle se réveilla en sursaut à 19 heures, prit une douche et s'habilla. Elle opta pour une jupe courte, une veste de laine blanche et des ballerines plates. Avant de descendre, elle appela les enfants. Tout allait bien. Elle allait pouvoir profiter pleinement de la soirée.

En la voyant, Bill songea qu'elle était ravissante, avec son habituelle natte blonde. Ces derniers temps, il lui avait parlé si souvent au téléphone qu'il avait l'impression de retrouver une vieille amie.

— Pas trop fatiguée ? lui demanda-t-il avec une pointe d'inquiétude.

— J'ai fait un petit somme, répondit-elle. Je suis en pleine forme.

— Tant mieux, me voilà rassuré. Au fait, Joe nous rejoint au restaurant. Il a travaillé toute la journée sur le permis de construire. Des problèmes de zone. Heureusement qu'il est doué pour ce genre de choses. Vous n'imaginez pas le nombre d'autorisations qu'il nous faut. Joe a le génie des menus détails, et il sait s'y prendre comme personne avec les fonctionnaires. Il a le don de se faire apprécier et d'obtenir tout ce qu'il veut. Moi, ce n'est vraiment pas mon truc. Je deviens fou quand on me met des bâtons dans les roues.

Le restaurant était animé et bondé de jeunes gens. Le mois dernier, Bill avait eu la surprise d'y tomber sur Penny. Celle-ci l'avait embrassé avec une chaleur qui l'avait laissé indifférent. Même si la compagnie de Penny lui avait été très agréable du temps de leur relation, elle ne lui manquait pas. Entre la création du centre et le prochain retour de Lily, il avait bien trop de choses en tête.

Joe les attendait. Bill fit les présentations et tous trois gagnèrent leur table.

— Comment s'est passée la réunion avec les services de l'urbanisme ? s'enquit Bill.

— On va y arriver, répondit Joe calmement.

— Je ne sais pas comment tu fais. Ces fonctionnaires me donnent des envies de meurtre. Ils ne sont tellement pas raisonnables !

Joe sourit. En effet, c'était l'impression qu'il avait eue toute la journée, mais il était bien plus patient que son ami. Et puis il s'était découvert des amis communs avec le chef de service. Cela ne pouvait pas faire de mal.

Ils commandèrent du vin. Jessie se sentait soudain très femme, dans ce bon restaurant, en compagnie de deux hommes d'affaires. Pour une fois, elle était élégante, elle qui vivait d'ordinaire en jean, en blouse d'hôpital ou en tenue de chirurgien. Depuis combien de temps ne s'était-elle pas détendue ?

— Vous savez, leur avoua-t-elle, il y a une éternité que je n'ai pas passé une soirée aussi agréable et raffinée. Dire que je nourris mes pauvres enfants de pizza surgelée. La vie est chaotique, ces temps-ci.

Bill ne parvenait même pas à imaginer tout ce avec quoi elle devait jongler. Quoi qu'il en soit, s'échapper un peu lui faisait grand plaisir, cela se lisait sur son visage. Dommage qu'ils ne vivent pas dans la même ville. Il lui aurait plu de la voir plus souvent.

La conversation dévia sur Harvard ; c'était naturel puisqu'ils y avaient fait leurs études, eux de commerce et elle de médecine. C'était un lien entre eux, d'autant qu'ils en gardaient tous trois un excellent souvenir.

— Je ne crois pas que je serais admise, aujourd'hui, déclara Jessie modestement. C'est devenu tellement difficile d'entrer dans les plus grandes facultés…

— Et vos enfants ? s'enquit Bill. Est-ce que l'un d'eux vise les universités de l'Est ?

— Non, aucun. Ce sont de vrais petits Californiens. Et ils ne sont pas particulièrement brillants en classe. Sauf mon petit dernier. Il dit qu'il veut faire médecine à Harvard, mais qui sait ce qu'il en sera d'ici là ? Si ça se trouve, il sera pizzaïolo. Et Lily ? Où croyez-vous qu'elle postulera, l'année prochaine ?

— Elle voulait aller dans l'une des universités de l'Ivy League, répondit-il avec une certaine inquiétude, et ses résultats sont à la hauteur. Mais, maintenant, j'aimerais mieux qu'elle reste plus près de la maison.

— Et elle, insista Jessie avec douceur, que veut-elle aujourd'hui ?

— Ses souhaits n'ont sans doute pas changé, mais sa situation, si.

— Pas d'un point de vue scolaire. Il n'y a aucune raison qu'elle n'aille pas sur la côte Est pour faire ses études. Elle pourra y recevoir tous les soins dont elle aura besoin. Il ne faut pas qu'elle y renonce à cause de son accident, surtout.

Jessie semblait effarée par cette idée.

— Je ne veux pas qu'elle s'éloigne trop de moi ni de la maison. Je me ferais un sang d'encre, à la savoir là-bas.

— Il va falloir travailler là-dessus, Bill. C'est à vous d'évoluer.

Plus tard, alors que Bill la raccompagnait à l'hôtel, Jessie revint sur le sujet des études de Lily.

— Vous n'envisagez pas sérieusement d'obliger

votre fille à rester à Denver à cause de son accident, si ?

— Si. Ce drame a été pour nous deux un grand traumatisme. Je veux qu'elle soit dans un endroit où je sais qu'elle pourra recevoir les meilleurs soins ; je tiens à pouvoir veiller sur elle. Imaginez qu'il lui arrive quelque chose à des centaines de kilomètres d'ici. Que pourrais-je faire ?

Il avait l'air terrifié. Mais Jessie connaissait suffisamment Lily pour savoir qu'elle ne se laisserait pas facilement convaincre. La jeune fille voulait mener une vie normale.

— Vous ne pouvez pas la garder dans une bulle, fit-elle valoir. Elle y serait trop malheureuse.

— C'est ce qu'elle dit, confirma-t-il tristement. J'ai déjà assez de mal à accepter qu'elle ait repris le ski. A chaque fois qu'elle va à Winter Park, je ne vis plus.

— Elle n'est pas du genre à rester enfermée à faire du tricot. C'est votre fille, Bill. Vous la connaissez, elle ne va pas rester sagement assise dans son fauteuil.

— Je le sais. N'empêche que je trouve trop risqué qu'elle s'en aille dans une université de l'Est.

Ils étaient arrivés devant l'hôtel. Jessie lui sourit.

— Vous feriez bien de vous préparer à une sacrée bagarre, si vous voulez la garder ici… En tant que médecin, je peux vous assurer qu'il n'y a aucune contre-indication particulière. Et si elle en a envie, il faut qu'elle le fasse. Elle doit poursuivre ses rêves.

— Et moi, en tant que père, je peux vous assurer que je ne supporterai pas un tel stress. Ah, ajouta-t-il en souriant à son tour, ces enfants... Entre les vôtres qui ne veulent pas vous laisser quitter Squaw Valley pour un poste idéal ici et la mienne qui fait de la descente à ski avec une moelle épinière sectionnée, je vous jure qu'on dirait qu'ils ont décidé de nous tuer.

Elle se mit à rire. Au fond, ce n'était pas faux.

— Je vous comprends, Bill. A votre place, moi aussi, j'aurais peur. Mais vous ne voulez pas qu'elle vive comme une invalide, n'est-ce pas ?

Il secoua la tête et regarda Jessie dans les yeux, songeur. Si seulement c'était une femme qu'il venait de rencontrer en dehors de tout contexte... Hélas, il voulait l'embaucher, et c'était de surcroît le médecin de sa fille. Mais c'était une personne merveilleuse, intelligente et sage, il s'en rendait compte, et il se sentait tellement bien avec elle.

— Merci, Bill, pour ce bon dîner, dit-elle avant de descendre. J'ai passé une excellente soirée.

— Moi aussi, Jessie. Cela fait du bien de se détendre et d'oublier le reste.

— Oui. A quelle heure souhaitez-vous que je vienne chez vous, demain ?

Ils devaient étudier tous les CV de soignants qu'il avait récoltés pour le centre.

— A 10 heures, si ce n'est pas trop tôt ?

— C'est parfait.

Elle descendit de voiture et s'éloigna en lui faisant un petit signe. La soirée avait été parfaite en tout point.

Le lendemain, Jessie se réveilla à 6 heures, comme tous les jours. Elle se rendormit, toutefois, ce qui était le comble du luxe. Elle n'avait pas fait une seule grasse matinée depuis la mort de Tim. A 9 heures, elle se leva, commanda son petit déjeuner et s'habilla. Puis elle prit un taxi pour se rendre chez Bill. L'étude des CV les occupa toute la matinée. En fin de compte, ils retinrent quatre personnes à qui elle allait faire passer un entretien téléphonique. L'une d'elles était de Denver et avait travaillé à Craig. Les autres habitaient différentes régions des Etats-Unis.

L'après-midi, ils retournèrent à la propriété pour vérifier quelques détails, puis firent une visite à Lily. Toujours très occupée, la jeune fille n'eut qu'une heure à leur accorder avant sa leçon de conduite.

— Eh oui, il faudra sans doute que je la laisse aussi conduire, fit Bill d'un air contrit alors qu'il ramenait Jessie à l'hôtel.

— A vous de voir, répondit-elle en souriant. La conduite, c'est pour moi un sujet très sensible. Je ne me permettrais pas de vous dire quoi faire.

— Ah, si je pouvais, je l'enfermerais dans sa chambre ! s'exclama Bill.

Jessie savait bien que ce n'était pas vrai. Seulement, il était dur de tenter un sort qui s'était déjà montré si cruel. Elle ressentait la même chose depuis le décès de Tim. Elle n'aurait plus jamais la même confiance dans la vie. Bill non plus, sans doute, lui qui avait vu sa fille partir skier comme tous les matins et revenir paraplégique. C'était affreusement dur à vivre, et pas uniquement pour Lily. Quant à Tim, il avait emmené Jimmy au bowling, et il était mort. La vie ne tenait qu'à un fil.

— Accepterez-vous de dîner à nouveau avec moi ce soir, ou est-ce plus que vous n'en pourrez supporter ? lui demanda-t-il en souriant comme ils arrivaient à l'hôtel.

— J'accepte bien volontiers, assura-t-elle.

— Disons 19 h 30 ? Je sais que votre avion est de bonne heure, demain matin.

Il l'emmena dans un excellent grill. La salle était vivante, presque bruyante. Les jeunes gens y côtoyaient les vieux cow-boys. Les steaks étaient succulents. Sans trop savoir pourquoi, Bill se mit à raconter son enfance dans une ville minière : l'extrême pauvreté de sa famille, les hommes qui mouraient, à commencer par son père et son frère, et comment il s'était enfui vers la grande ville et y avait fait fortune.

Jessie se mit à percevoir Bill autrement : en fait, c'était probablement de lui que Lily tenait son goût du risque, son courage et sa détermination. Ces traits de caractère se traduisaient jusque dans la manière qu'avait Bill de faire face à l'accident de sa fille. Il se lançait tête la première dans un projet fou, y investissant des moyens financiers considérables sans hésiter. Certes, il lui arrivait de manquer de raffinement et de faire preuve de dureté, comme avec elle au début. Mais elle comprenait sa colère, celle d'un lion défendant son petit. Aux yeux de Jessie, c'était finalement plus une qualité qu'un défaut.

Ce soir-là, lorsqu'il la raccompagna à l'hôtel, il descendit de voiture pour la saluer et elle sentit qu'il lui glissait quelque chose dans la poche. Elle ne dit rien et attendit d'être dans sa chambre pour regarder ce que c'était. Elle découvrit une enveloppe, qui contenait un chèque et un mot. « Jessie, merci d'être venue, lut-elle. Je ne pourrais pas réussir sans votre aide. Je sais que vous ne vouliez pas d'argent, mais servez-vous-en pour vos enfants. Amitiés, Bill et Lily. » Jessie fut touchée de ce geste et lui envoya un e-mail pour le remercier. À vrai dire, elle en avait bien besoin. Ce voyage professionnel s'était révélé très productif, mais aussi fort agréable. Elle ne regrettait pas d'être venue.

Le lundi matin, elle raconta à Ben son escapade à Denver. Elle lui décrivit le projet, le site, les différents programmes qu'elle avait en tête.

— Ça va être extraordinaire, lui annonça-t-elle.

— Alors tu as accepté le poste de directrice médicale ? s'enquit son associé avec intérêt. Bill Thomas a réussi à te convaincre ?

Elle secoua la tête.

— C'est impossible, tu le sais. De toute façon, comment ferais-tu, sans moi ? le taquina-t-elle.

— Tu devrais dire oui, fit-il d'un air triste. Tu es en train de laisser passer une occasion magnifique, Jess.

— Il faut parfois savoir faire des sacrifices pour ses enfants, répondit-elle, philosophe. Je ne peux pas les déraciner alors qu'ils viennent de perdre leur père.

— C'est trop dommage, insista-t-il avec entêtement. Ce poste est fait sur mesure pour toi.

— Arrête d'essayer de te débarrasser de moi. Ma place est ici, pas à Denver.

— Ta place est ici ? Qu'est-ce que ça veut dire ? A chaque fois que je viens chez toi, ça me déprime. On ne sent que l'absence de Tim. Je suis certain que ce n'est pas bon non plus pour les enfants.

— Partir serait pire encore. Crois-moi, je le sais, affirma-t-elle.

Sur ce, elle entra dans la salle de consultation où l'attendait son premier patient de la journée. Quelle tête de mule, cette Jessie ! songea Ben. Quoi qu'il dise, quoi qu'il fasse, elle n'accepterait pas ce poste à Denver. On aurait dit qu'elle mettait un point d'honneur à ne pas quitter la maison où elle avait vécu avec Tim.

18

Les problèmes d'urbanisme s'éternisaient, mais Joe continuait de batailler, de plaider, de charmer inlassablement. Le problème était que le site ne se trouvait pas dans une zone destinée à l'implantation d'établissements médicaux ; la commission refusait tout net de leur accorder les permis nécessaires. Un jour, Joe finit par inviter le chef de service à déjeuner.

— Voyons les choses sous un autre angle, suggéra-t-il. Dans son affectation d'origine, ce terrain était destiné à accueillir un spa. Au fond, ce que nous proposons n'est guère différent. Des gens viendront y séjourner quelques semaines ou quelques mois, se détendre, nager, se faire masser, pratiquer des activités sportives. Il ne s'agit pas d'un établissement médical stricto sensu. On pourrait presque parler d'un spa pour enfants.

Joe était prêt à tout pour le convaincre. Le chef du service d'urbanisme le regarda en secouant la tête d'un air incrédule et se mit à rire.

— Joe Henry, vous êtes un menteur éhonté. Mais entre vos dix mille coups de téléphone et cet excellent déjeuner, et étant donné, surtout, ces enfants que vous voulez aider, je m'avoue vaincu. Vous l'aurez, votre permis. Vous le méritez bien.

Sur ce, riant toujours, il lui donna une tape sur l'épaule et prit congé.

Joe appela aussitôt Bill sur son portable pour lui annoncer la bonne nouvelle.

— Tu es un génie ! Je t'adore ! s'exclama-t-il. Je ne sais pas comment tu t'y es pris.

Il raccrocha en songeant que c'était Joe tout craché. Il avait dû l'avoir à l'usure ; car il ne renonçait jamais, surtout s'il œuvrait pour une juste cause.

Bill était en ligne avec Jessie quand il avait reçu son coup de téléphone ; elle lui recommandait deux des candidats à qui elle avait fait passer un entretien : une assistante administrative qui avait travaillé dans un établissement similaire et une kinésithérapeute avec des références exceptionnelles, qui lui avait fait la meilleure impression. Toutes deux pouvaient attendre quelques mois que les postes soient créés, et elles étaient prêtes à venir travailler à Denver.

— C'était Joe, expliqua Bill en reprenant la communication. Nous avons notre affectation et notre permis ! Le magicien a réussi.

Les choses commençaient à avancer sérieusement.

Le lendemain, Joe avait rendez-vous avec les administrateurs de Craig. Il leur présenta leur projet et leur suggéra de travailler en collaboration pour que leurs patients respectifs puissent bénéficier, si c'était pertinent, des programmes des deux centres. Sa proposition fut très bien accueillie.

Le week-end suivant, Carole revint les conseiller. Jessie avait dressé toute une liste de questions, qu'elle avait communiquée à Bill par courriel en l'invitant à les soumettre à Carole. Il s'agissait en particulier du programme de suivi thérapeutique, du nombre de psychothérapeutes nécessaires pour constituer l'équipe, en plus des membres du groupe d'entraide dans le cadre de l'accompagnement par d'autres malades. Il fallait penser aux mille et un détails requis par la situation.

Carole eut l'impression de débarquer dans une ruche. Bien que l'on fût samedi, de nombreux ouvriers s'affairaient sur le chantier. Les travaux avaient commencé aussitôt le permis obtenu.

— Eh bien, dit-elle à Bill et Joe, vous ne perdez pas de temps, messieurs.

Il y avait déjà beaucoup de changements depuis sa dernière visite.

Bill avait également une nouvelle pile de CV à leur soumettre, à Jessie et à elle – mais toujours pas de directeur médical potentiel, ce qui commençait à l'inquiéter sérieusement. Il tenait à ce que ce soit un neurochirurgien. C'était le profil logique du poste, et cela leur donnerait une crédibilité supplémentaire. Sauf que, pour l'instant, le candidat idéal ne se présentait pas.

Tout en faisant le tour du site, Joe racontait à Carole son parcours du combattant avec la commission d'urbanisme. Avisant un banc rescapé de l'époque du spa, il lui proposa de s'asseoir quelques instants. C'était une très belle journée de printemps.

— Vous avez bonne mine, lui dit-il.

— Merci, répondit-elle en souriant. J'avoue que je me sens bien. Beaucoup mieux que l'année dernière au même moment.

Il y a un an, elle était en plein traitement, et chaque journée était une épreuve.

— Je ne sais pas comment vous avez fait… déclara-t-il avec admiration.

— On ne se pose pas la question, on tient, c'est tout. Comme Jessie. Quel courage elle a ! Quand je vois le mal que j'ai eu à surmonter mon divorce…

— Et moi donc. Karen a agi d'une façon tellement inattendue. Je pense qu'elle a un peu perdu les pédales quand les enfants ont quitté la maison. A moins qu'elle n'ait toujours eu un petit grain. Avec le recul, je me rends compte que cela faisait des années que nous ne parlions plus vraiment.

— Nous, si, mais le problème était ailleurs. Dylan ne s'est pas conduit avec beaucoup de noblesse. C'est gênant de l'admettre, mais je me suis trompée sur son compte. J'avais cru épouser quelqu'un de bien, et ce n'était pas le cas.

Elle ne se plaignait pas ; c'était un simple constat.

— Etes-vous sortie avec quelqu'un d'autre, depuis votre divorce ?

— Vous savez, Joe, j'ai été bien occupée à survivre.

— Mais vous allez bien, maintenant, objecta-t-il.

Carole le voyait venir. Il laissait entendre qu'elle pourrait avoir une nouvelle relation amoureuse, cependant c'était plus compliqué que cela.

— Je ne sors avec personne, précisa-t-elle, et je n'en ai pas envie. Je ne sais même pas si j'en aurai envie un jour. Il m'est arrivé beaucoup de choses, l'année dernière, sur le plan interne comme externe, physique comme moral. Ce qu'il reste de moi n'est pas disponible pour une relation amoureuse.

Elle ne pouvait l'expliquer plus clairement. Toutefois, elle ne pensait pas qu'il s'agissait de la part de Joe d'une tentative d'approche ; à ses yeux, ils étaient amis. Et elle l'appréciait énormément. La grande compassion dont il faisait preuve vis-à-vis de la souffrance des autres était le signe probable qu'il avait lui-même beaucoup souffert. Néanmoins, il semblait heureux dans sa nouvelle vie, à Denver.

— Vous êtes trop jeune pour prendre une telle décision, rétorqua Joe doucement.

— Non. J'ai trente-huit ans. J'ai été mariée, cela n'a pas été une réussite. Et je ne peux pas avoir d'enfants. Dites-moi, pourquoi sortirais-je avec un homme ?

Elle avait mûrement réfléchi à la question.

— Les hommes de mon âge veulent des enfants, reprit-elle sans lui laisser le temps de répondre. Même quand ils sont divorcés et qu'ils en ont déjà, ils en veulent d'autres. Ou alors ils sont complètement déboussolés.

— Tous les divorcés ne sont pas déboussolés, fit-il valoir raisonnablement.

— C'est vrai. Mais beaucoup le sont. En tout cas, ceux que je rencontre. Le choix que j'ai fait me convient. Il faudrait que je résolve certains problèmes et que je change des choses, si je voulais reprendre une vie amoureuse. Or je n'en ai pas envie.

Notamment, elle n'avait aucun désir de subir une opération pour une reconstruction mammaire. Et elle ne voulait pas davantage montrer son corps tel qu'il était devenu. C'était certes une décision tout à fait personnelle, mais c'était la sienne. Et elle jugeait le sujet trop intime pour lui en faire part.

— Croyez-moi, conclut-elle, je suis heureuse ainsi.

— Quel gâchis… fit-il tristement.

— Non, pas du tout. Je suis vivante, cela me suffit bien. Pour le moment, en tout cas. Si jamais je change d'avis et que je souhaite quelque chose de plus, j'aviserai. Et vous, Joe ? Avez-vous quelqu'un dans votre vie ?

— Je viens tout juste de m'installer à Denver. Je prends mes marques, et je ne connais pas encore grand monde, répondit-il simplement. Cela dit, je m'y plais beaucoup. C'est une ville agréable. J'en avais assez de New York.

— Il m'arrive d'en avoir assez de Boston, surtout en hiver, avoua-t-elle. Mais j'adore mon travail, et cela compte beaucoup. Je me suis bien plu en Californie, aussi, quand j'y ai vécu. Et j'aimerais voyager davantage, maintenant. J'envisage d'aller en Europe, cet été. Je ne veux plus remettre mes projets à plus tard ; je l'ai fait pendant trop longtemps. L'année dernière, j'ai réfléchi aux choses que j'avais envie de faire quand j'irais mieux. Eh bien, je veux les faire maintenant. Toutes.

Elle lui sourit ; elle faisait très jeune, soudain.

— Moi aussi, j'ai remis trop de choses à plus tard. C'est ce qui arrive quand on travaille trop.

— Faites attention de ne pas recommencer, lui conseilla-t-elle sagement. L'Equipe de Lily nous dévorera tous, si nous nous laissons faire. Mais quelle entreprise magnifique ! ajouta-t-elle avec passion. D'ailleurs, assez de confessions intimes. Nous ferions mieux de nous remettre au travail.

A la fin de la journée, Joe raccompagna Carole à son hôtel.

— Et si nous dînions ensemble, ce soir ? lui proposa-t-il.

Elle se retourna vers lui en souriant. Maintenant qu'il connaissait son opinion sur les aventures amoureuses, elle se sentait parfaitement à l'aise avec lui.

— Avec plaisir, répondit-elle.

Il l'emmena dans un bon restaurant de poisson, où ils mangèrent un délicieux homard envoyé du Maine par avion. Ils parlèrent du travail, de leur scolarité, du poste de Carole à Stanford, des détournements de fonds qui avaient causé la fermeture de l'entreprise de Joe, de la condamnation de son associé. Ils apprirent beaucoup de choses l'un sur l'autre.

Elle partait le lendemain matin, au grand regret de Joe. Il était facile de lui parler, de se confier à elle. Et, surtout, elle n'avait pas d'intentions cachées. C'était tellement agréable... Parce qu'elle ne cherchait pas à séduire, elle restait ouverte et franche. Il se prit à regretter qu'elle n'ait pas quelques années de plus et qu'elle ne vive pas à Denver. Vingt ans de différence, c'était beaucoup. Cependant, elle était d'une maturité rare pour son âge. Une maturité que, sans doute, elle avait payée au prix fort.

Fin mai, le référent de Lily lui déclara que son programme de rééducation au Craig Hospital touchait à sa fin. Elle en fut d'abord surprise, et faillit répondre qu'elle n'était pas prête. Mais ce n'était pas vraiment le cas. Elle avait appris tout ce qu'elle avait besoin de savoir. Elle avait un peu peur de retourner dans le monde réel, voilà tout. A Craig, elle s'était sentie très protégée. Et elle savait que ce ne serait plus le cas quand elle retournerait au lycée.

Le soir, au dîner, elle apprit à Teddy qu'elle s'en allait à la fin de la semaine.

— Déjà ?

Il était sous le choc.

— Cela fait trois mois que je suis là, lui rappela-t-elle.

— Il y a des gens qui restent quatre mois, objecta-t-il tristement. Ou des années, comme moi.

Il était effondré. En deux ans, il n'avait pas eu d'ami comme elle. Ils étaient devenus si proches, inséparables.

— Je reviendrai te voir, promit-elle.

— Non, tu ne le feras pas. Personne ne revient jamais. Tu seras bien trop occupée, prédit-il avec colère.

— Je ne serai jamais trop occupée pour toi.

Elle était sincère et elle aurait voulu qu'il la croie, mais il était trop écrasé par la tristesse de son départ.

Ce soir-là, et tous les soirs qui suivirent, ils écoutèrent de la musique dans la chambre de Lily.

Elle mit à profit le reste de la semaine pour remercier les éducateurs et mettre au point un programme de mise en forme avec Phil. Elle lui promit de revenir le voir, lui aussi, et de reprendre l'entraînement en vue des Jeux paralympiques dès qu'il y aurait de la neige. Il lui assura qu'il assisterait aux Jeux et emmènerait Teddy avec lui. Ils devaient avoir lieu à Aspen, donc suffisamment près de Denver pour que le jeune homme puisse faire le déplacement.

Le matin du départ arriva trop vite. C'était déchirant de quitter son meilleur ami. Lily promit à Teddy de revenir dès le lendemain. Ils pleuraient tous les deux. Elle lui avait donné ses CD, sauf les trucs de fille dont il ne voulait pas.

— Je t'appelle ce soir, chuchota-t-elle en le serrant dans ses bras.

Puis il s'éloigna le plus vite possible. Il ne voulait pas la voir monter en voiture et s'en aller.

En chemin, elle reçut un SMS de lui : « Je t'aime pour toujours, même si tu ne reviens jamais. T. » Elle fondit en larmes. Il était vraiment persuadé qu'elle l'abandonnerait, comme ses parents. Mais elle ne le ferait pas. Elle resta silencieuse tout le trajet.

— Ça va ? lui demanda son père.

Elle acquiesça, mais ce n'était pas vrai. Elle se sentait coupable : elle avait l'impression d'avoir trahi Teddy en quittant le centre.

Steve avait tenu parole. Les travaux étaient finis, les ouvriers partis. Bill la laissa entrer toute seule grâce à la nouvelle rampe d'accès à côté des marches du porche. Puis il guetta sa réaction devant les transformations de la maison. Elle commença par faire un tour sur elle-même d'un air ravi, puis se rendit dans la cuisine. En découvrant les aménagements qui y avaient été faits, elle poussa un cri de joie et se tourna vers son père avec un sourire éclatant.

— C'est incroyable ! s'émerveilla-t-elle. Je peux me servir de tout !

Cuisinière, évier, placards : tout était à bonne hauteur.

— C'était le but, fit-il valoir, radieux. C'est beau, non ?

— Magnifique !

La cuisine était encore plus belle qu'avant, et mieux équipée.

— Allez, viens au premier, maintenant.

Il lui tardait qu'elle voie le reste. Il la laissa entrer devant lui dans l'ascenseur, suffisamment spacieux pour qu'elle puisse faire pivoter son fauteuil et pour accueillir deux personnes en plus d'elle. Dans sa chambre, son père tint d'abord à ce qu'elle inspecte les placards. Là aussi, tout était accessible, soit directement, soit grâce à des perches prévues pour l'aider à attraper ce qui se trouvait sur la tringle et les étagères les plus hautes. Il allait être presque simple de s'habiller.

Elle se rendit ensuite dans la salle de bains et poussa des nouveaux cris de joie en battant des mains. Steve avait créé pour elle un véritable palais de marbre rose. C'était la salle de bains la plus élégante qu'elle eût jamais vue, et il y avait tout, absolument tout ce qu'elle pouvait souhaiter. Ses affaires de toilette étaient déjà disposées à côté du lavabo.

— Je suis la fille la plus heureuse au monde, fit-elle doucement.

— Et moi le père le plus heureux, maintenant que tu es rentrée.

Il se pencha pour l'embrasser.

— A moi, cette baignoire ! dit-elle en riant. Je vais l'essayer tout de suite !

Une demi-heure plus tard, Lily descendait par l'ascenseur et allait à la cuisine se préparer une salade. Bill la trouva assise à table, dans son fauteuil roulant, enchantée. Tout marchait. Steve avait fait un travail remarquable. Elle avait bien conscience du luxe que cela représentait et de tout le mal que son père s'était donné pour elle.

Il voulut ensuite lui montrer L'Equipe de Lily. Il attendait ce moment depuis si longtemps... Les travaux n'étaient pas terminés, et ne le seraient pas de sitôt, mais les sols avaient été lissés autant que possible et les débris laissés par l'ancien propriétaire déblayés. En arrivant, Lily resta bouche bée. C'était encore plus beau qu'elle ne l'avait imaginé, et apparemment bien plus complet. Il lui fit visiter le centre dans les moindres recoins, lui expliquant en détail les futurs aménagements et tous les projets qu'ils avaient.

— Je suis si fière de toi, papa ! fit-elle en lui nouant les bras autour du cou. Cela va être magique !

Sur le chemin du retour, elle lui demanda de s'arrêter à Craig. Quelque chose lui disait qu'elle trouverait Teddy dans la salle d'arts plastiques, en train de peindre. Il était si concentré sur sa toile qu'il ne l'entendit pas entrer.

— J'aime beaucoup.

Il se retourna en sursaut.

— Tu es là !

Tout son visage s'éclaira.

— Evidemment que je suis là ! Je t'avais promis que je reviendrais. Tiens, je t'ai apporté des petits trucs.

Lily avait pris dans sa collection le CD qu'elle préférait, et acheté les deux barres chocolatées favorites de Teddy, que l'on ne trouvait pas à Craig.

— Il faut que tu viennes dîner à la maison la semaine prochaine. Tu verras l'ascenseur que mon père a fait installer pour moi. C'est génial ! Tu pourras t'en servir toi aussi, et tu viendras nous rendre visite autant que tu voudras.

Teddy la regardait en souriant, sans rien dire. Elle était revenue le voir. Alors qu'elle n'était partie que depuis quelques heures.

— A demain, lança-t-elle en partant.

Cette fois, il la crut. Et il souriait toujours quand il se remit à peindre.

19

Lily se réveilla de bonne heure. A la perspective de retrouver le lycée et de revoir ses anciens amis, elle avait l'estomac noué par un mélange d'excitation et de crainte. Elle se sentait si différente d'eux, maintenant. Elle ne savait pas si elle retrouverait sa place dans leur groupe. Ils la plaignaient, certes, mais qu'avaient-ils encore en commun avec elle ?

La rumeur avait couru qu'elle ne reviendrait pas. Elle s'était sentie oubliée de tous, et cela l'avait blessée. Même Veronica s'était éloignée. Cela faisait un mois qu'elle n'avait plus de ses nouvelles. Et voilà qu'elle retournait en cours comme si de rien n'était – sauf qu'elle y retournait en fauteuil roulant. Son père lui avait bien proposé de lui faire donner des leçons à la maison par un tuteur, mais elle tenait à mener une vie normale, à aller à l'école comme tout le monde. Pas question de rester enfermée chez elle comme une invalide. C'était pour cela qu'elle avait appris à se débrouiller dans les lieux publics. Désormais, elle était capable de faire les courses, d'aller à la bibliothèque, de prendre les transports en commun.

Il n'en restait pas moins qu'elle avait peur. Le terrain du lycée lui semblait miné. Elle envoya deux messages à Teddy avant de prendre sa douche. « Arrête de pleurnicher et sois un homme », lui répondit-il, ce qui la fit rire.

Quand son père descendit prendre son petit déjeuner, il la trouva installée à table, fixant sans y toucher son bol de céréales au son. Il fallait dire qu'elle n'aimait pas ça ; elle était juste obligée d'en prendre tous les matins parce qu'elle devait suivre un régime enrichi en fibres. Elle leva la tête d'un air morne.

— Eh bien, ça n'a pas l'air d'être la grande forme, déclara-t-il gravement. Tu as bien dormi ? Qu'est-ce qu'il y a ?

Elle portait un tee-shirt rose, un jean et des Converse, roses également, et elle avait soigneusement peigné ses longs cheveux bruns. Comme pour un matin d'école ordinaire. Sauf qu'elle était en fauteuil et que cela changeait tout.

— Tu n'es pas malade ? s'inquiéta-t-il.

— Non, non. Ça va.

Elle n'était pas très convaincante.

— C'est le lycée, c'est ça ?

Elle hocha la tête.

— Je m'en doutais. Tu n'es pas obligée d'y aller, tu sais. Nous pouvons faire venir un professeur à domicile.

— Je ne veux pas. Il *faut* que j'y aille.

Son père voulait la protéger, bien sûr, mais ce n'était pas ainsi qu'on lui avait appris à réagir, à Craig. Elle y avait reçu tous les outils nécessaires à la reprise d'une vie normale ; il ne lui restait plus qu'à s'en servir.

— Ce qu'il y a, c'est que je n'ai plus trop de

nouvelles de mes amis depuis un moment. Ça va me faire drôle de les revoir.

Surtout Jeremy… Elle appréhendait les « retrouvailles ». Elle n'avait plus eu de contacts avec lui depuis leur rupture par téléphone, la veille de son entrée à Craig. Et voilà qu'elle allait devoir tous les affronter sur leur terrain, après qu'ils l'avaient mise à l'écart, oubliée pendant des mois, songea-t-elle avec un mélange de colère et de tristesse.

Bill se servit une tasse de café et prépara des toasts. Dans la cuisine refaite, il y avait une nouvelle machine à espressos, que Lily adorait. Du reste, elle était enchantée de toutes les transformations. Avant de partir, elle remonta dans sa chambre chercher son blouson et ses livres. Elle les fourra dans un sac à dos en jean, qu'elle accrocha au dossier de son fauteuil. Puis elle mit les mitaines dont elle avait besoin pour ne pas se blesser les paumes en manœuvrant son fauteuil. A Craig, les autres l'avaient taquinée parce qu'elle les avait achetées chez Chanel.

Elle sortit de la maison, monta dans la voiture et alluma la radio pour ne pas avoir à penser. Elle surprit son père en lui demandant de la laisser descendre à une rue du lycée.

— Ne sois pas ridicule. Je vais te déposer devant.

— Je préfère arriver seule, expliqua-t-elle.

Bill obtempéra, bien que cela ne lui plût guère. Il se gara, sortit le fauteuil et le déplia. Elle s'y installa avec un regard inquiet.

— Ça va aller, papa, assura-t-elle courageusement.

— Mais oui, j'en suis certain, ma chérie. Cela va être plus facile que tu ne l'imagines.

Ils n'y croyaient ni l'un ni l'autre, mais ils firent semblant. Il la regarda s'éloigner. Bientôt, elle reconnut quelques visages d'élèves plus jeunes parmi le flot continu qui arrivait à pied. La plupart des élèves de première et de terminale venaient en voiture. Personne ne lui dit rien quand elle franchit la grille et se dirigea vers la grande porte. Elle s'écarta un instant pour envoyer un message à Teddy en espérant que cela lui donnerait la force d'entrer.

« J'ai la troooooouille », écrivit-elle.

« S'ils ne comprennent pas la plaisanterie, laisse tomber », répondit-il du tac au tac. Elle éclata de rire. En relevant la tête, elle vit le professeur qui était là pour surveiller que les élèves entrent en ordre et dans une tenue correcte. Cette semaine, manifestement, c'était le tour du professeur de sport.

— Bienvenue, Lily, dit-il avec douceur. Vous nous avez manqué.

Aussitôt, elle lut de la pitié dans ses yeux. La plaindrait-il de la sorte s'il savait que, ces deux derniers mois, elle avait skié quatre fois par semaine, à toute allure ?

— Merci, monsieur Liebowitz, répondit-elle poliment.

Le lycée comptait six cents élèves, dont cent vingt en première. Des visages familiers commencèrent à apparaître de toute part. Ils regardaient au-dessus d'elle, ou à côté, et avaient une réaction de surprise à retardement quand ils la voyaient enfin.

Quelques-uns lui firent un petit signe, d'autres lui sourirent, mais personne ne s'approcha. Elle n'était pas contagieuse, pourtant ! Sans doute ne savaient-ils pas comment l'aborder. Son premier cours était au rez-de-chaussée. Pour les suivants, il faudrait qu'elle prenne l'ascenseur ; au moins, il y en avait un.

La principale, Miss Davis, sortit de son bureau au moment où Lily passait devant et se pressa pour la rattraper. Lily roulait le plus vite possible en slalomant entre les élèves, prenant garde à ne bousculer personne pour ne pas avoir l'air d'une gourde. Cela ne se voyait pas, mais elle tremblait.

— Bonjour, Lily. Bienvenue au lycée ! lança Miss Davis avec un sourire chaleureux.

Lily fut obligée de s'arrêter au milieu du couloir. Maintenant, elle avait l'impression que tout le monde la regardait.

— Merci beaucoup, madame.

— Nous sommes tellement heureux de te revoir !

Elle ne parlait que pour elle-même, songea Lily : personne d'autre ne s'était manifesté. Elle avait bien reçu une carte de bon rétablissement de la part de ses professeurs, mais depuis, plus rien, hormis les devoirs qu'ils faisaient parvenir à Craig. On l'avait oubliée, elle le sentait bien, malgré le grand sourire de Miss Davis, qui lui parut soudain faux.

— Merci, répondit-elle comme la cloche sonnait. Excusez-moi, il faut que j'aille en classe.

Elle fila en histoire. Son professeur était une très jeune femme, tout juste diplômée. Sans bien la connaître, Lily l'appréciait. Elle s'appelait Barbara

Bailey, arborait une somptueuse crinière rousse et était chaussée de sabots, hiver comme été.

Elle salua Lily d'un signe de tête et s'approcha d'elle sans façon.

— Tu préfères t'installer devant, au fond ou sur le côté ? lui demanda-t-elle.

Lily apprécia cette attitude en face de laquelle elle se sentait normale. Barbara Bailey ne la traitait pas comme une malade.

— Je vais me mettre au fond, dit-elle d'un ton neutre.

Elle roula jusqu'au dernier rang et s'arrêta au bord de l'allée centrale. De là où elle était, elle pouvait voir par la fenêtre : les retardataires arrivaient en courant, et parmi eux Veronica, qui riait, encadrée par deux garçons de l'équipe de ski. L'école accueillait beaucoup de sportifs de haut niveau parce qu'elle aménageait les horaires de ceux qui avaient besoin de temps pour l'entraînement ou devaient s'absenter pour des stages et des compétitions.

Veronica ne s'était même pas préoccupée de savoir quel jour elle revenait, et moins encore de savoir si elle pouvait l'aider d'une manière ou d'une autre. Lily se doutait que ce devait être elle désormais la star de l'équipe, et probablement la favorite pour la médaille d'or. C'était dur à avaler, mais, de cela tout du moins, elle ne pouvait lui en vouloir.

L'industrialisation de l'Amérique… Le cours n'était pas très intéressant et Lily s'ennuyait ferme. Elle avait beau essayer d'écouter, son attention ne cessait de dériver et son regard de s'échapper. Le professeur venait d'écrire des choses au tableau. Elle se retourna et fixa Lily droit dans les yeux.

— N'est-ce pas, Lily ? Tu as quelque chose à ajouter ?

Elle rougit, gênée.

— Pa… pardon. Je n'ai pas entendu ce que vous avez dit.

— Un petit effort, s'il te plaît. Je sais que cette période de notre histoire n'est pas captivante, mais essayons d'avancer, d'accord ? L'année touche à sa fin, ce n'est pas une raison pour s'endormir, rappela-t-elle à l'ensemble des élèves.

Beaucoup étaient avachis sur leur chaise, l'air aussi distrait que Lily. Pourtant, c'était elle que Mme Bailey avait rappelée à l'ordre. Bien loin de lui en vouloir, Lily lui était reconnaissante de la traiter normalement. Elle l'aurait presque embrassée. Et quand un garçon assis devant elle se retourna avec une grimace d'ennui, elle se retint difficilement d'éclater de rire. Enfin, la cloche sonna. Lily sourit au professeur en sortant, et cette dernière lui rendit son sourire.

Trois filles s'approchèrent d'elle dans le couloir et lui dirent qu'elles étaient bien contentes de la revoir.

— Sympa, tes gants, déclara l'une d'elles en notant les deux C entrelacés.

Lily s'était appliqué l'un des vernis de Carole sur les ongles. Hormis son fauteuil roulant, rien n'avait changé dans son apparence. Elle avait fait attention à ce qu'elle mangeait pour que l'inactivité ne lui fasse pas prendre de poids et, grâce à Phil Lewis, le haut de son corps était mince et musclé.

— C'est cool que tu sois là, renchérit une autre fille d'un air à la fois sincère et penaud. Pardon de ne pas t'avoir appelée. Je n'étais pas trop à l'aise. Je ne savais pas quoi dire.

— Je comprends, assura-t-elle, gênée à son tour, mais touchée par sa franchise.

— Tu es restée à Squaw tout ce temps ?

— Non, j'étais dans un centre de rééducation depuis février. A Craig.

Lily, d'abord surprise, comprit soudain que Veronica ne s'était même pas donné la peine de dire aux autres où elle était. Avait-elle agi ainsi par négligence ? Ou était-ce pour lui nuire ? Se pouvait-il qu'elle soit jalouse d'elle à ce point ?

— Ah ! Ça y est ? Fini, la drogue ?

Un grand garçon coiffé d'une casquette de base-ball s'arrêta à côté d'elle. Ils avaient fait équipe en chimie, au premier trimestre. Il avait fait exploser leur expérience, et elle avait tellement ri qu'ils avaient été expulsés de la classe jusqu'à la fin de la journée. Il s'appelait Walker Blake.

— Personne n'est dupe, tu sais, lança-t-il alors qu'elle lui souriait. Quand tu as tout fait exploser dans le labo, je me suis douté que tu avais un problème de drogue. Et là, j'apprends que tu étais dans un centre. Ça ne m'a pas étonné du tout. Héroïne ou méthamphétamine ?

— Ce n'est pas moi qui ai fait exploser notre expérience, c'est toi, espèce de nase ! répliqua-t-elle en riant.

Au sein du groupe, l'atmosphère se détendit.

— Pas du tout. Je t'ai vue mélanger les produits pour faire sauter l'école.

Il lui souriait, visiblement ravi de la revoir.

— Alors, ajouta-t-il, qu'est-ce que tu as fichu pendant qu'on travaillait comme des malades ?

— Du ski, figure-toi, répondit-elle en souriant elle aussi.

Elle vit à sa mine qu'il n'y croyait pas.

— Sérieux, reprit-elle. J'ai fait de la descente à Winter Park, sur un monoski avec un siège. Ça déchire !

Les autres l'écoutaient avec intérêt. Elle savait que Walker skiait très bien. Ils avaient fait des sorties ensemble avec le club de l'école, quand ils étaient plus jeunes.

— Je me prépare pour les Jeux paralympiques, annonça-t-elle fièrement.

Il secoua la tête, sidéré.

— Tu es cinglée, lâcha-t-il.

Mais il était admiratif. Il l'avait toujours admirée, d'ailleurs, et il était heureux de la retrouver en si bonne forme. Il s'était interrogé sur la gravité de son accident. Avait-elle été blessée à la tête ? Mais personne n'avait pu le renseigner.

— Je t'accompagnerais bien, un de ces jours, si tu veux. J'aimerais voir ça.

La cloche sonna.

— Tu as quoi, maintenant ?

— Maths, répondit-elle avec une grimace.

C'était la matière qu'elle aimait le moins.

— Et moi, chimie. Pas avec toi, heureusement, précisa-t-il en riant. A plus.

Il partit sans lui proposer de l'aider, de lui porter ses livres, de pousser son fauteuil ou de l'accompagner jusqu'à l'ascenseur. Il n'avait pas changé : toujours la même irrévérence. Et c'était bien.

A midi, un groupe se forma autour d'elle à la cafétéria. Une fille lui prit son plateau. Elle aurait pu le poser sur ses genoux, bien sûr, mais c'était plus facile ainsi. Walker s'arrêta pour plaisanter avec elle. D'autres vinrent lui dire bonjour. Peu à peu, ses camarades se rendaient compte qu'elle n'avait pas changé. Enfin, au milieu du déjeuner, Veronica fit son apparition et se jeta à son cou. Lily l'accueillit avec une certaine froideur.

L'après-midi se déroula sans événement notable. Après son dernier cours, elle appela son père et l'attendit devant le lycée. Personne ne fit attention à elle. Elle avait retrouvé sa place. C'était de nouveau une élève comme les autres. Elle avait survécu à cette première journée. N'empêche qu'elle n'était pas fâchée de rentrer chez elle. Elle avait énormément de devoirs à faire, ce soir.

Elle s'apprêtait à envoyer un SMS à Teddy pour lui dire qu'elle avait trop de travail et qu'elle viendrait le lendemain quand elle se rappela que c'était précisément l'excuse que tout le monde lui avait donnée pendant des mois. Alors, elle se ravisa. Et en montant dans la voiture de son père, elle lui demanda de passer par Craig. Elle acheta en route une pizza et un smoothie pour Teddy, qu'elle trouva en salle d'informatique, en train de travailler sur ses projets artistiques.

— Salut, Lily, fit-il en souriant. Alors, cette première journée, ça s'est bien passé ?

— Pas trop mal. Même si j'ai environ dix heures

de travail à faire ce soir et une interro de maths demain. Je suis sûre que je vais me planter, je n'y comprends rien.

Elle lui posa la pizza sur les genoux et cala le smoothie dans le coin arrière de son fauteuil.

— Personne ne t'a jeté de sable dans les yeux à la récré ?

— Non. Ils ont fini par s'habituer au fauteuil, au bout d'un moment.

— Et Veronica ?

— Hypocrite. Elle m'a embrassée en faisant un cinéma pas possible à la cantine.

Elle haussa les épaules avant d'ajouter :

— Tu m'as manqué, Teddy.

— Toi aussi, Lily. C'est nul, ici, sans toi. Je me suis tellement ennuyé que j'ai joué aux fléchettes à bouche avec le mec qui rit comme un cheval. Il n'a pas arrêté de parler de sa petite amie canon et de ses gros nichons, raconta-t-il d'un air résigné.

— Je t'appelle dès que j'ai fini mes devoirs, promit-elle avant de l'embrasser.

Elle se pressa de rentrer chez elle. Elle avait mille choses à faire. Retourner au lycée, c'était l'enfer. Et un petit bout de paradis, aussi.

20

Lily obtint des notes correctes au cours du dernier mois d'école. Pas aussi brillantes que d'ordinaire, mais elle était parvenue à se maintenir dans le premier tiers de sa classe malgré sa longue absence. Pour le bal de fin d'année, le samedi avant les vacances, Walker Blake l'invita à être sa cavalière. Il avait une petite amie, mais celle-ci se montra très compréhensive et « prêta » son amoureux pour la soirée. Lily, qui n'avait pas prévu d'y aller, se laissa convaincre par Walker, et elle passa une bonne soirée. Elle parla avec les gens qu'elle connaissait et s'installa un moment à côté du DJ pour l'aider à choisir les morceaux. Deux ou trois fois, Walker la fit virevolter sur la piste de danse avec son fauteuil et la tête lui tourna tellement qu'elle faillit tomber, mais il la rattrapa avant. Elle aperçut Veronica avec un nouveau petit ami, mais celle-ci fit semblant de ne pas la voir. Hormis cela, ce fut plutôt une réussite. Walker avait été gentil de l'inviter, et d'insister.

Le lendemain, elle alla voir Teddy et lui raconta tout.

— J'aimerais pouvoir aller au lycée, dit-il, mélancolique.

— Tu apprends sûrement beaucoup plus de choses ici, fit-elle valoir.

Il lisait sans arrêt. Des ouvrages d'histoire de l'art, des biographies d'artistes célèbres. Son rêve était d'enseigner l'art, un jour, et il était bien décidé à essayer d'entrer à la faculté des beaux-arts de l'université de Denver, à l'automne.

Presque tous les amis de Lily avaient des jobs d'été. Parmi les filles, certaines allaient être monitrices de colonies de vacances, une autre donnait des cours de natation, une troisième travaillait dans la société de son père. Dans son entourage, Teddy et elle étaient les seuls à n'avoir rien à faire de tout l'été. Elle comptait en profiter pour passer pas mal de temps avec lui, à Craig, et on lui avait donné la permission de se servir de la piscine. Elle envisageait de s'inscrire à un cours de plongée.

Une semaine après le début des vacances, son père lui fit une surprise. Il devait se rendre à Londres et l'invitait à l'y accompagner. Il comptait prendre un jet privé, et cela serait donc très facile pour elle, même si elle avait appris, à Craig, les quelques règles à savoir concernant les vols commerciaux.

— Alors, ça te tente ? lui demanda-t-il.

— Que vas-tu faire, là-bas ?

— J'y vais pour affaires. Si tu ne viens pas, je ne m'absenterai que quelques jours. Autrement, nous pourrons prolonger un peu notre séjour.

— Je suis partante, dit-elle, séduite par l'aventure.

Elle était contente de changer d'air. Cela représenterait une distraction au milieu de ce long été sans activité. Et puis elle avait toujours adoré les voyages avec son père.

Ils s'envolèrent donc pour Londres une semaine plus tard, et descendirent à nouveau au Claridge's. Son père lui avait proposé de se faire accompagner d'une aide, mais Lily préférait se débrouiller seule, maintenant qu'elle en était capable. Il avait réservé une suite de deux chambres et deux salles de bains, avec un salon qu'ils partageraient. Il l'emmena dîner au Harry's Bar, dont il était membre. C'était la première sortie élégante de Lily depuis son accident. Elle avait mis une petite robe noire, des collants fins et de jolies ballerines. Il faisait doux ; le dîner était excellent ; et ils passèrent une soirée délicieuse. Elle manœuvrait son fauteuil avec grâce et habileté, même dans les endroits exigus. Bill était admiratif.

Le lendemain, elle se lança à l'assaut de Harrods et d'autres magasins chics. Son père lui avait laissé leur voiture et le chauffeur et avait pris un taxi. Il devait se rendre à une vente aux enchères d'œuvres d'art chez Christie's. Teddy aurait adoré, mais cela n'intéressait pas Lily. Quand elle regagna leur suite, victorieuse, avec tous les paquets qu'un groom avait montés pour elle, son père l'attendait.

— Eh bien, lança-t-il en riant, pas besoin de te demander comment s'est passée ta journée. Tu as dû avoir un A en shopping, à Craig. Est-ce que je suis ruiné ?

— Pas tout à fait, assura-t-elle en souriant.

N'empêche qu'elle s'était bien amusée. Et elle s'était débrouillée toute seule, ce dont elle n'était pas peu fière. Quelle différence avec son dernier séjour et cette expédition catastrophique lors de laquelle on l'avait bousculée et, pire encore, ignorée.

— Et ta vente, ça s'est bien passé ?

— Très bien, répondit-il, radieux. J'ai eu ce pour quoi j'étais venu. J'aurais pu enchérir par téléphone depuis Denver, mais ce n'est pas tous les jours qu'on achète un tableau pareil.

A vrai dire, cela ne lui était jamais arrivé.

— Ah bon ? Tu as acheté quelque chose ?

Il ne lui avait rien dit de son projet parce qu'il ne voulait pas qu'elle soit déçue s'il ne parvenait pas à ses fins.

— Oh, que oui ! répondit-il en lui montrant une photo.

Elle reconnut aussitôt l'artiste et le sujet.

— Oh, mon Dieu ! Papa ! Le vrai ?

— J'espère bien ! repartit-il en riant de sa tête et de sa réaction. A ce prix, pourvu qu'on ne m'ait pas fourgué un faux.

Chez Christie's, il n'y avait pas de risques, heureusement. Ce qu'il avait acquis, c'était une toile de la série des *Nymphéas*[1] de Monet. Sans faire partie des plus grandes, elle était de belle taille, et magnifique.

— Je l'accrocherai à l'accueil de L'Equipe de Lily, annonça-t-il. Je pense qu'elle y sera très bien.

Lily ne savait que dire.

— C'est incroyable, papa, finit-elle par articuler en le serrant dans ses bras.

1. En anglais, « nymphéa » se dit *water lily*.

Il l'étreignit à son tour. Rien n'était trop beau pour sa fille chérie. Il était si heureux que le tableau lui plaise autant qu'à lui.

Lily appela aussitôt Teddy.

— Tu ne vas pas me croire ! fit-elle, haletante.

— Quoi ? Tu remarches ?

Il leur arrivait de plaisanter sur ce sujet, parce qu'ils étaient tous deux logés à la même enseigne.

— Arrête, idiot. C'est sérieux. Mon père vient d'acheter un tableau chez Christie's.

Elle savait qu'il arrivait à Teddy de suivre en ligne les résultats des ventes les plus importantes.

— Ah ? fit-il, intrigué. Quoi donc ?

— Un Monet, chuchota-t-elle comme s'il s'agissait d'une parole sacrée.

— Un Monet… Claude Monet ? Non. Tu me fais marcher.

Ce n'était pas possible. Les parents de Teddy avaient une collection déjà importante, mais personne ne possédait un Monet. Il n'y en avait que dans les musées.

— De la série des *Nymphéas*. Il va le mettre dans le hall de L'Equipe de Lily. Tu ne peux pas savoir comme il est beau…

— Attends, je regarde sur le site. Je te rappelle.

Elle raccrocha en gloussant. Il la rappela cinq minutes plus tard.

— La vache ! C'est incroyable.

Trop bien élevé pour l'interroger sur le prix d'adjudication, il ne fit de commentaires que sur la beauté extraordinaire de la toile.

— J'ai trop hâte de la voir ! conclut-il, haletant d'excitation.

— Il faudra que tu viennes à la maison à notre retour.

Ils parlèrent encore un peu puis raccrochèrent, et elle alla retrouver son père, qu'elle remercia encore.

— Nous avons énormément de chance de l'avoir, déclara-t-il révérencieusement.

Il voulait le transmettre à Lily, plus tard. Le tableau avait coûté une fortune, même pour lui, mais c'était un bon investissement. Bill ne le regrettait vraiment pas.

Les deux jours qui suivirent, ils firent du shopping, se promenèrent dans Hyde Park, dînèrent au restaurant… Ils n'allèrent chercher l'œuvre chez Christie's que juste avant de partir. Bill avait préféré la laisser sous bonne garde, et il s'était déjà arrangé avec le Denver Art Museum pour l'entreposer dans une de ses chambres fortes avant de pouvoir l'accrocher. Mais rien que de savoir qu'elle était avec eux dans l'avion, c'était grisant.

Au retour, Bill et Lily allèrent chercher Teddy à Craig et, tous ensemble, ils se rendirent au musée afin d'admirer la toile. Teddy resta bien une dizaine de minutes à la contempler sans rien dire. Il avait les larmes aux yeux.

Après quoi, Bill et Lily l'emmenèrent dîner chez eux. Ils passèrent un moment au salon à écouter de la musique, puis Lily fit la cuisine. Cette visite fut une telle réussite que Teddy revint souvent au cours de l'été. Pour remercier Bill, il peignit un tableau sur le thème des nymphéas et le lui offrit. C'était une très belle œuvre et il était impossible de deviner que son auteur n'avait pas le plein usage de ses mains.

— Nous l'accrocherons aussi dans le hall de L'Equipe de Lily, lui promit Bill. A proximité du Monet.

Il était très touché de ce cadeau et admiratif du grand talent de Teddy.

Walker passa également voir Lily plusieurs fois entre deux activités estivales, et elle reçut la visite de quelques copines d'école. Finalement, l'été passa assez vite. Son père et elle firent un petit séjour à Aspen à la fin du mois d'août. A leur retour, il était déjà temps de penser à la rentrée en terminale. Lily avait passé des vacances tranquilles et très agréables. Pour Teddy, c'était de loin les plus belles depuis deux ans. Désormais, il faisait partie de la famille.

21

Jessie aurait voulu conduire Chris à Denver pour l'aider à s'installer, mais elle ne trouva personne à qui confier ses frères et sa sœur. Lorsqu'elle l'emmena à l'aéroport de Reno, il lui assura une nouvelle fois qu'il se débrouillerait très bien tout seul. Mais elle s'en voulait énormément. Le voir partir comme un grand avec ses deux valises, son ordinateur et ses skis lui fendait le cœur ; elle avait vraiment l'impression d'être une mauvaise mère. Elle l'embrassa très fort.

— Appelle-moi. Je veux savoir comment tu vas.

Elle ravalait ses larmes, et lui aussi.

— Tout va très bien se passer, répondit-il.

C'était fou ce qu'il ressemblait à son père.

— Téléphone-moi ce soir.

— D'accord, maman.

Elle l'embrassa une dernière fois, puis il alla prendre son vol direct pour Denver. Elle rentra chez elle le cœur gros. Le premier de ses petits avait quitté le nid. Dire qu'elle ne le verrait plus tous les soirs… Comment allait-elle faire ?

A la maison, un silence de mort régnait. Les enfants semblaient aussi abattus qu'elle. Allongée sur le canapé, Heather fixait la télévision comme si elle ne la voyait pas. Adam ne suppliait même pas pour pouvoir jouer à la PlayStation et Jimmy grimpa sur ses genoux pour lui faire un câlin dès qu'elle se fut assise. Personne n'avait envie de déjeuner. Elle essaya de les convaincre d'aller au cinéma, sans plus de succès. Alors, à la place, elle s'occupa du linge. Elle pliait des vêtements quand Bill Thomas l'appela. Sa tristesse devait se sentir dans sa voix, car il lui demanda tout de suite :

— Qu'est-ce qui ne va pas ?

Sa sollicitude la toucha.

— Rien… enfin, la vie. Mon aîné vient de partir à l'université et il nous manque déjà. La maison a l'air vide, sans lui.

— Donnez-lui mon numéro, et qu'il n'hésite pas à appeler s'il a besoin de quoi que ce soit. C'est peut-être l'occasion de vous faire revenir ici ? ajouta-t-il. J'ai vraiment besoin de votre aide, Jessie. Nous pataugeons un peu, depuis quelques semaines. Je n'arrive pas à mettre au point l'organisation médicale. Cela fait des lustres que je n'ai pas reçu un CV convenable. Quand pouvez-vous venir ? On avait parlé de début septembre, et nous y sommes.

Cela ne pouvait pas mieux tomber.

— Quand vous voulez, répondit-elle. Il faut simplement que je prévienne Ben pour qu'il me remplace et que je m'organise pour les enfants. Ils reprennent l'école la semaine prochaine. J'ai engagé un jeune homme pour m'aider le soir et s'occuper des trajets, mais il ne sera pas là avant quinze jours.

Heather commençait la conduite accompagnée, mais elle n'avait pas le droit de prendre le volant sans un adulte à côté d'elle. De toute façon, Jessie ne lui aurait pas confié les deux petits aussi vite.

— Venez donc le week-end qui suit la rentrée, ou celui d'après, à votre convenance. Et vous prendrez le temps de voir votre fils, bien sûr.

— Entendu. Je m'organise et je vous rappelle dans la semaine.

— Parfait.

Ce soir-là, Chris lui téléphona, comme promis. Il allait sortir manger un morceau avec ses copains de chambre, mais il voulait juste lui dire qu'il était bien arrivé, que tout allait bien. Il lui sembla si lointain, soudain, si indépendant…

Le lendemain, elle n'avait toujours pas vraiment retrouvé le moral.

— Tu as passé un mauvais week-end ? lui demanda Ben en voyant sa mine.

— Chris est parti pour Denver.

— Oh, je suis désolé.

— Ce n'est pas facile de voir grandir ses enfants, avoua-t-elle avec un sourire penaud. A propos, Bill Thomas me demande de retourner à Denver d'ici quinze jours. Quel week-end t'arrange le mieux ?

Ben n'avait pas de préférence. Ils convinrent qu'elle irait deux semaines plus tard et elle appela Bill dans l'après-midi pour le lui confirmer. Il était ravi. Cela tombait d'autant mieux que sa venue coïnciderait avec celle de Carole Anders. Jessie s'en réjouit elle aussi. Le week-end promettait d'être bien agréable, surtout si elle parvenait à passer un peu de temps avec Chris. Elle lui envoya un message pour lui annoncer sa visite et s'arrangea pour que les trois autres passent le week-end chez des copains. Le soir même, tout était organisé.

Son départ pour Denver se passa sans accroc. Elle avait tout un sac d'affaires à apporter à Chris : des choses qu'il avait oubliées, plus une couverture. Elle y glissa également des photos encadrées de ses frères et sa sœur, et Jimmy lui fit un dessin qu'elle promit de lui donner. Au moment où elle quittait l'hôpital, Ben lui lança un regard qui en disait long.

— Je persiste à penser que tu devrais accepter ce poste.

Elle rit.

— Mouais. Le rôle de consultant me convient parfaitement. Et, en plus, je vais voir Chris.

— Embrasse-le de ma part.

Deux taxis et un avion plus tard, elle était à son hôtel, à Denver. Chris était pris ce soir par un entraînement de basket, mais, dès le lendemain matin, elle le retrouvait à la résidence universitaire. Elle y rencontra ses copains, qui lui parurent tous très sympathiques, et Chris lui fit visiter le campus. Ensuite, elle l'emmena dans un restaurant qui ne servait que des petits déjeuners. Il paraissait heureux et détendu et lui assura qu'il s'amusait bien. Il avait hâte que la saison de ski reprenne, mais, en attendant, il jouait au basket et avait été pris dans l'équipe de natation. Elle le raccompagna au campus et le quitta avec un pincement au cœur, non sans lui promettre de le revoir le dimanche avant de partir.

Elle prit un taxi pour se rendre chez Bill. Il l'attendait avec des plans, des CV, des modifications de la maquette, et ils se mirent aussitôt au travail. Ils étaient plongés dans les plans de l'architecte quand Lily entra dans la cuisine pour déjeuner. Elle parut ravie de voir Jessie, et c'était réciproque.

— Tu m'as l'air en pleine forme, Lily. Comment ça se passe, la terminale ?

— Pour l'instant, ça va. Je ne me suis pas encore fait renvoyer. Je vais à un salon de l'étudiant, aujourd'hui.

Son père ne fit aucun commentaire. Lily se prépara quelque chose à manger pendant qu'ils se remettaient au travail.

— Comment circule-t-elle ? demanda Jessie à Bill un peu après son départ.

— Je lui ai acheté une voiture à commandes manuelles, avoua-t-il. Elle ne voulait plus que je la conduise à l'école. Je sais que je la gâte, mais c'était la solution logique. Elle a besoin d'indépendance. Elle est même capable de monter son fauteuil dans la voiture toute seule, annonça-t-il fièrement.

Jessie lui sourit.

— Vous n'avez pas à vous justifier, assura-t-elle. Et je ne dirais pas que vous la gâtez, vous ne faites que compenser dans la mesure de vos moyens un triste coup du sort. C'est une excellente idée. Surtout avec une fille aussi responsable que Lily.

— Je suis heureux que vous soyez de cet avis.

Dans l'après-midi, ils se rendirent ensemble sur le site de L'Equipe de Lily. Même s'ils souhaitaient réduire le plus possible l'aile médicale du centre, il fallait rester réaliste : certains résidents auraient besoin de soins. Il fallait donc un minimum d'infrastructures médicales. Ils ressortaient du bâtiment quand Joe arriva avec Carole. Elle avait atterri tôt le matin et ils avaient travaillé de leur côté. Jessie et elle tombèrent dans les bras l'une de l'autre.

— Quelle chance que nous soyons là le même week-end ! s'exclama Carole.

Jessie lui trouva très bonne mine, même si elle soupçonnait sa coupe très chic d'être en réalité une perruque. Dans son souvenir, Carole avait les cheveux un peu plus clairs et plus fins.

Ils s'installèrent tous les quatre dans le bureau principal pour étudier les plans. Bill leur montra ce qui allait changer sur la maquette. La piscine et le bâtiment qui l'abritait étaient presque achevés. Ensuite, ils examinèrent ensemble une liste d'employés potentiels. La question du directeur médical n'était toujours pas réglée.

— A moins que vous ne parveniez à convaincre le Dr Matthews d'accepter… dit Bill à Carole tout en adressant à Jessie un regard suppliant.

— Vous savez que je ne peux pas, répondit celle-ci. Mais je suis certaine que vous allez trouver. Ce n'est qu'une question de temps.

— Peut-être, mais nous ouvrons dans onze mois, rappela-t-il.

A la fin de leur journée de travail, vers 18 heures, Bill revint à la charge.

— Vous savez, je ne plaisante pas, Jessie. Je suis prêt à vous proposer une maison de fonction et un salaire qui en vaille vraiment la peine.

— J'adore qu'on essaie de me soudoyer, répliqua-t-elle en souriant. Une maison, ce serait le rêve. La nôtre menace pratiquement de s'écrouler maintenant que Tim n'est plus là pour assurer les travaux d'entretien. Mais déplacer mes enfants, les changer d'école ? C'est impossible. Heather est en première et devrait entrer en terminale l'année prochaine. Je ne peux pas lui faire passer le bac à Denver, sans ses copains. Ce ne serait pas juste. Les considérations financières leur échappent complètement. Leur vie a déjà été bien assez bouleversée par la mort de leur père. A la rigueur, je pourrais le faire avec les deux garçons. A douze et sept ans, ils sont assez jeunes pour s'adapter, surtout Jimmy, le petit. Mais, à son âge, Heather aurait l'impression que sa vie serait brisée si elle devait changer de lycée pour sa dernière année.

— Il y a d'excellents établissements, ici, plaida Bill pour la forme.

Il avait perdu tout espoir de la convaincre. Elle faisait passer ses enfants avant tout le reste, exactement comme lui avec Lily.

Ils étaient arrivés à l'hôtel. Il promit de revenir les chercher à 19 h 30, Carole et elle. Ils devaient retrouver Joe au restaurant.

Jessie monta dans sa chambre, s'étendit sur le lit et appela son amie.

— Quelle journée, dis donc ! fit-elle. C'est fou le travail qu'on abat quand on vient ici.

— Oui, c'est vrai, convint Carole.

— Tu ne veux pas me rejoindre un instant dans ma chambre ? Ça me fait tellement plaisir de te revoir. J'aurais bien aimé qu'on puisse dîner toutes les deux.

— Moi aussi, j'y ai pensé, mais je ne veux pas

être désagréable avec eux. Ils sont tellement gentils, à chaque fois que je me déplace.

— Tu comptes accepter un poste ici ? s'enquit Jessie.

Dans le cas de Carole, qui vivait seule, c'était plus simple.

— C'est un projet magnifique, mais je n'ai pas envie de quitter le Mass General. C'est peut-être du snobisme, mais je suis trop attachée au prestige de l'institution.

— Je te comprends, admit Jessie. Je serais pareille, à ta place. Cela dit, je crois que L'Equipe de Lily va être un centre exceptionnel. Bill fait vraiment les choses en grand. Si nous l'aidons à procéder à un bon recrutement, ce sera fabuleux.

— Et toi, fit valoir Carole, tu ne viendrais pas t'installer ici ?

— Tu imagines le traumatisme, pour mes enfants ?

— Les enfants sont plus adaptables que nous ne l'imaginons. Sans compter qu'ils peuvent se soutenir les uns les autres et qu'ils t'ont, toi. Et puis, vous vous rapprocheriez de Chris.

— Va expliquer cela à ma fille. Pour elle, Squaw est le centre de l'univers. Elle est comme son père, ajouta-t-elle en riant.

Carole lui dit qu'elle descendait. Cinq minutes plus tard, elle rejoignait Jessie en jean, avec un sweat-shirt de Harvard, des ballerines et un foulard sur la tête. Ses longs cheveux bruns avaient disparu.

— Pardon, dit-elle en se tapotant le crâne. Ça me fait du bien d'enlever ma perruque de temps en temps. Mes cheveux commencent à repousser, mais ils sont tout raides et bizarres. De toute façon, ils n'ont jamais été aussi beaux que ma perruque. Et toi, alors, demanda-t-elle en s'asseyant sur le lit de Jessie, quoi de neuf ?

— Tu veux rire ? Entre le travail et les enfants, je n'ai même pas le temps de dormir. Et c'est sans compter les gardes. Le rythme est complètement fou, depuis neuf mois, et je ne m'amuse pas beaucoup.

— Ça va finir par s'arranger, promit Carole d'un ton rassurant.

— Je ne vois pas comment, sauf si je prends ma retraite ou si je me sépare des enfants. Et cela va être encore plus difficile maintenant, sans Chris. Il m'aidait tellement… Enfin, un peu de distance va lui faire du bien, à lui. Il passait son temps à s'occuper de ses frères et de Heather. Je viens d'embaucher quelqu'un pour le remplacer. Toi, tu arrives à reprendre une vie normale, après ta maladie et ton divorce ?

— A peu près. Je me sens bien, remise sur les rails. Et cette mission pour L'Equipe de Lily tombe à point nommé. C'est grâce à toi d'ailleurs, merci.

Elle semblait satisfaite de sa vie. L'espace d'un instant, Jessie l'envia.

— Tu sors avec quelqu'un ? s'enquit-elle.

Carole secoua la tête et la regarda avec détermination.

— Non, c'est bien fini, ça.

— A trente-huit ans ? J'espère bien que non. Laisse passer un peu de temps, c'est tout.

— Ce n'est pas le temps, le problème. Le

problème, c'est… Déjà, je ne peux pas avoir d'enfants. Et je ne veux pas me remarier. Dylan m'a vaccinée. Mon corps est… Enfin, il a changé. Je ne suis pas prête à le montrer tel qu'il est devenu, et je ne veux pas de chirurgie reconstructrice. C'est trop. J'ai subi assez d'opérations l'année dernière. De toute façon, je suis plus heureuse comme cela, seule.

— J'espère que tu vois un psy, dit Jessie sérieusement.

Elles étaient suffisamment proches pour qu'elle puisse se permettre cette réflexion.

— Tu ne peux pas renoncer à ta vie de femme.

— Mais si, je peux.

Elle semblait n'avoir ni doutes ni regrets.

— En plus, je fais ce que je veux, sans que personne m'emm… Ce n'est pas si mal, tu sais, ajouta-t-elle avec un sourire malicieux. Depuis toujours, je fais les quatre volontés des hommes que j'ai fréquentés : mon père, les garçons avec lesquels je suis sortie et, enfin, Dylan. Je peux t'assurer que ma situation actuelle est bien plus facile et plus agréable que d'essayer de rendre heureux un grincheux qui, de toute façon, va finir par me tromper et me plaquer.

— Ils ne sont pas tous comme Dylan, objecta Jessie.

Tim, lui, ne s'était jamais conduit comme cela avec elle. C'était un homme merveilleux, et il n'était certainement pas le seul au monde à bien traiter les femmes. Carole n'avait pas épousé le bon, voilà tout.

— Il y a des types bien, assura-t-elle.

— Ils sont mariés. Et je te l'ai dit, je ne veux pas commencer une nouvelle histoire avec ce corps ravagé. Il n'en est pas question.

Jessie n'insista pas. Elles se mirent à parler de leur travail, puis à évoquer leurs années à Stanford. Elles y avaient l'une et l'autre énormément de bons souvenirs. Et puis ce fut l'heure de se préparer pour le dîner.

— Dommage que nous ne puissions pas rester ici et nous faire monter un repas dans la chambre, regretta encore une fois Jessie.

Elles étaient si bien, là, toutes les deux, à se détendre et à bavarder. Cela faisait des années que Jessie n'entretenait plus d'amitiés féminines, et, depuis la mort de Tim, elle en avait moins le temps que jamais.

— Cela va nous faire du bien de sortir, assura Carole avant de quitter la chambre de Jessie.

Elles se retrouvèrent en bas une demi-heure plus tard, Jessie en petite jupe noire, pull de cachemire gris et escarpins à talons, Carole vêtue d'une jupe de cuir rouge, d'un haut noir et de bottes sexy. Elle avait brossé et remis sa perruque. Bill ne cacha pas son admiration en les rejoignant. Lui-même portait un pantalon gris et un blouson de daim noir sur une chemise bleue impeccable, dont il avait laissé le col ouvert.

— J'ai bien de la chance d'être accompagné de deux aussi ravissantes jeunes femmes, lança-t-il tandis qu'ils se dirigeaient vers sa voiture.

Ils parlèrent de L'Equipe de Lily toute la soirée. Jessie fut frappée par la façon dont Joe regardait Carole. A l'évidence, il avait un faible pour elle.

Elle lui fit part de son observation en rentrant à l'hôtel.

— Ne sois pas ridicule, se défendit son amie. Nous nous entendons bien dans le travail, c'est tout.

— Oui, c'est ce que tu crois, repartit Jessie en riant. Mais, à mon avis, il a aussi autre chose en tête. Et toi, il te plaît ?

— Je le trouve très sympathique, mais trop vieux. De toute façon, je ne vois pas pourquoi j'en parle, puisque je ne cherche pas à refaire ma vie, tu te souviens ?

— Lui non plus, je crois, après ce qu'il a vécu avec sa femme. Seulement, il t'apprécie. Quelquefois, cela arrive ainsi, tout simplement.

— Crois-moi, il ne se passe rien du tout. Quand pars-tu ? lui demanda Carole, qui voulait manifestement changer de sujet.

— Demain, après que j'aurai vu Chris.

— Essayons de revenir en même temps, la prochaine fois, suggéra-t-elle. C'était sympa.

— Oui, très, confirma Jessie en l'embrassant avant de sortir de l'ascenseur. Appelle-moi, un de ces jours. Tu me manques, Carole.

— Toi aussi, tu me manques.

Elle lui fit un petit signe au moment où la cabine se refermait.

La soirée avait été bien agréable. Comme Carole, Jessie se laissait entraîner par ce beau projet et l'être merveilleux qui l'avait monté. Sa passion pour ce qu'il avait entrepris était si communicative que l'on ne pouvait que poursuivre son rêve avec le même enthousiasme que lui.

Jessie retrouva Chris pour le petit déjeuner, comme prévu. Au moment de partir, elle l'étreignit de toutes ses forces.

— Je reviendrai bientôt, c'est promis, dit-elle en montant dans le taxi.

— Ça va aller, assura-t-il avec une certaine inquiétude.

Ce n'était pas pour lui qu'il s'en faisait, mais pour elle. Elle était si fatiguée, si stressée, si triste… Avant de partir, il avait sermonné ses frères et sa sœur, leur demandant d'aider leur mère autant qu'ils le pouvaient. Jimmy était le seul à l'avoir vraiment écouté.

Jessie dormit pendant le vol. A Reno, elle prit un taxi pour aller récupérer sa voiture et repartit aussitôt chercher ses enfants à droite et à gauche. Tout en dînant dans un Burger King, ils lui racontèrent leur week-end. Ils s'étaient bien amusés chez leurs amis, et Heather avait même rencontré un garçon qui lui plaisait bien. Jessie leur décrivit la chambre de Chris et ses copains, ce qu'ils avaient fait, le campus, puis elle leur parla de L'Equipe de Lily. Ils ne manifestèrent pas beaucoup d'intérêt pour le projet, mais ils étaient contents de la retrouver, et c'était réciproque.

En rentrant, elle fit une lessive et vérifia les devoirs. Puis elle lut une histoire à Jimmy et le borda. Elle rappela à Adam et Heather de ne pas se coucher trop tard et s'étendit sur son lit une minute avant de se dévêtir. Elle se réveilla le lendemain matin, tout habillée, la lumière allumée. Cela lui arrivait souvent, ces temps-ci.

Elle se doucha, se changea, prépara le petit

déjeuner et expédia son petit monde à l'école. Puis elle laissa un mot avec des instructions à Barry, le jeune moniteur de ski qui venait garder les enfants cet après-midi. Il lui avait été recommandé par la mère d'une amie de Heather. D'après elle, il était formidable. Jessie l'espérait. Elle n'avait pas les moyens d'engager une gouvernante à plein temps, mais si Barry était présent entre la sortie de l'école et son retour, c'était parfait. Agé de vingt-deux ans, il possédait une voiture, ce qui était très pratique. Il avait même proposé d'emmener Jimmy chez le dentiste pour sa visite de contrôle tout à l'heure.

Sauf qu'en rentrant chez elle ce soir-là, elle trouva un chaos indescriptible. Adam et Jimmy s'étaient livrés à une bataille de polochons dans le salon et il y avait des plumes partout. Jimmy saignait de la lèvre et pleurait. Heather, qui avait préparé des cupcakes pour l'école le lendemain, en avait préparé brûler la moitié et avait abandonné la cuisine en chantier. La chaîne hi-fi hurlait. Une demi-pizza traînait dans une boîte sur la table. Quant à Barry, il était assis sur le canapé, complètement hypnotisé par la PlayStation Il but une longue gorgée à la bouteille d'Evian posée à côté de lui et passa au niveau suivant du jeu sans même remarquer que Jessie était rentrée. Elle vint se poster devant le téléviseur et le fixa, furieuse. Il lui sourit bêtement tandis que les garçons filaient sans un bruit à l'étage.

— Qu'est-ce qui se passe ici, au juste ? C'est ce que vous appelez « garder mes enfants » ?

— Désolé, fit-il en reprenant une gorgée d'Evian.

Quand il se leva, Jessie ne le trouva pas très solide sur ses jambes. Soudain, elle fut prise d'un doute. Elle se saisit de la bouteille avant qu'il ait eu le temps de réagir, dévissa le bouchon, renifla le contenu et regarda Barry avec horreur.

— Qu'est-ce que c'est que ça ?

Elle reconnaissait cette odeur. Elle savait que c'était de l'alcool, mais elle n'identifiait pas clairement lequel.

— De la tequila, répondit-il simplement.

Il était ivre, mais pas menteur.

— Mais vous êtes fou ! Vous avez conduit mes enfants alors que vous aviez *bu* ! Vous vouliez les tuer ? Sortez de chez moi, immédiatement ! Je devrais vous dénoncer à l'école de ski. Savez-vous que j'opère très souvent des victimes d'accidents de la route provoqués par des irresponsables de votre espèce ? Donnez-moi vos clés de voiture, ordonna-t-elle en tendant la main.

— Hein ?

— Vous m'avez très bien entendue. Je me fiche pas mal que vous soyez obligé de rentrer à pied : il n'est pas question que vous conduisiez alors que vous avez bu !

Trop impressionné pour protester, il obéit.

— Je n'ai commencé à boire que quand nous sommes arrivés à la maison, assura-t-il.

— Super. Peut-être que cela vous paraît très bien, à vous, mais pas à moi. Vous étiez responsable de mes enfants, dont le plus jeune n'a que sept ans. C'est un petit garçon. Quand je suis rentrée, il saignait, et il était en larmes. Revenez chercher votre voiture demain. Je vous laisserai la clé sous le paillasson. Maintenant, partez.

Il disparut sans demander son reste. Jessie se mit à ranger le salon et fondit en larmes. L'un après l'autre, les enfants redescendirent.

— Pardon, maman.

Adam fut le premier à s'excuser, aussitôt imité par Jimmy. Voir pleurer leur mère les troublait. Elle sanglotait. Elle n'en pouvait plus. Sans Tim ni Chris, elle ne s'en sortirait pas.

Heather l'aida à nettoyer le salon et la cuisine.

— Je voulais mettre de l'ordre avant que tu rentres, expliqua-t-elle d'un air gêné, mais j'ai oublié.

Elle ne savait plus quoi faire pour se faire pardonner. Mais Jessie pleurait toujours. Elle ne pouvait plus s'arrêter.

— Vous vous rendez compte que ce gamin était ivre ? lâcha-t-elle, indignée, en regardant ses enfants tour à tour. D'ailleurs, ce n'est pas un gamin. C'est un homme. Il a largement l'âge de raison. Et il buvait de la tequila alors qu'il était censé s'occuper de vous.

Elle vida la bouteille d'Evian dans l'évier et la jeta à la poubelle.

— On va faire le dîner, maman, proposa Jimmy.

Il alla chercher une pizza surgelée dans le congélateur, la sortit du carton et la mit dans le four. Jessie le regardait. Elle avait l'impression terrible de ne pas être à la hauteur. C'était son petit dernier qui préparait à manger, maintenant. Il fallait qu'elle se ressaisisse !

Elle sortit de la cuisine en annonçant qu'elle

revenait dans un instant. Elle monta au premier et s'enferma dans sa chambre. Elle n'avait plus le choix. Ils allaient souffrir, certes, mais la situation actuelle était pire.

Elle s'assit sur son lit et appela Bill Thomas sur son portable, sans même se rendre compte qu'elle pleurait encore. Il décrocha à la deuxième sonnerie.

— Ça va ? s'inquiéta-t-il en entendant sa voix.

— Non, répondit-elle dans un sanglot. Je n'y arrive plus. C'est trop. Toute seule, je ne peux pas. J'accepte de venir travailler avec vous. Le poste de directrice médicale. Avec la maison de fonction, si votre offre tient toujours. Et le salaire dont vous m'avez parlé me permettra d'engager une gouvernante à temps plein. Bien sûr, il faut que Heather finisse l'année scolaire ici, mais nous pourrions arriver en juin. Cela vous conviendrait-il ?

Elle avait débité tout cela sans respirer. Bill n'en revenait pas.

— Vous êtes sûre ? Je ne veux pas profiter d'un moment de faiblesse. Vous ne voulez pas y réfléchir ce soir ? Ou même pendant un jour ou deux ?

— Vous savez, Bill, j'ai toujours su que je voulais ce poste. Tout ce qui me retenait, c'était mes enfants. Sauf que je me rends compte que la situation actuelle est pire. Sans Tim ni Chris, je n'y arrive pas. J'avais embauché un jeune homme pour les garder. En rentrant, ce soir, je l'ai trouvé en train de boire de la tequila, avec la maison dans un état épouvantable.

— Je suis vraiment désolé, Jessie. Vous devriez vous reposer, ce soir. Nous parlerons demain. Si vous ne voulez pas quitter Squaw, il doit exister une autre solution.

— Je veux ce poste.

— Et moi, rien ne pourrait mieux me convenir que de vous avoir pour directrice médicale, mais je ne veux pas abuser de la situation et que, plus tard, vous le regrettiez.

— Je pourrais difficilement tomber plus bas. Enfin, peut-être que si, après tout. Mais je suis prête. Si cela se trouve, déménager à Denver nous fera du bien à tous. Ben a raison : rester dans cette maison, c'est trop déprimant.

— Très bien, reparlons-en demain matin, proposa-t-il doucement. Ne vous inquiétez pas, Jessie. Vos enfants se débrouilleront, vous savez, quoi que vous décidiez. Et vous aussi.

— Merci, répondit-elle d'une voix triste. Et pardon de m'être mise dans un tel état.

— Nous sommes tous passés par là. A demain.

Ils raccrochèrent et elle resta une minute étendue sur son lit à se demander si elle perdait les pédales ou si elle avait bien fait. Elle reprit son souffle, se moucha et descendit dîner avec les enfants. Toute la soirée, ils furent sages comme des images.

Lorsque Jessie se réveilla le lendemain matin, sa première pensée fut pour sa conversation avec Bill la veille au soir. Il devait la croire folle, mais elle savait que c'était la bonne décision. Certes, les enfants seraient malheureux dans un premier temps, mais elle espérait que ce serait un nouveau départ pour eux tous. Une nouvelle maison. Une nouvelle école. Et, pour elle, un nouveau poste. Et puis ils se rapprocheraient de Chris.

Elle rappela Bill avant même de prendre sa douche.

— Je me suis fait du souci pour vous, hier, lui confia-t-il avec gentillesse.

— Ce n'était pas la grande forme. Mais je suis sûre d'avoir pris la bonne décision. Et peut-être fallait-il que je tombe aussi bas pour en être capable.

— Je ferai mon possible pour vous simplifier les choses. Et, juin, c'est parfait. Figurez-vous que j'ai en vue la maison idéale pour vous.

Il l'avait visitée récemment et avait envisagé de l'acheter pour le futur directeur médical, quel qu'il soit, afin de rendre le poste plus attrayant. Elle était très belle, située dans l'un des quartiers les plus agréables de la ville, non loin de chez lui, et dans un excellent secteur scolaire.

— Merci. Je ferai en sorte que vous ne regrettiez pas de m'avoir engagée.

— Je n'en doute pas une seconde, assura-t-il.

Il était touché et soulagé. Elle venait de résoudre son plus gros problème. L'Equipe de Lily avait enfin une directrice médicale.

— Qu'allez-vous dire à vos enfants ? s'enquit-il.

— Rien, pour l'instant. Inutile qu'ils s'en fassent trop à l'avance. Il faut que je me renseigne sur les écoles. Primaire et collège pour Jimmy et Adam, et lycée pour Heather.

— Ne vous en faites pas, nous avons ici d'excellents établissements. Heather irait dans le lycée de Lily. Nous verrons cela. Je vous aiderai.

Organisez-vous simplement de votre côté. C'est un grand bond en avant, pour vous et pour L'Equipe de Lily. Quand pensez-vous revenir nous voir ?

Ils allaient devoir beaucoup travailler ensemble, désormais.

— D'ici quelques semaines, je suppose.

— Jessie, je suis ravi.

— Moi aussi.

Elle se sentait soudain bien plus légère. Elle était certaine d'avoir fait ce qu'il fallait.

Elle descendit et glissa la clé de voiture de Barry sous le paillasson. Puis elle prépara le petit déjeuner des enfants et, après leur départ à l'école, téléphona à Carole pour lui annoncer la nouvelle.

— Tu as pris une grande décision, la félicita son amie. Je suis fière de toi. Je sais que cela a dû être dur.

— Pas tant que cela. J'ai perdu la tête. Ensuite, c'était facile, fit-elle en riant. Et toi ? Allons-nous arriver à te convaincre ?

— Allons ! Cela ne fait pas cinq minutes que tu es directrice, et tu essaies déjà de me forcer la main.

Elles rirent toutes les deux.

— Si seulement… J'aimerais tant… Nous avons besoin de toi à Denver.

— Et ils ont besoin de moi ici aussi. Mais je suis vraiment heureuse que tu aies accepté le poste, Jessie.

— Et moi donc !

Elle se sentait en paix comme cela ne lui était pas arrivé depuis des mois. Les enfants s'adapteraient, elle en était sûre. L'obstacle lui semblait déjà beaucoup moins insurmontable.

Elle annonça la nouvelle à Ben en arrivant à l'hôpital, mais elle lui fit jurer le secret. Lui aussi se réjouit pour elle et l'étreignit affectueusement.

— Que je suis content pour toi ! Ta carrière avait besoin d'évoluer.

Cependant, elle voulait continuer d'opérer à Denver. Il faudrait qu'elle prenne une licence médicale du Colorado et trouve un cabinet qui l'accepterait à temps partiel. Ben lui assura que ce n'était pas impossible, surtout avec des références comme les siennes.

Jessie allait beaucoup mieux. Elle s'en rendit compte tout au long de la journée. Bill la rappela dans l'après-midi pour vérifier qu'elle n'avait pas changé d'avis. Cela la fit rire.

— Non ! Excusez-moi encore pour hier soir, vous avez dû me prendre pour une hystérique. J'aurais dû attendre un peu pour vous appeler.

— Ne vous en faites pas, vous n'étiez pas hystérique du tout. Vous n'êtes pas un robot, mais une femme qui a eu beaucoup à porter ces derniers temps.

Jessie avait décidé de mettre leur maison en location. Ainsi, si cela n'allait pas à Denver, ils pourraient toujours revenir. Mieux valait garder un filet de sécurité, pour un tel changement.

— C'est une grande chance pour L'Equipe de Lily de vous avoir, reprit Bill, et j'espère que ce sera réciproque, pour vous comme pour vos enfants. Ne dit-on pas que : « Ce qui est bénédiction pour l'un l'est pour tous » ? Je vous appelle dans quelques jours.

Ce soir-là, Jessie fit des courses et prépara un dîner digne de ce nom. En mettant le couvert, elle se rendit compte que cela ne lui était pas arrivé depuis la mort de Tim. Elle venait à peine d'accepter ce nouveau poste et, déjà, tout allait mieux.

22

Dès l'automne, Lily travailla d'arrache-pied. Ce qui ne l'empêcha pas d'aller voir Teddy tous les soirs, en sortant de classe. C'était devenu un rituel. Il continuait à s'entraîner au rugby en fauteuil sous la houlette de Phil Lewis et espérait bien participer à l'épreuve de démonstration des Jeux paralympiques. Lily avait assisté à presque tous ses matchs de préparation et ce sport lui paraissait brutal, mais Teddy adorait cela.

En cours, tout se passait bien. Elle s'était fait de nouveaux amis au lycée et, aux premières neiges, elle se remit au ski. Elle avait pris contact avec Oscar, son ancien coach, et lui avait expliqué ce qu'elle faisait. A la retraite depuis l'accident de Lily, il avait été stupéfait de recevoir son appel, et plus encore qu'elle lui demande de l'entraîner à nouveau.

« Tu skies ? Ce n'est pas possible !

— Eh si, c'est possible, avait-elle répliqué en riant. Venez me voir, un de ces jours. »

Il l'avait donc accompagnée à Winter Park. Il avait été épaté de ce qu'elle parvenait à faire et de la vitesse qu'elle atteignait. Il était à la fois terrifié et grisé.

— Je voudrais que vous m'aidiez à retrouver le chemin de la victoire, lui dit-elle après la séance.

Elle lui montra des films sur les Jeux paralympiques. Elle rêvait d'une médaille d'or.

— Alors, c'est d'accord ?

— Ton père est au courant ? s'enquit-il avec une certaine inquiétude.

— Oui et non. Disons qu'il ignore à quel point je suis motivée. J'ai fait des progrès, depuis qu'il m'a vue. Je vais plus vite. J'ai commencé au printemps dernier, quand j'étais encore en rééducation. Maintenant, je veux m'entraîner vraiment. Tous les jours, si vous pensez que c'est ce qu'il faut.

— Oui, je pense que c'est tout à fait nécessaire, lâcha-t-il avec ce sérieux germanique qui pouvait tant agacer Lily autrefois, mais qui, cette fois, la réjouit parce qu'il signifiait qu'il ne prenait pas la chose à la légère. Et nous irons skier à Aspen pour mieux te préparer. Mais il faut d'abord que j'en sache plus sur le fonctionnement du fauteuil ski et la vitesse à laquelle il peut aller. Je vais me renseigner auprès de la fédération handisport.

Elle savait que, une fois toutes les informations en sa possession, il se montrerait impitoyable avec elle. Mais c'est précisément ce qu'il lui fallait. Car elle voulait gagner.

Ils commencèrent à travailler ensemble fin octobre, tous les jours après les cours. Ensuite, elle passait en vitesse voir Teddy, puis elle rentrait faire ses devoirs. Elle informa le responsable de la section sports du lycée de son projet, de façon à pouvoir sortir plus tôt chaque fois que c'était possible. Elle rejoignait alors Oscar à Winter Park et ils skiaient jusqu'à la fermeture des pistes, et toute la journée le week-end. Inépuisable, Lily complétait ces séances par de la musculation pour renforcer son buste et ses bras ; elle n'avait jamais été aussi en forme. Quoique sceptique, Bill ne s'opposa pas à sa fille, dans la mesure où Oscar l'accompagnait et où, de toute façon, il n'aurait pas pu l'empêcher de faire ce qu'elle avait décidé. Et encore n'avait-il aucune idée du rythme d'entraînement qu'elle s'imposait, ni de la vitesse à laquelle elle allait. Il avait entendu parler des Jeux paralympiques, bien sûr, mais il supposait qu'il s'agissait d'une compétition assez insipide. A l'évidence, il n'avait jamais vu les images, et cela valait mieux pour le moment, estimait Lily. Il payait les honoraires d'Oscar et la laissait s'amuser. De son côté, il était très pris, y compris le week-end, par L'Equipe de Lily.

En novembre, Lily avait repris l'entraînement de façon aussi intensive que lorsqu'elle préparait les Jeux olympiques. Elle commençait aussi à remplir des demandes d'inscription à différentes universités. Elle se présenta à l'élection de délégué de classe. Ce fut Walker Blake qui fut élu, et il la prit comme adjointe. Cet engagement et son parcours sportif complétaient utilement son dossier.

Un jour, grâce aux conseils d'Oscar, elle franchit un cap et améliora sensiblement sa vitesse. Folle de joie, elle s'arrêta à Craig sur le chemin du retour pour le raconter à Teddy.

Elle le chercha partout : en salle de dessin, au gymnase – en vain. Elle finit par le trouver à l'infirmerie, brûlant de fièvre. Il avait attrapé un mauvais rhume, et sa respiration était sifflante ; il fallait lui appuyer sur la poitrine pour lui dégager les poumons. Lily savait combien ce genre d'affections était dangereux pour lui. Elle resta à son chevet une heure, jusqu'à ce qu'il s'endorme.

Le lendemain, quand elle revint le voir, il avait été transféré dans les services hospitaliers de Craig et semblait plus mal encore. Les médecins craignaient une pneumonie. Et une infirmière lui apprit que l'on avait appelé ses parents, ce qui n'était pas bon signe. Lily était terrifiée à l'idée qu'il puisse mourir. Elle lui caressait le visage et les épaules pour être certaine qu'il sente ses mains.

— Eh, Teddy, il faut que tu t'entraînes, tu te souviens ? Alors dépêche-toi de guérir, lui enjoignit-elle doucement.

Il hocha la tête et se rendormit aussitôt.

Les jours suivants ne virent pas d'amélioration sensible. L'équipe soignante le réveillait régulièrement pour lui dégager les poumons, puisqu'il ne pouvait pas le faire lui-même. Lily sentait que Teddy lâchait prise. Ses parents n'étaient toujours pas venus. Elle téléphona à Bill pour lui demander la permission de dormir à Craig, auprès de son ami. Elle avait trop peur que Teddy meure si elle le quittait. Il lui semblait que sa vie ne tenait plus qu'à un fil. Au cours de la deuxième nuit qu'elle passait dans son fauteuil, à côté de son lit, elle se réveilla et le regarda. Il ne bougeait plus du tout. Elle fut prise de panique.

— Oh, mon Dieu ! fit-elle, certaine qu'il était mort. Teddy ? Teddy !

Elle le secoua doucement et se mit à pleurer. C'est alors qu'il ouvrit un œil.

— Quoi ? Arrête de me secouer comme ça,

espèce de brute ! Tu vas me déchausser les dents, protesta-t-il d'une voix rauque, en souriant.

La fièvre était enfin tombée. Son état l'obligea à rester hospitalisé deux semaines de plus, mais, au moment de Thanksgiving, il avait repris l'entraînement avec Phil.

— Tu m'as fichu une de ces trouilles, toi... lui dit-elle une fois qu'il fut guéri.

— Ouais. Je me suis fait peur, à moi aussi, avoua-t-il.

Ils ne parlèrent jamais du fait que ses parents n'étaient pas venus. Ils avaient téléphoné plusieurs fois, mais Teddy était incapable de leur parler et ils en étaient restés là. C'était aussi triste pour eux que pour lui.

Il passa Thanksgiving avec Bill et Lily. Joe se joignit à eux. Il avait décidé de ne pas aller chez ses enfants, cette année. Il avait trop de travail et aucune envie de s'absenter.

A Squaw Valley, c'était le premier Thanksgiving de Jessie et des enfants sans Tim. Chris était rentré pour les vacances, mais elle l'avait vu deux semaines plus tôt à Denver. Elle s'y rendait à peu près une fois par mois, désormais, pour avancer sur les embauches et l'organisation générale. Et elle parvint plusieurs fois à faire coïncider ses visites à Denver avec celles de Carole. Tandis qu'elle et Bill se concentraient sur le recrutement, Carole et Joe concevaient les programmes de rééducation. Ils avaient passé pas mal de temps avec Lily et Teddy pour discuter de ce qui leur paraissait important : les divertissements, les loisirs, les appareils, les sports, les formes de soutien psychologique, les gadgets high-tech qui leur plaisaient le plus. Teddy déclara qu'il aimerait beaucoup animer un groupe d'entraide. Lily, elle, mettait l'accent sur le sport : elle voulait créer un grand championnat annuel, à moins grande échelle que les Jeux paralympiques, mais avec peut-être plus de disciplines, et une remise de médailles officielle.

— Et Phil Lewis, papa ? suggéra Lily un soir. Il serait génial comme responsable de la kiné et de la rééducation.

Bill savait que Lily et Teddy l'adoraient et qu'il avait fait des miracles, avec eux deux.

— Tu crois que ça pourrait l'intéresser ?

— Je ne sais pas. Demande-lui. C'est le meilleur.

Bill l'invita à déjeuner quelques jours plus tard. Phil se montra très intéressé et vint visiter le site peu après. Il fut tellement emballé qu'il accepta le poste. Lily et Teddy étaient fous de joie.

— J'espère que mes parents vont bien vouloir que je sois transféré à L'Equipe de Lily, fit Teddy d'un air inquiet.

— Ils ont intérêt !

Après Thanksgiving, Lily se mit sérieusement à ses choix d'universités. Elle demanda Princeton, Harvard, Brown et New York, avec Princeton comme premier souhait. Son père voulait qu'elle envoie aussi un dossier à l'université de Denver, mais elle refusa. Elle persistait à vouloir faire ses études dans l'Est. En revanche, elle aida Teddy à préparer le sien pour DU. Il ne faisait pas d'autre demande et elle croisait les doigts pour qu'il soit admis. Il rédigea un magnifique essai sur l'art, sur ce qu'il représentait pour lui, et y joignit deux de ses toiles – les plus belles, selon Lily. Il précisa qu'il s'entraînait pour une démonstration de rugby en fauteuil aux Jeux paralympiques et demanda à Phil de lui fournir une lettre de recommandation. Si l'on ajoutait à cela ses bonnes notes et ses résultats plus qu'honorables au test, c'était une excellente candidature. Tout comme celle de Lily, mais il était plus difficile d'être admis à Princeton. La jeune fille mentionna dans son dossier son palmarès à ski et ajouta une photo d'elle dans son fauteuil ski.

Elle commença à envoyer ses demandes avant Noël, même si la date butoir n'était qu'en janvier. Elle avait écrit une lettre qui décrivait sa situation et expliquait la baisse relative de ses notes, l'année précédente. Celles-ci remontaient déjà, heureusement, malgré les heures consacrées à l'entraînement avec Oscar. Mais tout cela prenait énormément de temps, et il ne lui en restait guère à passer avec ses amis. Il lui arrivait de s'inquiéter qu'aucun garçon ne semble avoir envie de sortir avec elle. Toutefois, elle était tellement prise par le ski, les cours et ses dossiers qu'elle avait à peine le temps de s'en préoccuper. Et puis elle continuait d'aller voir Teddy tous les jours.

Elle fit ses achats de Noël le dernier week-end avant la fin des cours. Elle choisit un beau manteau en cachemire pour son père et un sweat-shirt bien chaud pour Teddy, à mettre après les matchs, ainsi qu'une pile de CD. Pour Carole, elle acheta un gilet et, pour Joe, une écharpe. Elle envoya à Jessie un cache-oreilles en fourrure, qu'elle pourrait porter aussi bien à Squaw qu'à Denver.

Bill n'avait pas dit à Lily que Jessie allait s'y installer en juin, puisque ses enfants à elle n'étaient pas encore au courant. Cependant, il avait acheté la maison qu'il lui avait promise et lors de sa dernière visite avant Noël, un soir, il l'y conduisit.

— Il faut que je m'arrête un instant, annonça-t-il. Cela ne vous ennuie pas ?

— Bien sûr que non.

Elle parcourait des notes qu'ils avaient prises dans la journée. Ils venaient d'engager deux kinés, dont une spécialiste des jeunes enfants.

— Voulez-vous entrer ? lui proposa-t-il en se garant.

C'était une jolie maison sur trois niveaux, avec un jardin bien tenu et deux gros arbres devant. La façade était blanche, et un gros heurtoir de cuivre ornait la porte. Derrière, il y avait un autre jardin, clos. On aurait dit une publicité pour la maison familiale idéale. D'autant qu'elle était tout illuminée – Bill avait demandé à l'agent de passer allumer exprès.

— Non, merci, je vais vous attendre ici, répondit Jessie en souriant. Je veux m'assurer que mes notes sont en ordre et que je n'ai rien oublié.

Jessie se donnait à fond dans le projet. C'était terriblement excitant de faire partie de l'aventure. Mieux, d'en être la future directrice médicale.

— A vrai dire, j'aimerais vous présenter. Cela ne prendra que cinq minutes.

Sans se douter de rien, elle le suivit jusqu'à la porte d'entrée. Elle eut un petit mouvement de surprise quand il entra directement – toujours selon ses instructions, l'agent avait laissé ouvert. Elle s'étonna encore davantage de pénétrer dans une maison vide. Les murs étaient repeints de frais et les sols en parquet massif. Un bel escalier partait du hall spacieux, sur lequel donnait un grand salon avec une cheminée. Même sans meubles, le lieu était accueillant. Jessie se tourna vers Bill d'un air perplexe. Quel drôle d'endroit pour un rendez-vous… Comme il la regardait en souriant, sans rien dire, elle ouvrit de grands yeux.

— Eh oui, bienvenue chez vous, docteur Matthews, fit-il en lui tendant les clés. Voici votre logement de fonction de directrice médicale de L'Equipe de Lily. J'espère que vous y serez très heureuse, Jessie.

Ses yeux s'emplirent de larmes et elle le serra dans ses bras. Jamais elle n'avait vu une maison aussi belle. La perspective d'y vivre avec ses enfants la chavirait. Il lui offrit une visite complète. Il y avait une magnifique suite parentale et quatre autres chambres, disposant chacune d'une salle de bains, un petit salon au premier, un grand en bas, une salle à manger, un bureau, une cuisine immense. Et un garage pour deux voitures, bien sûr. C'était une maison de rêve. Jessie avait l'impression d'avoir gagné au loto.

— Je n'en reviens pas, murmura-t-elle dans un souffle. Je ne sais pas quoi dire. Jamais je n'ai osé rêver d'un tel endroit.

En plus, c'était idéalement situé, dans un agréable quartier résidentiel.

— Bill…

Elle se mit à pleurer. Elle était bouleversée par son geste. Elle avait tant de chance…

— J'espère que vous serez heureuse ici, Jessie, et au sein de L'Equipe de Lily, pendant très longtemps.

— Je ne mérite pas un tel cadeau.

— Bien sûr que si, affirma-t-il avec un grand sourire.

Jessie était toujours sans voix sur le trajet du retour chez Bill. Lily les attendait, elle avait préparé un excellent repas ; elle devenait une très bonne cuisinière. A table, il fut question de leurs projets pour Noël. Chris allait rentrer à Squaw pour les vacances. Il était attendu avec beaucoup d'impatience.

— Et nous, annonça Bill d'un air satisfait, nous restons ici. Au chaud.

— Avec Teddy, rappela Lily.

— Oui, bien sûr, avec Teddy. Ensuite, Lily et moi irons quelques jours à Aspen avec son coach. J'ai envie de voir comment elle s'est préparée pour ces fameux Jeux paralympiques.

Une chose était certaine, il allait avoir un choc.

Le lendemain de Noël, Bill, Lily et Oscar prirent le télésiège ensemble. La jeune fille n'avait plus la moindre appréhension. Au sommet, son père s'attarda pour la regarder descendre. Elle dévala la piste comme une flèche, à une vitesse proprement sidérante. Il la suivit jusqu'en bas, à son rythme, les larmes aux yeux. Il avait été à cent lieues de se douter de ce dont elle était capable.

— Seigneur, murmura-t-il en la rejoignant. Tu es aussi rapide qu'avant !

Peut-être avait-elle même gagné en maîtrise. Un

an tout juste après son accident, elle filait comme le vent. C'était peut-être le plus beau jour de la vie de Bill. Il avait une fille extraordinaire. Et si Jessie avait raison ? Elle allait vivre une vie extraordinaire. D'ailleurs, c'était déjà le cas.

23

Une semaine avant les Jeux, l'excitation était à son comble.

Bill avait loué une maison en plein centre d'Aspen, avec un appartement indépendant pour Oscar. Jessie venait en avion de Squaw et retrouverait Chris sur place. Carole aussi serait de la partie, et Joe n'aurait manqué ce moment pour rien au monde. Walker Blake avait organisé le voyage pour une douzaine de leurs camarades d'école : tous assisteraient à la course de Lily. Teddy arriverait avec Phil ; il avait finalement été retenu pour l'épreuve de démonstration de rugby en fauteuil destinée à faire la promotion des Jeux d'été. La compétition serait même filmée et diffusée sur la chaîne sportive ESPN.

Lily était aussi fébrile que lorsqu'elle avait participé aux championnats du monde juniors ou qu'elle avait intégré l'équipe olympique senior. Elle se sentait même plus nerveuse cette fois-ci, tant elle voulait réussir, pour que tout le monde soit fier d'elle. La pression était énorme.

— Oublie la médaille, lui dit Oscar leur premier jour à Aspen. Fais ce que tu sais faire, et amuse-toi. Profite !

Le deuxième soir, alors qu'elle dînait au

restaurant avec son père, elle tomba sur Veronica. Médaillée de bronze olympique la semaine précédente, celle-ci semblait gonflée d'orgueil. Elle se précipita sur Lily avec force effusions. Elle portait le blouson qui était aussi celui de Lily l'année précédente, mais Lily était très fière de sa tenue rouge et bleu de l'équipe paralympique dessinée par Ralph Lauren spécialement pour les Jeux.

C'était une période de tension pour tous les athlètes et Aspen grouillait d'équipes de télévision, de journalistes et de visiteurs venus du monde entier pour assister aux épreuves. Lily dut répondre à des interviews alors qu'elle aurait voulu consacrer tout son temps et son énergie physique et mentale à la préparation de la course, l'aboutissement de mois, et même d'années d'entraînement et de travail acharné.

Carole et Joe arrivèrent ensemble de Denver. Ils étaient descendus dans le même hôtel, voisin de la maison louée par Bill. Ils furent rejoints le lendemain par Jessie et son fils aîné, logés au même endroit. Jessie présenta Chris à Lily. Entre eux, l'entente fut immédiate. Ils se mirent à parler études, musique, ski… Il se montra très admiratif de son parcours sportif ainsi que des universités dans lesquelles elle souhaitait être admise. Ce qu'il apprécia, surtout, c'était que, malgré sa réussite, elle n'était pas prétentieuse comme tant de filles qu'il connaissait.

— Tu veux venir skier, demain ? lui proposa-t-elle le plus naturellement du monde.

Comme il acquiesçait avec enthousiasme, ils prirent rendez-vous le matin, avant sa séance avec

Oscar prévue pour midi. Son coach leur donna sa bénédiction : skier pour le plaisir aiderait peut-être Lily à se détendre.

Le lendemain, Chris passa la prendre à l'heure dite et l'accompagna jusqu'au casier où elle rangeait son matériel. Il regarda avec intérêt comment elle chaussait le monoski, y fixait le siège et rangeait son fauteuil dans le casier à la place. Dès que Chris fut prêt, elle se mit à glisser avec fludité. Ils prirent le télésiège et bavardèrent pendant toute l'ascension.

Il était mignon, et elle se sentait bien, avec lui. Le fait qu'elle soit en fauteuil ne semblait pas le gêner.

— Tu es content à Denver ? Squaw Valley ne te manque pas trop ?

— Si, parfois, avoua-t-il. Mais je m'amuse bien, à DU.

En haut, il l'aida à descendre du télésiège. Elle se mit en place et il se positionna à côté d'elle. Ils démarrèrent, doucement d'abord, puis de plus en plus vite, toujours côte à côte. Il la suivait avec facilité. De temps à autre, elle accélérait un peu pour le défier, puis ralentissait. Elle skiait merveilleusement, et avec beaucoup d'élégance, constata-t-il, admiratif. Il la devinait même plus rapide que lui, mais elle lui laissait une chance. Ils arrivèrent en bas absolument ravis et remontèrent aussitôt.

— Waouh, tu assures carrément ! la complimenta-t-il.

Elle sourit en rajustant son casque ; ils partagèrent une barre chocolatée et s'élancèrent à nouveau. Ils firent trois fois la piste, puis elle alla rejoindre Oscar. Chris était au septième ciel quand il retrouva sa mère et Bill.

— Alors, lui demanda Jessie, c'était comment ? Vous vous êtes bien amusés ?

— Génial… Quelle skieuse ! Elle est trop forte !

Son père confirma.

A 13 h 30, Lily vint déjeuner avec eux, puis retourna s'entraîner, invitant Chris à se joindre à eux. Oscar en fut ravi. C'était exactement ce qu'il fallait pour la distraire du trac de la course.

Phil et Teddy arrivèrent à Aspen le lendemain. Les trois jeunes passèrent du bon temps ensemble. En fin d'après-midi, ils furent rejoints par Walker et son groupe. Soudain, la maison que Bill avait louée se trouva remplie d'amis de Lily, auxquels vinrent s'ajouter des membres de l'équipe paralympique dont elle avait fait la connaissance ces jours derniers. Bientôt, la musique, les voix, les rires résonnèrent dans toutes les pièces.

— J'ai l'impression d'être à la tête d'une école ! dit Bill en souriant.

C'était tout juste s'il pouvait accéder à sa chambre.

— Vous avez intérêt à vous y faire, repartit Jessie. Ce sera bientôt le cas.

Il éclata de rire.

Le soir, ils assistèrent à la cérémonie d'ouverture. Ce fut un moment très émouvant. Tous les athlètes défilèrent dans le stade, puis la flamme paralympique fut allumée. Les Jeux avaient officiellement commencé.

Bill et Jessie dînèrent tranquillement avec Carole et Joe. Les jeunes s'amusaient entre eux. Lily devait se coucher de bonne heure ; sa course avait lieu le lendemain. En sortant du restaurant, les adultes firent une promenade dans Aspen. Les deux hommes marchaient devant tandis que Carole et Jessie, qui admiraient les vitrines de bijoux, fourrures et autres tentations hors de prix, se laissaient distancer.

— J'ai quelque chose à t'annoncer, chuchota Carole d'un air malicieux.

Aurait-elle changé d'avis au sujet de Joe ? songea Jessie. Ils semblaient très à l'aise ensemble.

— J'envisage de quitter Boston, révéla-t-elle. Je me suis tellement investie dans L'Equipe de Lily que j'ai envie de venir à Denver et d'accepter le poste. Je suis peut-être folle de quitter le Mass General, mais j'ai l'impression de prendre la bonne décision. Qu'en dis-tu ?

Jessie crut exploser de joie.

— Alléluia ! Tu veux rire ? C'est la meilleure nouvelle de l'année ! Tu as prévenu Bill ?

— Non, pas encore. Mais j'ai dit à Joe que j'y pensais. Je compte donner ma démission à mon retour. Je vais leur laisser un mois de préavis, ce qui signifie que je pourrais être à Denver en avril. J'aime bien cette ville. Et entre toi, quand tu y seras, Bill et Joe, j'y ai déjà quelques amis. C'est un début. Et un nouveau départ, peut-être…

Elle semblait pensive.

— On est un peu tous dans le même cas, non ? déclara Jessie sérieusement. C'est vraiment une super nouvelle, en tout cas. Mais dis-moi, Joe aurait-il quelque chose à voir dans cette décision ? ajouta Jessie prudemment.

Carole secoua la tête.

— Non, arrête donc de me voir en amoureuse… Bien sûr, Joe est adorable avec moi, et il m'appelle de temps en temps à Boston, mais il ne me met aucune pression, ni pour le poste ni pour autre chose. Je me sens bien, à Denver, c'est tout. Et puis il m'est arrivé trop de choses négatives, à Boston. Je préfère les y laisser.

— Moi aussi, assura Jessie, j'ai hâte d'être en juin. Je vais faire part de mon projet aux enfants en rentrant. Cela leur laissera le temps de s'habituer à l'idée, j'imagine.

Depuis qu'elle avait pris sa décision, en septembre, le temps avait filé à une vitesse folle. Elle venait très souvent à Denver. Les honoraires de consultant que lui versait Bill en attendant de la salarier en juin amélioraient considérablement sa situation financière. Tout comme celle de Carole, d'ailleurs. Bill avait déjà changé leur vie.

— Bienvenue dans l'équipe, alors, dit-elle en embrassant son amie.

— De quoi parlez-vous donc, mesdames ? s'enquit Joe tandis que Bill et lui les rejoignaient.

Il regarda Carole avec une chaleur toute particulière et elle lui sourit.

— De travail, répondirent-elles à l'unisson.

— Vous ne pensez donc qu'à ça ?

Son air sévère les fit rire.

Ils regagnèrent la maison louée par Bill et les jeunes gens s'en allèrent les uns après les autres. Certains avaient des épreuves le lendemain ; d'autres, des entraînements. Chris quitta Lily à regret. Ils paraissaient avoir énormément de choses à se dire.

— M…, pour demain, murmura-t-il en l'embrassant sur la joue.

Son regard était rempli de tendresse. Il lui fit un petit signe en sortant.

— On dirait que tu as un admirateur, lança Bill en croisant sa fille dans la cuisine.

Celle-ci souriait encore. Il leur servit à chacun un verre de lait.

— Je l'aime bien. Il est sympa, avoua-t-elle timidement.

C'était le premier garçon qui semblait s'intéresser à elle d'un point de vue romantique depuis son accident. Jessie avait peut-être raison, songea-t-elle. Il se pouvait que des hommes aient envie de sortir avec elle bien qu'elle soit en fauteuil roulant. Cette perspective la fit frémir de joie.

Elle resta un moment étendue dans son lit sans trouver le sommeil, à penser à sa course du lendemain et à espérer qu'elle ferait une belle performance. Elle finit par s'endormir, mais se réveilla à l'aube. La descente était la deuxième épreuve de la journée, après une compétition de ski de fond.

— Prête ? lui demanda son père quand ils quittèrent la maison.

Elle hocha la tête, mais l'angoisse se lisait sur son visage. En chemin, Bill s'efforça de lui donner confiance. Ils avaient rendez-vous avec les autres skieuses de descente et l'encadrement de l'équipe. Les concurrents venaient du monde entier. Sur le programme ou au micro, chaque fois qu'on la présentait officiellement, on évoquait son statut de favorite des Jeux olympiques d'hiver de cette année et sa médaille de bronze aux championnats du monde juniors. Mais cette compétition-ci n'avait rien à envier aux deux autres. Ceux qui y participaient étaient animés du même courage et de la même soif de victoire que leurs comparses valides.

Ils montèrent tous en télésiège. En attendant avec ses coéquipières, Lily fut prise de doute, se demandant si elle était vraiment prête. Elle craignit même de se ridiculiser ou de faire honte à sa sélection. Heureusement, l'entraîneur leur parla avant le départ. Elle portait le dossard numéro dix-neuf. Elle savait que son père, Jessie, Chris, Carole, Joe, Teddy et Phil l'attendaient en bas, après la ligne d'arrivée. Walker et ses autres copains de lycée avaient promis de se poster au bord du parcours et de l'encourager bruyamment à son passage. Submergée par la nervosité, Lily n'arrivait plus à penser, mais elle sentait la présence rassurante d'Oscar non loin d'elle.

Elle regarda descendre les premières concurrentes, admirative de leur style et de leur vitesse. Plusieurs d'entre elles avaient déjà de l'expérience à ce niveau. Parmi elles se trouvait d'ailleurs la championne paralympique en titre. Son handicap était moins important que celui de Lily et lui permettait de se déplacer avec des béquilles. Toutefois, à ski, cela ne faisait aucune différence.

Et soudain, ce fut son tour. Sur une rapide prière intérieure, elle s'élança et ne se concentra plus que sur la piste. Il lui sembla que, à peine partie, elle était arrivée. Grisée, à bout de souffle, elle vit les visages radieux de tous ses proches.

Elle les rejoignit dès qu'elle put pour attendre les résultats. Son père avait les yeux brillants de joie. Chris leva les deux pouces.

— C'était comment ? demanda-t-elle à Teddy, haletante.

— Comme une fusée, répondit-il avec un grand sourire.

Le speaker annonça son temps. Elle avait été rapide. Pas autant que la championne en titre, mais tout près. Dans l'intervalle, Oscar était descendu. Il jubilait.

— On va décrocher l'argent, tu vas voir, répétait-il avec un accent plus fort que jamais sous l'effet de l'émotion.

Mais rien n'était assuré avant la fin de l'épreuve. L'attente fut interminable. Enfin, le speaker annonça le résultat définitif. Lily était deuxième ! Son cœur explosa de joie… Et puis ce fut la remise des médailles, celle qu'on lui passait au cou, la médaille d'argent, l'hymne que l'on jouait pour la gagnante… Lily pleurait d'émotion. Quand elle regarda son père, elle vit qu'il étreignait Oscar et que des larmes coulaient sur leurs joues.

Tout le monde accourut pour la féliciter. C'était l'un des plus beaux moments de sa vie. Walker la souleva de terre avec son fauteuil, son ski qui pendait, et elle éclata de rire. Quand il la reposa, elle se pencha pour embrasser Teddy. Chris lui passa un bras autour des épaules et la regarda dans les yeux en souriant.

— Si tu savais comme je suis heureux pour toi ! fit-il d'une voix chargée d'émotion.

Jessie était bouleversée, elle aussi. Si on lui avait

annoncé cela il y a un an, à l'hôpital, jamais elle ne l'aurait cru. Bill et Lily non plus, d'ailleurs.

Ils assistèrent aux courses suivantes, puis rentrèrent à la maison. Lily devait dîner avec l'équipe, mais elle resta le temps que son père serve le champagne. Elle venait de vivre la journée la plus incroyable de sa vie. La médaillée d'or était venue la féliciter. De neuf ans son aînée, elle pratiquait le ski en fauteuil depuis huit ans déjà. Elle lui avait assuré que, elle aussi, elle gagnerait un jour la médaille d'or.

La soirée fut longue et riche en félicitations et célébrations en tout genre. Le lendemain, ils assistèrent au match de rugby de Teddy. Comme à chaque fois, le cœur de Lily battit la chamade devant la violence du jeu. Elle avait si peur qu'il lui arrive quelque chose… Mais il marqua un essai, son équipe gagna, et la performance des athlètes fit l'admiration de tous.

Le séjour de Lily ne fut qu'une suite de moments magiques et il lui tardait d'être dans quatre ans pour recommencer. Sa détermination à mettre en place au sein de L'Equipe de Lily un programme sportif avec un championnat annuel s'en trouva accrue. Ce type de compétition, qui donnait un but à l'entraînement, faisait cruellement défaut à la discipline du ski, chez les juniors comme chez les seniors. Quatre ans, c'était une trop longue attente.

La cérémonie de clôture fut très émouvante. Lily portait sa médaille d'argent au cou. Elle n'oublierait jamais ce moment. En sortant, elle remercia Phil et Oscar de tout son cœur pour ce qu'ils avaient fait.

Le lendemain, ils rentrèrent à Denver. Chris lui

promit de l'appeler ; il avait envie de retourner skier avec elle. Ils pourraient aussi sortir dîner, proposa-t-il.

— Ce serait cool, répondit-elle en souriant.

Au moment de s'en aller, Jessie échangea quelques mots avec Carole.

— Alors, toujours déterminée ? lui demanda-t-elle à mi-voix.

— Oui, bien sûr. Je donne ma démission en rentrant.

Jessie la serra dans ses bras, ravie, et leva les deux pouces. Puis elle fila ramener Chris à DU. Elle l'avait observé, avec Lily, et elle devinait une idylle naissante entre eux. Rien n'aurait pu lui faire plus plaisir.

Lily dormit toute la route du retour, sa médaille autour du cou. Son père la regardait de temps à autre en souriant. De sa vie il n'avait été plus heureux.

24

Un dimanche matin de mars, Jessie prit son courage à deux mains. Elle s'assit à la table du petit déjeuner avec ses enfants et leur fit part de sa décision. Elle redoutait ce moment depuis le début de la semaine.

— On va *quoi* ? demanda Adam, ébahi.

— On va déménager à Denver, répéta-t-elle calmement. J'ai accepté le poste de directrice médicale d'un nouveau centre de réadaptation. C'est un travail très intéressant, et nous allons vivre dans une maison magnifique, où j'espère que nous serons tous heureux.

Comme elle s'y attendait, l'orage éclata.

— Alors tu te fiches complètement de ce qu'on peut penser ou ressentir ? cria-t-il. J'ai des amis, ici, je te signale. On en a tous !

Il venait d'avoir douze ans. Il jouait au football, au base-ball et il faisait partie d'un club de ski.

— Bien sûr que non, je ne m'en fiche pas, Adam. Mais tout ce que vous faites ici, vous pourrez le faire à Denver. Le ski, le base-ball : tout. Et puis il y a d'excellentes écoles pour Jimmy et toi.

Jimmy restait assis sans rien dire, comme sous le choc. Mais le pire, c'était le silence de Heather et les larmes qui coulaient sur ses joues.

— Déménager en terminale… finit-elle par lâcher. Comment tu peux me faire ça ? Comment tu peux être aussi méchante ?

Jessie avait l'impression d'être un monstre. C'était exactement la réaction qu'elle redoutait. D'ailleurs, elle ne pouvait que la comprendre. Et elle se sentait horriblement coupable.

— Je sais, ma chérie, c'est dur. Mais c'est un poste en or et on pourra faire beaucoup plus de choses que maintenant. C'est difficile, pour moi aussi, sans l'aide de votre père.

— Eh bien, tu n'as qu'à trouver un meilleur travail ici ! s'écria Adam d'un ton scandalisé. Papa ne nous aurait jamais imposé ça.

— Sans doute pas, admit-elle honnêtement. Mais je suis persuadée que c'est une bonne décision. Et nous verrons Chris plus souvent.

— Mais je voulais rester en Californie pour mes études, se lamenta Heather.

— Tu pourras très bien y revenir pour aller à l'université. De toute façon, je ne compte pas vendre la maison. Je vais la louer. Comme ça, nous pourrons revenir si c'est ce que nous voulons.

— Si c'est ce que *tu* veux, contra Adam avec un regard mauvais.

Il était déjà suffisamment adolescent pour la détester. Quant à Heather, submergée par le désespoir, elle quitta la table et sortit en claquant la porte. Adam en fit autant une minute plus tard. Ne restait plus que Jimmy, l'air complètement déboussolé. Pourtant, il tapota la main de sa mère.

— Ça va aller, maman, assura-t-il gentiment

en venant la serrer dans ses bras. Ils vont s'en remettre.

— Et toi, pourquoi n'es-tu pas fâché contre moi ?

— Parce qu'on ne peut pas *tous* être fâchés contre toi. Ce ne serait pas juste.

Décidément, c'était un amour d'enfant.

— Merci de le prendre aussi bien, mon ange. Je crois que tu vas vraiment aimer ton école et la nouvelle maison. Et puis on reviendra ici en vacances pour voir les amis.

Il hocha la tête et, à son tour, monta dans sa chambre. Le voir aussi triste lui fendit le cœur.

A compter de ce jour-là, ce fut comme si Heather lui avait déclaré la guerre. Le mois qui suivit, sa fille ne lui adressa pas la parole. Adam ne faisait que lui aboyer dessus. Quant à Jimmy, il semblait découragé. Jessie avait l'impression d'être la pire mère au monde. Elle appela Carole pour s'épancher.

— Ils vont me tuer, tu sais – littéralement ou au sens figuré, je ne sais pas encore. Heather me hait, Adam est odieux et Jimmy déprime complètement.

— Laisse couler. Tout ira mieux quand vous arriverez à Denver, répliqua Carole, confiante. Tiens, au fait, j'ai vu Chris, l'autre soir.

— Ah oui ?

— Oui, chez Bill. Au dîner. Avec Lily. Il me semble qu'il a un petit coup de cœur pour elle…

— Je le crois aussi, confirma Jessie en souriant.

— Ensuite, ajouta Carole, ils sont allés au cinéma. Bill m'a dit qu'il était venu plusieurs fois. Une autre fois, il a invité Lily à sortir avec lui.

— Voilà une excellente nouvelle. J'approuve

totalement. Cette petite est adorable, alors qu'elle aurait toutes les raisons du monde d'être une sale gamine gâtée. C'est une fille formidable. Moi, avec les miens, je ne sais vraiment plus quoi faire. Qu'est-ce que tu me conseilles, dis-moi. Me tirer une balle ? Renoncer à ce déménagement ?

— Surtout pas, tu aurais grand tort de renoncer. Accroche-toi. Ça va leur passer. Laisse-leur un peu de temps.

— On voit bien que ce n'est pas toi qui vis avec eux. Heather refuse de partir. Elle passe presque toutes ses soirées chez sa meilleure copine et dit qu'elle veut rester chez elle pour l'année scolaire. Je ne peux pas la laisser faire cela.

Son amie la rassura.

— Elle ne le fera pas. Elle s'exprime, c'est tout. Cela vaut mieux qu'un comportement passif-agressif. Elle cherche à te punir.

— Eh bien, c'est réussi. A vrai dire, je la préférerais passive-agressive. Là, son mécontentement est trop manifeste pour moi.

Lorsque Jessie vint à Denver deux semaines plus tard, Carole lui montra fièrement son nouvel appartement. Mais elle n'était capable de parler de rien d'autre que de ses disputes avec Heather.

Cependant, tout n'était pas rose avec Lily non plus. Lorsque Jessie se rendit chez Bill, elle tomba sur la jeune fille.

— Je n'arrive pas à faire entendre raison à mon père, lui annonça celle-ci en s'installant à la table de la cuisine, la mine désespérée.

Heather disait-elle la même chose à la mère de

sa meilleure amie ? En tout cas, c'était le printemps de la rébellion des jeunes !

— Je n'ai pas encore la réponse de toutes les universités que j'ai demandées, mais mon père déclare déjà qu'il ne me laissera pas partir, poursuivit Lily.

— Pourquoi donc ?

Bill l'avait expliqué à Jessie, mais elle voulait entendre quels arguments il donnait à sa fille.

— Je ne sais pas. C'est absurde. Soi-disant, il ne veut pas qu'il m'arrive quelque chose. Ça ne tient pas debout. Pourquoi m'arriverait-il quelque chose à l'université ?

— A-t-il toujours tenu le même discours ? commença par vérifier Jessie.

— Il n'a jamais été très chaud, mais je suis sûre qu'il m'aurait laissée partir avant. Il n'avait aucune raison valable de s'y opposer. Maintenant, il se sert de mon accident. C'est vraiment n'importe quoi !

Jessie sentait la colère de Lily. Cela faisait des mois que Bill et elle se disputaient à ce sujet.

— A quoi bon me donner autant de mal pour avoir de bons résultats scolaires s'il ne veut même pas me laisser aller dans une université correcte ?

— Et tu n'as vraiment pas envie de rester ici ?

— Non, vraiment pas. Je veux une fac de l'Est. Jessie, vous voulez bien lui parler, lui faire entendre raison ?

— Je vais essayer, mais il est plutôt du genre têtu, surtout quand il s'agit de toi. Tu sais, moi aussi, j'ai des problèmes avec mes enfants…

Lily la regarda d'un air étonné.

— Hormis Chris, expliqua Jessie, ils sont furieux

que j'aie décidé de déménager. Enfin, Jimmy n'est pas furieux, il a énormément de chagrin.

C'était presque pire, à ses yeux.

— Heather me déteste. Elle considère que je détruis sa vie.

— C'est vrai qu'il ne doit pas être facile de déménager en terminale, concéda Lily. Mais Denver, c'est plutôt sympa. Elle va s'y plaire. C'est trop dommage qu'on ne se retrouve pas au lycée en même temps. L'année prochaine, je serai dans l'Est. Enfin, j'espère. Vous allez parler à mon père, dites ?

— Je vais essayer.

Jessie le fit l'après-midi même. Mais Bill resta inflexible. Pour lui, Lily avait déjà vécu trop de traumatismes. Elle serait vulnérable, en fauteuil, sur un campus grouillant de garçons ivres. De toute façon, il voulait la garder auprès de lui. Il voulait qu'elle aille à DU.

— Mais elle n'a même pas déposé de dossier, fit valoir Jessie. Elle va perdre toute une année si elle n'opte pas pour un de ses choix initiaux.

— Eh bien, elle n'aura qu'à aller à la fac publique ou prendre une année sabbatique. Je ne la laisserai pas partir sur la côte Est.

Il avait le même air farouchement protecteur que l'année dernière, à l'hôpital.

— Bill, reprit-elle calmement, vous avez fait tout votre possible pour la réinsérer dans le monde. Après sa rééducation, vous l'avez même envoyée au lycée au lieu de lui faire donner des cours à domicile. Et vous l'avez autorisée à participer aux Jeux paralympiques, alors que la descente à ski est un sport dangereux. Soyez franc, quelle est la véritable raison de votre refus ? Que craignez-vous ?

— Qu'elle ne revienne pas, avoua-t-il avec un regard triste. J'ai perdu sa mère : je ne veux pas la perdre, elle. Si elle part faire ses études dans l'Est, il se peut très bien qu'ensuite elle fasse sa vie à Boston ? ou à New York ?

Jessie sourit.

— Regardez tout ce que vous lui avez donné, Bill, tout ce que vous avez fait pour elle. Regardez cette maison, sa vie ici, L'Equipe de Lily pour laquelle elle se passionne tant, le ski… Vous imaginez vraiment qu'elle ne reviendra pas ? Je suis, quant à moi, persuadée du contraire. Tout ce qu'elle veut, c'est voler de ses propres ailes et faire de bonnes études. On ne peut pas décemment le lui reprocher. De toute façon, elle vous adore. Elle reviendra.

— Moi, je ne suis jamais rentré chez moi, après l'université.

— Ici, ce n'est pas la mine. Et je vous répète qu'elle vous adore. Elle reviendra comme un pigeon voyageur dès la fin de sa scolarité – et à chaque occasion qui se présentera, dans l'intervalle.

— J'ai tellement envie de la garder auprès de moi, plaida-t-il d'un ton malheureux.

— Vous feriez mieux de la laisser partir, Bill, si vous ne voulez pas la perdre. Autrement, elle risque de vraiment se rebeller.

C'était précisément ce que Jessie craignait, pour Heather.

— Je ne sais pas. Et les vôtres, comment ça va ?

— Ils m'en veulent à mort, répondit-elle d'un

ton neutre. Enfin, pas Jimmy. Mais pour les deux autres, je suis l'ennemi public numéro un. Ce n'est pas très drôle.

— Lily aussi est furieuse contre moi. Je ne sais vraiment plus quoi faire… Elle est toute ma vie.

Cela, Jessie l'avait remarqué.

— Non. Ce n'est pas vrai, objecta-t-elle. Vous avez L'Equipe de Lily. Et vos amis. Et votre travail. Et puis, encore une fois, vous n'allez pas la perdre. Elle vous aime trop pour rester longtemps loin de vous. Vous êtes son héros.

Elle se voulait rassurante.

— Pas en ce moment, répliqua-t-il avec un sourire désabusé.

— Attendez donc de voir où elle sera admise, suggéra-t-elle. Vous aviserez bien à ce moment-là.

Il hocha la tête. Il n'était pas homme à se laisser facilement convaincre.

Le soir, Jessie dîna avec Carole, dans son nouvel appartement. Elles étaient heureuses de passer enfin cette soirée entre filles. Jessie évoqua de nouveau Joe.

— Tu ne te rends pas compte de ce que c'est que d'être aussi différente, soupira Carole. Je me sens défigurée. Je n'ai plus l'impression d'être une femme.

— S'il t'aime, cela lui sera égal.

— Et je n'ai aucune envie de repasser sur le billard pour un homme.

— Rien ne t'y oblige. Il existe d'autres moyens de résoudre le problème : une chemise de nuit sexy, un joli soutien-gorge avec tes prothèses… On ne te demande pas de poser pour les pages centrales de *Playboy*. Le principal, c'est de trouver de nouvelles façons de faire comme avant. Regarde Lily, quel exemple pour nous tous ! Il doit exister des solutions plus simples que la chirurgie reconstructrice, si Joe te plaît – et je commence à croire que c'est le cas.

— Peut-être, concéda Carole prudemment. Mais une deuxième raison me retient : je n'ai pas envie de souffrir. J'en ai assez bavé avec Dylan.

— Qui te dit que tu souffrirais ? Et puis, c'est un risque à prendre. Même le plus merveilleux des hommes peut mourir.

Les deux femmes restèrent silencieuses un instant.

— Et toi ? reprit Carole doucement.

Cela faisait quatorze mois que Jessie était veuve. Elle avait envie de tout, sauf d'un homme dans sa vie. Tout ce qui lui importait, dans l'immédiat, c'était de faire la paix avec sa fille.

— Il est trop tôt, répondit-elle simplement. Pas facile de trouver quelqu'un qui soit à la hauteur de Tim, de toute façon. C'était le mari idéal.

— Si je comprends bien, c'est perdu d'avance. Soit on tombe sur un nul et on a peur que ce soit pareil la fois suivante, soit on a vécu avec quelqu'un de merveilleux et personne ne lui arrivera jamais à la cheville.

— C'est assez bien résumé ! admit Jessie en riant.

— Et Bill ? C'est quelqu'un de bien, et je ne l'ai jamais vu avec une femme.

— Il ne veut pas de relation. Il a Lily. Nous sommes amis, et cela me convient parfaitement. Surtout maintenant que c'est mon boss.

De toute façon, elle ne s'intéressait ni à Bill ni à personne, sur le plan sentimental. Elle avait encore besoin d'enfiler un pyjama de Tim pour dormir. Et elle n'avait toujours pas donné ses vêtements. Le déménagement lui en offrirait sans doute l'occasion. Elle n'allait tout de même pas emporter ses affaires à Denver. Il était temps de commencer à lâcher prise, au moins sur ce point.

Trois semaines plus tard, Jessie reçut un message d'une Lily folle de joie, qui lui annonçait qu'elle était prise à Brown, Princeton et NYU. Elle avait le choix entre trois des meilleures universités de la côte Est, mais sa préférence allait à Princeton, de loin.

« Mon père pète les plombs », ajouta-t-elle.

Jessie lui suggéra de le convaincre d'aller visiter le campus. Lily lui répondit qu'il l'avait déjà vu, avant son accident, et qu'il lui avait plu, à l'époque.

« En plus, tout le campus est accessible aux handicapés. J'ai vérifié. Qu'est-ce qu'il lui faut de plus ? » écrivit Lily.

« Essaie de lui parler, de lui dire combien tu tiens à lui. »

Carole, quant à elle, lui conseilla de laisser faire le temps. Sauf que Lily n'avait que deux semaines pour donner sa réponse. Or elle ne pouvait pas accepter une place à l'université sans sa permission. Et s'il refusait de payer les frais de scolarité, ensuite ?

De son côté, Teddy était admis à DU. Ses parents furent stupéfaits d'apprendre qu'il avait fait une demande d'inscription à l'université. Sans doute étaient-ils si soulagés qu'il ne demande pas à rentrer chez eux qu'ils ne trouvèrent rien à y redire. Il était accepté dans la section des beaux-arts, son premier choix. Ensuite, il projetait de tenter un mastère. A Craig, et grâce à Phil et Lily, il avait appris à rêver en grand.

Un soir, Lily l'invita à dîner dehors pour fêter la bonne nouvelle. Elle lui fit part de ses déboires avec son père.

— On dirait que c'est toi qui vas aller à la fac et pas moi, marmonna-t-elle d'un air sombre.

— Mais si, il va céder, prédit-il. Sinon, tu n'auras qu'à venir à DU avec moi.

— Il serait trop content. Il veut que je reste son bébé pour toujours. Au fait, tu as parlé à tes parents de ton transfert à L'Equipe de Lily ?

— Pas encore. Ce sera pour la prochaine fois. Je préfère ne pas trop leur en demander d'un coup. Ils croient toujours que je suis le légume qu'ils ont déposé ici, incapable de se débrouiller tout seul. Ils ont eu un petit choc quand je leur ai dit que je voulais aller à la fac. Ils me voient comme Stephen Hawking, le cerveau en moins.

Lily souffrait de l'entendre s'exprimer ainsi. Hélas, il semblait que ce soit la vérité. Ses parents ignoraient complètement qui il était, de quoi il était capable, à quoi il aspirait. Pire, ils paraissaient s'en moquer éperdument. Ce devait être des gens bien lâches et bien égoïstes. Teddy méritait tellement mieux…

— S'ils savaient que tu joues au rugby, et que tu y joues si bien, en plus, ils feraient une attaque, lança-t-elle en riant.

— Oui, c'est vrai, reconnut-il avec une pointe de fierté.

Quand elle arriva à la maison, son père l'attendait.

— Tu ferais bien de te mettre à travailler sur le programme sportif que tu veux que nous mettions en place à L'Equipe de Lily, lui dit-il d'un ton bourru.

— Pourquoi dès maintenant ? Je pensais m'en occuper cet été, après le bac.

— Mais tu n'auras peut-être pas le temps.

— Pourquoi ?

— Parce que cela risque d'être un peu court, si tu vas à Princeton à la rentrée.

Elle plongea dans le sien un regard d'abord un peu méfiant.

— C'est vrai, papa ? J'y vais ?

— Ma foi, oui, fit-il avec un petit sourire triste. J'ai regardé ta course aux Jeux paralympiques, tout à l'heure. Tu as des ailes, Lily. Je suppose que c'est pour t'en servir.

Elle se jeta à son cou et le serra de toutes ses forces.

— Merci, papa. Merci, merci, merci ! Je te promets que tu seras fier de moi.

— Ça, je le suis déjà, ma petite chérie.

Il avait les larmes aux yeux et une grosse boule dans la gorge.

25

— N'oublie pas le sac à dos de Jimmy ! cria Jessie à Heather du pied de l'escalier.

Elle fit une dernière fois le tour du salon. Les meubles étaient déjà partis et arriveraient à Denver deux jours plus tard. Il ne restait que leurs lits et quelques cartons dans la cuisine. Pour les dernières nuits, elle avait conservé de vieux draps, qu'elle avait jetés ce matin. Quant aux lits, ils étaient promis à une association. Sa voiture, Jessie l'avait revendue à Kazuko et venait d'en acheter une neuve à Denver, grâce à Bill et au généreux salaire qu'il lui versait.

La navette qui devait les conduire à Reno allait arriver d'un instant à l'autre. Les enfants descendirent avec les petits bagages qu'ils allaient garder dans l'avion. Heather portait le sac à dos de Jimmy, qui serrait contre lui son chien en peluche. On aurait cru qu'ils quittaient le *Titanic* avec tous leurs trésors. Heather n'adressait toujours pas la parole à sa mère. Jessie comprenait. Même pour elle, quitter la maison, c'était un peu comme perdre Tim une seconde fois. Dans cet endroit qu'il aimait tant, son souvenir était partout. Et c'était dur de songer que des inconnus emménageraient bientôt chez eux.

Jessie avait bien tenté de leur décrire leur nouvelle maison, mais ils refusaient de l'écouter. La surprise serait d'autant plus grande quand ils la verraient. Il fallait bien avouer qu'elle était plus belle que celle de Squaw. Et tout était propre et neuf, à l'intérieur.

Personne ne dit mot jusqu'à l'aéroport. Avant de monter dans l'avion, Heather acheta des magazines. Elle envoyait frénétiquement des SMS. Jusqu'à la dernière minute, elle avait menacé de ne pas venir. Jessie l'avait craint très sérieusement. En fin de compte, elle avait fait ses valises, tout en pleurant à chaque fois qu'elle avait un de ses amis au téléphone.

Adam gardait les écouteurs de son iPod enfoncés dans les oreilles et Jimmy ne lâchait pas la main de Jessie. Quant à elle, elle tombait de fatigue. Les dernières semaines avaient été épuisantes, physiquement autant que moralement.

Elle avait demandé une licence pour exercer la médecine dans le Colorado. Une fois qu'elle l'aurait obtenue, elle entrerait en contact avec des neurochirurgiens de Denver en vue d'une collaboration à temps partiel. Toutefois, dans un premier temps, elle voulait se concentrer sur L'Equipe de Lily. Il restait encore énormément à faire avant leur ouverture « en douceur » au mois d'août. Ils commenceraient par accueillir des patients dans la grande maison et attendraient six mois avant d'investir l'autre, ce qui leur laisserait le temps de recruter plus de personnel et d'ajouter de nouveaux programmes. La gamme complète des services qu'ils comptaient proposer ne serait disponible que d'ici six à neuf mois. Bill travaillait déjà tous les jours dans son bureau sur place, et Jessie allait en faire autant. Carole et Joe y étaient depuis avril. Phil Lewis arrivait le 1er juillet. Toute l'équipe médicale était recrutée. Le projet prenait forme à grande vitesse. Pour Jessie, la priorité, cependant, était d'installer ses enfants. Elle avait engagé une gouvernante qui serait là à plein temps pour les trajets, l'entretien de la maison et la cuisine. Son salaire le lui permettait, d'autant qu'ils étaient logés gratuitement. Pour la première fois depuis près de dix-huit mois, ses finances n'étaient plus en péril.

A l'arrivée à Denver, ils trouvèrent facilement le chauffeur que Bill leur avait envoyé. Mine de rien, les garçons commencèrent à regarder avec intérêt autour d'eux. Chris avait promis de venir dîner le soir même. Il avait trouvé un job d'été chez un avocat grâce à l'appui de Bill. Il était principalement chargé du classement et du café, mais c'était une bonne expérience, surtout pour lui qui était tenté par le droit.

— On arrive quand, maman ? demanda Jimmy, toujours agrippé à son doudou.

— Bientôt, mon chéri.

Ils étaient tous fatigués. Un instant plus tard, le chauffeur se garait devant la maison. Les enfants ne purent cacher leur surprise.

— On est où, là ? demanda Adam d'un air soupçonneux. Chez Bill ?

— Non. Chez nous, répondit Jessie.

Ils descendirent de voiture, Heather à la traîne. Jessie ouvrit la porte, et ils découvrirent le grand salon avec la cheminée, puis, visiblement impressionnés, ils risquèrent un œil dans la cuisine et les autres pièces.

— Waouh, c'est beau, fit Jimmy.

Adam avait l'air d'accord. Seule Heather gardait un air fermé.

— Vos chambres sont en haut, annonça Jessie. Vous pouvez voir entre vous pour choisir celle que vous voulez. Il y en a trois au premier et une au-dessus.

Elle pensait réserver à Chris celle du deuxième, plus grande et plus tranquille, mais, si Heather y tenait, elle la lui laisserait, en gage de paix. Obligé de quitter la résidence universitaire pour l'été, Chris arriverait avec toutes ses affaires la semaine suivante au plus tard. Bill et elle avaient tout orchestré à la perfection. Jessie pourrait même assister à la remise du diplôme de Lily, qui avait lieu dans quelques jours.

Elle monta au premier et découvrit Heather allongée sur un lit, béate. Jessie leur avait acheté à tous des lits doubles, ce qu'ils n'avaient pas jusqu'alors. A la seconde où elle vit sa mère, Heather se leva d'un air furieux et disparut dans sa salle de bains. N'empêche que l'instant de bonheur dont Jessie avait été témoin lui donnait de l'espoir pour la suite.

Le choix des chambres fut vite fait. A croire que la maison était conçue spécialement pour eux. Heather prit la plus grande, Adam, celle d'à côté, et Jimmy, lui, préféra la plus petite et la plus cosy, qui, disait-il, lui rappelait son ancienne chambre. Chris aurait donc celle du deuxième étage. Ils visitèrent ensuite la maison de fond en comble. Assise sur son lit, Jessie admirait la jolie vue. C'est alors que sa fille entra, la mine grave.

— Je t'en veux toujours de nous avoir obligés à déménager, mais la maison est bien stylée, maman, concéda-t-elle.

Jessie lui sourit.

— N'empêche que j'ai envie de rentrer à Squaw, ajouta-t-elle tristement.

— Tu pourras y retourner en vacances, ma chérie.

Heather haussa les épaules et disparut sans autre commentaire. Adam apparut quelques instants plus tard, l'air perplexe.

— Pourquoi il nous donne une maison aussi grande et aussi belle ? demanda-t-il comme si cela lui paraissait louche.

— C'est le logement de fonction du directeur médical du centre. N'importe qui d'autre l'aurait eue. Bill a fait cela pour attirer de bons candidats.

Il hocha la tête.

— Heather est en train de prendre des photos de sa salle de bains, annonça-t-il.

C'était bon signe. Il faut dire qu'elle était magnifique, tout en marbre blanc, avec une baignoire et une douche immenses.

On sonna alors à la porte. Bill et Lily apportaient un grand panier de victuailles, deux sacs de provisions et du vin.

Les enfants descendirent saluer les visiteurs. Jessie fit les présentations, tentant de faire abstraction de l'air boudeur de Heather, puis tout le monde se rendit dans la cuisine. Bill posa le panier sur la table et les courses sur le plan de travail.

Lily proposa à Heather de lui faire visiter le lycée le lendemain. Au grand soulagement de sa mère, elle accepta, d'un ton maussade dont, par chance, Lily ne sembla pas se formaliser.

Bill, lui aussi, observait la scène. Il fit à Jessie un discret signe de victoire et elle lui sourit en hochant la tête. Peut-être que cela allait bien se passer, finalement.

Chris arriva dix minutes plus tard et fut aussi ravi que surpris de tomber sur Lily.

— Viens ! s'écria Jimmy. Je vais te montrer ta chambre.

Lily ne pouvait pas monter, mais Chris ne fit ni une ni deux : il la prit dans ses bras et la porta jusqu'en haut. Tous les enfants les suivirent.

— Bienvenue chez vous, dit Bill à Jessie quand ils furent seuls.

— Merci encore pour ce palais, répondit-elle en souriant. Je crois que les enfants m'ont presque pardonné. Les garçons, en tout cas. Pour Heather, cela va venir. Elle adore sa chambre et sa salle de bains.

— Une fois que vos meubles seront arrivés, ils se sentiront vraiment chez eux.

— Oui, c'est vrai. Et L'Equipe de Lily, comment ça se passe ?

— Au mieux. C'est une vraie ruche, maintenant. Nous sommes presque prêts. Il ne nous manque plus que les patients.

— Il en viendra de tout le pays, j'en suis certaine.

Lorsque Bill et Lily prirent congé, au bout d'une petite heure, Chris promit à la jeune fille de passer la voir un peu plus tard, et Bill proposa qu'ils se retrouvent tous autour d'un barbecue le lendemain. Jessie et ses enfants n'en avaient plus fait depuis la mort de Tim. Adam et Jimmy se réjouirent, Chris offrit son aide et Heather ne s'y opposa pas.

— Lily est cool, déclara Adam quand les invités furent partis.

Ils dînèrent de ce que leur avaient apporté Bill et Lily, puis montèrent dans leur chambre regarder des films sur leur ordinateur. Les garçons se demandaient déjà si les voisins avaient des enfants de leur âge. Dans ce quartier habité surtout par des familles, il était plus que probable qu'ils se fassent vite des copains. Heather appela toutes ses amies, leur raconta combien la maison était belle et en invita même deux à venir la voir pendant l'été. Elle se sentait déjà un peu moins stressée, moins malheureuse.

Le lendemain, Lily lui fit une visite guidée du lycée, comme promis. Heather fut très favorablement impressionnée : l'école avait l'air super, calme et paisible, avec de beaux bâtiments, entourés de verdure. En plus, Lily lui présenta des élèves qui seraient comme elle en terminale à la rentrée, parmi lesquels des garçons qu'elle trouva très mignons.

Pour la première fois depuis des semaines, en rentrant à la maison, Heather était heureuse. Deux filles lui avaient demandé son numéro de portable et lui avaient proposé d'être amies sur Facebook.

Ce soir-là, ils dînèrent chez les Thomas. Bill fit des steaks et du poulet au barbecue et ils s'installèrent à la grande table de jardin. Quand Lily alla préparer un supplément de salade dans la cuisine,

Jimmy la suivit. Il fut fasciné de découvrir que tout était à bonne hauteur pour elle.

— Waouh ! Tu arrives à tout attraper !

— Oui. C'est mon père qui a fait aménager ça pour moi, lui expliqua-t-elle en souriant.

Elle le trouvait aussi mignon que le lui avait dit Chris.

— Trop la classe !

Chris fit son apparition. Il ne restait jamais très longtemps loin de Lily.

— Il ne t'embête pas trop ?

— Pas du tout, protesta-t-elle. On est copains : il aime la cuisine.

Ils passèrent une soirée très agréable et très gaie.

Le lendemain, le camion de déménagement arriva de Squaw Valley et Jessie passa la journée à tout ranger. Le soir, ils se sentaient comme chez eux. Les meubles s'adaptaient parfaitement à la maison et chacun avait retrouvé ses petites affaires. Carole leur rendit visite et aida Jessie à déballer les cartons de la cuisine.

— C'est parfait, déclara-t-elle. Tu as tout ce qu'il te faut, on dirait.

C'était vrai, songea Jessie quand son amie fut repartie. Il ne manquait rien. Sauf Tim… Elle monta se coucher, mais, pour la première fois depuis dix-sept mois, elle ne mit pas son pyjama. Elle le plia soigneusement et le rangea dans un tiroir. Savoir qu'il était là lui suffisait. Elle n'avait plus besoin de le sentir sur sa peau.

26

La gouvernante, Mary Sherman, arriva le lendemain. Jessie la présenta aux enfants et passa la matinée avec eux, le temps de la transition. Agée d'une quarantaine d'années, Mary avait été employée par deux familles de l'entourage de Bill. Elle prépara un délicieux déjeuner et proposa aux enfants de les conduire au parc puis au cinéma. Dès qu'ils furent partis, Jessie se rendit au travail. Sa nouvelle vie commençait.

Bill n'avait pas menti. L'Equipe de Lily était devenue une vraie ruche. Une petite armée s'affairait, qui sur son ordinateur, qui à installer le matériel médical ou les équipements sportifs. Jessie entra dans son bureau en poussant un soupir de soulagement. Elle se sentait aussi bien ici que dans sa nouvelle maison. L'énergie et l'enthousiasme régnaient. Il leur restait deux mois avant l'ouverture. Ils étaient dans les temps.

Jessie passa l'après-midi à envoyer des e-mails à ses confrères neurochirurgiens pour leur présenter leur projet, les inviter à venir visiter les locaux et les prier de ne pas hésiter à leur adresser des patients. Sur le plan de la médecine physique et de la réadaptation, la composition du personnel de L'Equipe de Lily avait de quoi impressionner.

Le site Internet conçu pour le centre était à la fois informatif et très engageant. Joe avait fait un travail remarquable. Maître d'œuvre hors pair et doué comme personne pour les relations publiques, il était aussi un as de l'informatique. C'est avec une certaine fierté que Jessie songea à tout ce qu'ils avaient accompli en un an. Ce centre allait être un modèle du genre.

— Comment ça se passe ? s'enquit Bill en venant la voir en fin d'après-midi.

Il était heureux de la savoir dans le bureau d'à côté : il pouvait lui demander son avis dès qu'il en avait besoin.

— Je crois que tout est sur les rails, répondit-elle en souriant.

Elle semblait être ici comme un poisson dans l'eau.

— J'ai hâte que nous ouvrions, ajouta-t-elle. Ce sera encore mieux quand nous aurons des patients.

— Et si personne ne venait ? fit-il, légèrement inquiet.

— Cela n'arrivera pas. Nous avons du personnel extrêmement qualifié et expérimenté. Les médecins vont tout de suite s'en rendre compte.

— Et puis vous êtes là, ajouta-t-il.

— Bah, ils viendraient même si je n'étais pas là. Je ne suis que la cerise sur le gâteau.

— Une sacrée cerise, alors, qui rend le gâteau bien plus beau. Comment ça se passe, avec vos enfants ?

— Très bien. Ils ont l'air d'apprécier Mary et ils adorent la maison. Les garçons sont heureux, et Heather va de mieux en mieux. Lily a été adorable de l'emmener au lycée. Je crois que ça l'a beaucoup aidée. Elle a l'air moins angoissée, et donc moins en colère. La vie est belle. Jamais je n'y serais arrivée sans vous, et sans cette maison.

Elle paraissait aux anges.

— Moi non plus, je n'y serais pas arrivé sans vous. Comptez-vous prendre des vacances, cet été ?

Elle fit non de la tête.

— Nous ouvrons en août, Bill, vous vous souvenez ? Mais on s'échappera peut-être pendant un grand week-end avec les enfants. Je pensais organiser un barbecue pour le 4-Juillet, en revanche. Pour pendre la crémaillère.

— Ah, Jessie, pendant que j'y pense, Lily aimerait vous inviter tous les cinq à sa remise de diplôme la semaine prochaine. Je dois dire que je ne suis pas peu fier d'elle, précisa-t-il en souriant.

— Il y a de quoi. Nous viendrons avec grand plaisir.

Il fit un temps magnifique et ce fut une journée parfaite. Lily rayonnait, dans son uniforme. Bill pleura évidemment, et Jessie ne put s'empêcher de l'imiter.

Pour leur pendaison de crémaillère le 4 Juillet, Jessie chargea Heather de créer sur son ordinateur de jolies invitations, qu'ils distribuèrent aux voisins. Ce serait un simple pique-nique dans le jardin, à l'ancienne.

Le jour J, une cinquantaine de personnes vinrent. Chris et Adam s'occupaient des hamburgers et des hot dogs et Heather et Jessie avaient préparé des salades variées, des épis de maïs, des frites et des biscuits. Jimmy aida à présenter les gâteaux et les desserts et fut chargé de distribuer les glaces, qu'il sortait d'une grosse glacière. Les convives se servaient eux-mêmes de vin, de bière, de thé glacé et de citronnade. Une fête traditionnelle du 4 Juillet, en somme.

Une fois le barbecue terminé, Chris s'assit avec Lily pour se détendre un peu.

— Tes hamburgers étaient délicieux, lui dit-elle.

— On faisait de grandes fêtes comme cela, à Tahoe, autrefois. Quand papa était là. C'était sympa de recommencer.

— On va à la pêche, demain, avec mon père. Sur un lac. Tu voudrais venir ? lui proposa-t-elle.

— Avec plaisir, Lily.

Il lui prit la main.

— Je suis content que nous vivions ici maintenant, fit-il, un peu gêné. Comme ça, on peut se voir tout le temps.

Sauf qu'elle allait partir à la rentrée…

— Tu sais, tu vas me manquer, quand tu seras à Princeton.

— Je reviendrai souvent. Au moins, tu seras là pendant les vacances, toi aussi. Et puis, tu pourras peut-être venir me voir là-bas…

— Ce serait sympa, oui.

Elle rapprocha son fauteuil et il lui passa un bras autour des épaules. Elle n'était plus du tout mal à l'aise en public. Lui non plus n'éprouvait pas le moindre embarras. Qu'elle ne puisse pas marcher ne le dérangeait nullement. Et puis elle skiait mieux que lui, même sur son fauteuil ski. Il était très admiratif. C'est alors que Teddy vint les rejoindre.

— Qu'est-ce que vous mijotez, tous les deux ? leur demanda-t-il.

— Rien de spécial, on discute, répondit-elle. Au fait, L'Equipe de Lily, tu as avancé ?

Teddy était très motivé : depuis le début des vacances, il allait au centre tous les jours et comptait par la suite y travailler après les cours et le week-end, avec une convention de stage. Il réfléchissait à un programme artistique qui puisse s'adapter à des patients de tous les âges. Il avait dressé la liste des fournitures, et Bill avait recruté deux professeurs d'arts plastiques à plein temps. Deux grandes salles seraient dédiées à ces enseignements.

Par chance pour Lily, Teddy et Chris s'entendaient bien. Ils discutèrent tranquillement, puis quelqu'un de l'équipe de Craig vint chercher Teddy. La journée avait été parfaite.

— Voulez-vous venir piquer une tête dans la piscine ? proposa Bill quand il ne resta plus que leurs deux familles.

Les petits Matthews sautèrent de joie et se dirigèrent aussitôt vers la maison de Lily, qui n'était qu'à quelques minutes à pied. Quand tout le monde fut à l'eau, les garçons jouant au water-polo avec Bill, Lily descendit à son tour dans la piscine et bavarda avec Jessie. Heather se joignit à elles. Elle avait semblé de bonne humeur toute la journée.

Un peu plus tard, ils fouillèrent dans le réfrigérateur et préparèrent un petit dîner à la bonne franquette. Ce fut un 4-Juillet particulièrement réussi, et Lily fut triste de les voir rentrer chez eux après le repas.

— J'ai invité Chris à venir pêcher avec nous demain, papa, lui annonça-t-elle après leur départ.

Bill avait l'impression qu'ils étaient de plus en plus attachés l'un à l'autre.

— Il est charmant, ce jeune homme, répondit-il. Je l'apprécie beaucoup. Et j'ai l'impression que je ne suis pas le seul, la taquina-t-il gentiment. Comment ça va se passer, quand tu seras à Princeton ?

Avec un peu de chance, elle rentrerait plus souvent s'ils sortaient toujours ensemble.

— Je ne sais pas. On verra bien. Nous serons assez occupés tous les deux. Sans doute que je le verrai quand je reviendrai à Denver.

Bill hocha la tête. Il aurait préféré qu'elle ne s'en aille pas, bien sûr, mais il s'était fait à l'idée. Il était normal, et sain, que sa fille veuille un peu d'indépendance.

Ils passèrent une excellente journée tous les trois, le lendemain. Ils pêchèrent même plusieurs poissons, que Bill vida et fit cuire, au retour, pour le dîner. Ils se régalèrent. Chris emmena ensuite Lily au cinéma. Ils roulèrent quelques dizaines de mètres, puis le garçon se gara et l'embrassa avec fougue.

— J'en ai eu envie toute la journée, avoua-t-il.

— Moi aussi.

Leur relation devenait de plus en plus intense. Ils étaient jeunes et ils avaient la vie devant eux. Néanmoins, il leur semblait à l'un comme à l'autre que c'était bien davantage qu'une simple amourette de vacances.

Le lundi, au bureau, Bill ne put s'empêcher d'en parler à Jessie.

— On dirait qu'il se trame une histoire d'amour entre les nobles maisons Matthews et Thomas, lança-t-il.

Ils étaient en train de déjeuner dans le bureau de Jessie, un petit rituel auquel il prenait goût. Il avait toujours des choses à lui raconter, et elle aussi.

— Oui, on dirait.

— Vous y êtes favorable ?

— Extrêmement. Et vous ?

— Chris est un garçon épatant, et adorable avec Lily. Tout ce que j'espère, c'est qu'aucun des deux ne souffrira ou ne sera déçu.

— Si seulement c'était possible… fit-elle sur un ton doux-amer. Mais nous ne pouvons pas davantage les protéger que nous ne pouvons nous protéger nous-mêmes. Les accidents de parcours font partie de la vie, et il faut faire avec.

— Ça va mieux, maintenant, sans Tim ? lui demanda-t-il.

Jusqu'à présent, il évitait de lui en parler, mais ces derniers temps elle semblait remonter la pente. Il la voyait plus heureuse, moins fatiguée, et surtout rassurée que ses enfants s'adaptent bien.

— C'est plus facile, ici, confirma-t-elle. Cela nous a fait du bien de quitter notre maison de Squaw Valley. Ben me le conseillait depuis longtemps. Cela dit, j'en aurais été incapable plus tôt. Ici, nous recommençons une nouvelle vie. Je conserve tous nos souvenirs, bien sûr, mais je ne me couche plus tous les soirs dans le lit qui était le mien et celui de Tim. En fin de compte, c'est un soulagement.

C'est alors que Carole entra dans le bureau de Jessie avec des CV de psychologues à lui montrer. Joe la suivait de près. Ils ne se quittaient plus, ces temps-ci. Après leur départ, Bill ne résista pas à la tentation.

— De ce côté-là aussi, on dirait qu'une histoire d'amour se trame, non ?

— Carole affirme que non, répondit Jessie d'un ton amusé. Pourtant, je suis d'accord avec vous : on dirait qu'il y a quelque chose entre eux...

— Joe ne m'a rien dit, en tout cas. Si ça se trouve, on se fait des idées.

— Tu crois qu'ils se doutent de quelque chose ? demanda Carole à Joe.

Elle lui coula un regard coupable qui le fit rire.

— Peut-être, et alors ?

L'idylle avait commencé quelques semaines plus tôt, en juin, juste avant l'arrivée de Jessie à Denver. Carole n'en revenait toujours pas d'être parvenue à surmonter son appréhension et sa gêne. Peu à peu, au fil des mois, Joe était parvenu à la faire changer d'avis, et elle lui en était profondément reconnaissante. Jamais elle ne s'était sentie aussi bien avec un homme. Tout ce qui l'inquiétait auparavant lui semblait désormais dénué de la moindre importance. Il l'acceptait telle qu'elle était, et elle, elle était tombée amoureuse. Même leur différence d'âge ne comptait pas.

— Il faudra bien le leur dire un jour ou l'autre, tu sais, fit-il valoir en lui souriant avec tendresse.

Ils se trouvaient mille excuses pour travailler ensemble et se quitter le moins possible. Et ils formaient une aussi bonne équipe dans le travail qu'en dehors. Néanmoins, Carole avait tenu jusque-là à ce qu'ils arrivent séparément au bureau afin que personne ne soupçonne rien.

— Ça va me faire bizarre d'en parler à Jessie, dit-elle. Elle se sent encore très seule, sans Tim. Je n'ai pas envie de lui jeter notre bonheur au visage.

— A mon avis, elle se réjouira pour nous. Nous n'avons pas été épargnés non plus, Carole. Surtout toi. Nous méritons bien ce qui nous arrive.

Il se pencha pour l'embrasser.

— Oui, c'est vrai, convint-elle.

Pourtant, elle n'avait pas le cœur de se confier à Jessie dans l'immédiat. Et puis… garder le secret avait quelque chose d'excitant qui n'était pas pour lui déplaire. Elle sourit toute seule à cette pensée. Dieu ! Qu'il était bon d'être amoureux !

27

L'inauguration de L'Equipe de Lily donna lieu à une soirée très élégante. Etaient conviés des médecins de Denver et d'ailleurs, les dirigeants de Craig et des relations professionnelles de Bill. Carole avait même convaincu le Dr Hammerfeld de venir de Boston. Ben Steinberg et Kazuko avaient fait le déplacement de Squaw Valley. Il y avait aussi des kinés et des infirmières, la directrice du lycée de Lily, et Oscar, son coach. Steve Jansen, l'architecte, avait également des invités personnels. Teddy était de la partie, bien sûr, ainsi que, parmi les amis de Lily, Walker, sa petite amie et les enfants de Jessie. Au total, quelque trois cents personnes circulaient dans les jardins, admiraient leur travail de ces derniers mois et s'enthousiasmaient pour leur projet. L'Equipe de Lily ouvrait dans deux semaines, et si le centre n'accueillait pas encore de patients, il ne manquait pas de sympathisants.

Le lendemain, Bill remercia tout particulièrement Carole. L'inauguration avait été une vraie réussite.

— C'est un travail d'équipe, protesta-t-elle modestement. Et Joe m'a énormément aidée, ajouta-t-elle avec un grand sourire.

Peu après, Bill profita de ce qu'il se trouvait seul avec Joe pour l'interroger. Il n'y tenait plus.

— Il y a quelque chose entre Carole et toi, non ? Tu rayonnes comme un soleil.

Joe hésita un instant avant de hocher la tête.

— Oui, ça a été le coup de foudre, pour moi en tout cas. C'est fou comme la vie est pleine de surprises.

Il se tourna soudain vers Bill, l'air grave.

— Je ne te l'ai jamais dit, mais, le soir où tu m'as appelé pour m'apprendre l'accident de Lily, j'avais un revolver chargé dans la main. Je voulais en finir. Je croyais que ma vie était fichue, qu'il valait mieux que je meure. Et puis, tu m'as raconté ce que vous traversiez. Je me suis rendu compte que je m'étais apitoyé sur mon sort, qu'il y avait des choses bien plus graves que ce qu'il m'arrivait. Je suis venu te voir ici et tu as lancé le projet de L'Equipe de Lily sur une vague suggestion de ma part. Je m'y suis investi, et tout a changé. Puis Carole est apparue et a bouleversé ma vie. Jamais je n'ai été aussi heureux que je le suis avec elle.

— Pourquoi ne m'as-tu pas prévenu que tu allais aussi mal, lâcha Bill, profondément remué par ce que Joe venait de lui révéler. Pourquoi ne m'as-tu pas appelé ?

— C'est toujours quand on a le plus besoin d'aide qu'on en demande le moins. Mais merci, Bill, pour ce coup de téléphone fortuit. Quand je pense à toutes les belles choses qui se sont produites depuis. C'est une nouvelle existence qui commence.

Ils se turent un instant. Il suffisait vraiment de peu de chose pour briser une vie ou, au contraire, la reconstruire.

— Il ne faut jamais renoncer, reprit Joe. Tout peut toujours arriver au moment où on s'y attend le moins. Tu devrais faire un effort pour sortir de ta coquille, toi aussi, dit-il avec un regard appuyé à l'adresse de son ami. Tu ne vas pas rester seul jusqu'à la fin de tes jours. N'oublie pas que Lily ne tardera pas à quitter le nid.

— Je sais, convint Bill tristement. Je me demande ce que je vais faire, sans elle.

— Le centre t'occupera, mais cela ne suffit pas. Le travail n'est pas tout, dans la vie. Je l'ai appris à mes dépens.

— Moi, cela me suffit, du moment que j'ai Lily.

Bill était on ne peut plus sérieux et Joe le savait. Il lui souhaita de connaître un jour le genre de félicité qu'il avait trouvé avec Carole. C'était la femme parfaite, pour lui, à ce stade de son existence. Elle le comblait. Et c'était réciproque. Ils étaient faits l'un pour l'autre.

Leur premier patient leur fut adressé par un neurochirurgien des environs, deux jours après l'ouverture officielle, mi-août. Il s'agissait d'un petit garçon de huit ans qui avait été victime d'un accident de voiture avec ses parents, quatre semaines plus tôt. Ces derniers avaient tous les deux été tués, et l'enfant souffrait d'une lésion médullaire en regard de la neuvième vertèbre thoracique, donc un peu plus grave que celle de Lily. Deux jours plus tard, un autre médecin de la région leur envoya une fillette de douze ans qui avait fait une chute de cheval. Au bout d'une semaine, ils avaient cinq patients. Et à la fin du mois, dix.

Bill entra dans le bureau de Jessie en la regardant d'un air ébahi.

— « Si tu le construis, il viendra », cita-t-il en souriant. Ou plutôt, ils viendront. Eh bien, ils viennent, en effet.

Ils accueillirent encore trois patients début septembre. Un garçon de quatorze ans qui s'était blessé en plongeant dans une piscine et deux enfants qui avaient été opérés par un chirurgien de Los Angeles et arrivèrent l'un et l'autre en avion privé. Bientôt, L'Equipe de Lily compta seize pensionnaires âgés de huit à dix-neuf ans. C'était exactement ce qu'ils avaient espéré. Supervisés par Jessie, les soignants prenaient en charge chaque cas avec précision, compétence et dévouement.

La première semaine de septembre fut bien remplie, sur tous les fronts. Heather fit sa rentrée et adora le lycée, au grand soulagement de sa mère. Chris retourna à DU et, cette fois, elle put l'accompagner à la résidence universitaire et l'aider à s'installer. Bill prenait l'avion avec Lily ce week-end pour l'emmener à Princeton. Il régnait dans la maison un désordre indescriptible, entre les bagages qu'elle avait commencé à faire, les préparatifs en tout genre et les courses de dernière minute.

La veille de son départ, Lily vint dire au revoir à Jessie et Carole, passa l'après-midi avec Teddy et dîna avec Chris. Les deux jeunes amoureux parlèrent de ce qu'il allait advenir de leur relation maintenant.

— Je ne veux pas te priver de ta liberté, Lily, dit Chris tristement. Je sais à quel point tu tiens à ton indépendance. Je ne veux pas être un frein.

Elle le regarda, effondrée.

— Tu es en train de me plaquer, c'est ça ?

— Mais bien sûr que non ! s'exclama-t-il. Je veux que tu te sentes libre, c'est tout. J'ai pensé…

— Je t'aime, Chris.

Ils ne se l'étaient jamais dit, avant ce soir.

— J'espère que je m'amuserai bien, à l'université, reprit-elle, mais jamais je ne rencontrerai quelqu'un comme toi. Je n'ai pas envie de te perdre. Et peut-être que, un jour, quand nous serons plus vieux…

Elle laissa sa phrase en suspens et noua les bras autour de son cou pour l'embrasser. C'était tout ce qu'il voulait entendre. Tout ce qu'il avait espéré sans y croire.

— Alors quand tu seras vraiment hyper-vieille, la taquina-t-il, quand tu auras, disons, vingt-cinq ans, on en reparlera. En attendant, Lily Thomas, tu es ma copine. Compris ? Tu peux dire aux beaux gosses de Princeton que tu sors avec moi. Et, de ton côté, tu n'as aucun souci à te faire pour ce qui se passera ici. On est bien d'accord ?

Son regard pétillait de bonheur et d'amour.

— Absolument, confirma-t-elle.

Elle aussi avait les yeux brillants.

— Je t'aime, Lily.

— Moi aussi, je t'aime, Chris.

Quand elle rentra chez elle, tard dans la soirée,

son père ne dormait pas. Etendu sur son lit, il songeait au vide que le départ de sa fille allait laisser.

Ils prirent l'avion le lendemain matin. Un chauffeur avec une camionnette les attendait à l'arrivée pour les conduire à Princeton. Lily s'était montrée pleine d'entrain durant tout le voyage, tandis que Bill se taisait et l'écoutait, profitant simplement de sa compagnie. Elle ne lui parla pas de Chris et il ne posa pas de questions. Il savait. Il avait été jeune, lui aussi.

A l'université, Lily commença par se rendre au bureau d'orientation, où on lui indiqua sa chambre dans la résidence universitaire. A cause de son fauteuil, on lui avait attribué une place au rez-de-chaussée de Whitman College. Le chauffeur l'aida à y porter ses affaires. Bill se mit en devoir d'installer son ordinateur sur le bureau pendant qu'elle rangeait ses vêtements. La chambre n'était pas grande, mais Lily allait devoir la partager avec une certaine Chiara, qui venait du Connecticut. Quand elle arriva, ils furent surpris de découvrir qu'elle aussi était en fauteuil, avec un handicap similaire à celui de Lily. Les deux jeunes filles se jaugèrent un instant d'un air soupçonneux, puis elles éclatèrent de rire. Chiara avait été victime d'un accident de la circulation à seize ans. Elle écouta avec intérêt l'histoire de Lily et se montra admirative de sa performance aux Jeux paralympiques. Elle en avait entendu parler, mais n'y avait jamais assisté. Ses parents bavardèrent aimablement avec Bill. Le père de Chiara avait apporté un petit réfrigérateur.

A 20 heures, les deux filles étaient prêtes à aller dîner et prirent congé sans état d'âme. Elles voulaient partir à la découverte de leur nouvelle vie. Elles circulaient avec aisance dans les couloirs, évoquant déjà les clubs dans lesquels elles espéraient être admises plus tard. Lily avait tout lu sur le sujet et sa préférence allait à l'University Cottage Club, tandis que Chiara était davantage tentée par l'Ivy Club. Ces clubs étaient des sortes d'associations d'étudiants en plus chic. Cependant, il n'était possible d'y adhérer qu'à partir du printemps de la deuxième année et d'y prendre ses repas qu'en troisième et quatrième année.

Bill regarda les parents de Chiara d'un air penaud et se leva. La chaîne stéréo et l'ordinateur étaient branchés.

— Je crois que nous ferions mieux de nous éclipser avant leur retour, déclara-t-il avec une boule dans la gorge. On dirait qu'elles n'ont plus besoin de nous.

— On dirait, oui, répondit le père de Chiara en passant un bras autour de la taille de sa femme. C'est notre première rentrée universitaire. Nous en avons trois plus jeunes à la maison.

— Moi, c'est ma fille unique.

Il fit appel à tout son courage pour sortir sans pleurer. Un peu de dignité, que diable ! s'exhorta-t-il. Deux heures plus tard, son avion pour Denver décollait, et Bill commanda un whisky bien tassé.

A 2 h 30 du matin, heure locale, il était de retour chez lui. Il se mit à arpenter la maison vide. Le silence qui y régnait lui sembla assourdissant. Et là, il laissa libre cours aux larmes qui l'étouffaient depuis le début de la soirée. C'est alors qu'il vit que Lily lui avait envoyé un SMS. « Merci, papa. Je t'aime. » Et ce fut pire encore.

28

— Comment ça s'est passé ? lui demanda Jessie le lendemain matin.

En fait, la réponse se lisait sur son visage ; il faisait une tête d'enterrement.

— Pas trop mal. Pour elle, disons. Elle était gaie comme un pinson quand je l'ai quittée, raconta-t-il d'un air sombre.

— Moi aussi, j'ai trouvé ça dur l'année dernière, lorsque Chris est parti. Et puis on s'y fait, avec le temps.

— Vous avez les trois autres. Moi, ma maison est devenue un vrai tombeau.

— Il va falloir que vous vous distrayiez, fit Jessie avec douceur.

Carole, Joe et elle l'invitèrent souvent à dîner au cours des semaines qui suivirent. Il passait de bons moments avec eux, mais, quand il rentrait, il retrouvait sa maison toujours désespérément vide. Pas de Lily. Elle avait tant à faire qu'elle ne l'appelait que rarement et il ne voulait pas la harceler. Mais il avait l'impression d'être le cocon de l'enfance dont elle s'était dépouillée.

Dans l'intervalle, Carole et Joe avaient cessé de cacher leur relation et Jessie se réjouissait de les voir aussi amoureux. Cependant, elle ne les enviait pas ; elle était heureuse avec ses enfants.

Teddy, quant à lui, avait convaincu ses parents de le transférer à L'Equipe de Lily. Jessie leur avait longuement parlé au téléphone, et après avoir effectué quelques recherches ils avaient accepté. C'était des gens intelligents et méthodiques. A son arrivée, juste avant Halloween, Teddy avait déclenché l'enthousiasme des petits en portant un costume de bourdon qu'il avait peint lui-même. Il y avait en résidence au centre deux garçons et une fille de son âge, et un garçon légèrement plus âgé. Teddy passait de bons moments avec eux quand il n'était pas en cours ou en train de peindre ou de jouer au rugby. Il était très pris par l'université. Le week-end, toutefois, il trouvait le temps de donner des cours de dessin aux petits. Il était adoré de tous.

L'Equipe de Lily était en plein boom. Vingt patients y séjournaient actuellement et d'autres étaient attendus dans les semaines à venir. Ils étaient presque prêts à ouvrir la seconde maison.

Le soir de Thanksgiving, Jessie avait prévu de recevoir tout le monde chez elle : Joe et Carole, Teddy, Phil Lewis, qui n'avait nulle part où aller, Bill et Lily. Plus ses quatre enfants, bien entendu. Elle comptait préparer elle-même le repas de fête, bien qu'elle fût d'astreinte. Carole avait promis de la suppléer comme chef et comme maîtresse de maison si elle était appelée.

A son retour le mercredi soir, Lily reçut un accueil de star hollywoodienne. En plus, son père lui avait envoyé un avion privé, ce qu'évidemment elle n'avait avoué à personne à la fac. Le lendemain, ils se retrouvèrent tous chez Jessie. Lily leur avait beaucoup manqué. A table, et tout en serrant la main de Chris dans la sienne sous la nappe, elle leur annonça qu'elle avait choisi sa matière principale. Elle allait faire psycho, puis poursuivre par un doctorat afin de devenir psychologue comme Carole. Et, avec un peu de chance, elle pourrait un jour travailler à L'Equipe de Lily.

Soudain, le BlackBerry de Jessie sonna.

— Eh bien, il va falloir que je vous quitte, annonça-t-elle. Le devoir m'appelle, je dois aller examiner un patient. Carole, tu veux bien me remplacer ?

Les desserts étaient déjà disposés sur la table de la cuisine, de sorte qu'il fut facile à Carole de les servir après le départ de Jessie. Heather, Lily et Chris l'aidèrent. Tout en débarrassant, Lily proposa à Chris d'aller skier le lendemain. Il accepta sans hésiter. Il y avait déjà de la neige à Winter Park et elle mourait d'impatience de la tester.

Elle avait d'ailleurs envie de faire un million de choses, pendant son séjour à Denver, notamment avec Chris. Et quelques-unes aussi avec son père. En l'écoutant, Bill se rendit compte qu'elle avait déjà mûri. Le changement était subtil mais net. Lily n'était plus sa petite fille. C'était une femme. Et Chris et elle ressemblaient davantage à un vrai couple maintenant. Bill se demanda si c'était « officiel » entre eux.

Les convives partirent avant le retour de Jessie, non sans que Bill ait lancé une invitation générale à dîner chez lui le soir de Noël, que tout le monde accepta avec plaisir. Lily et lui rentrèrent en bavardant et en évoquant cette délicieuse soirée de Thanksgiving. En arrivant, elle monta directement se coucher. Malgré cela, la maison sembla différente à Bill, beaucoup plus chaleureuse. Il se garda bien de le lui dire, mais, en son absence, il était complètement perdu. Toutefois, il s'efforçait de grandir, lui aussi...

Le lendemain, elle skia avec Chris, puis ils sortirent dîner après avoir rendu visite à Teddy. Le samedi, Bill invita Chris et Jessie à dîner au restaurant avec lui et Lily. Les trois autres enfants de Jessie avaient prévu des choses pour la soirée, les garçons avec des copains et Heather avec son petit ami. Ils passèrent un très bon moment tous les quatre, au calme.

Le dimanche matin, Lily reprit l'avion. C'était passé bien trop vite !

— Tout va à une telle allure... se plaignit Bill le lendemain, quand il retrouva Jessie au travail.

Celle-ci lui prêtait toujours une oreille attentive.

— On croit que ce sont encore des bébés, poursuivit-il, et les voilà presque adultes. J'ai l'impression d'avoir raté le film.

— Pas du tout, le rassura-t-elle, vous jouez encore dedans, sauf que vous ne vous en rendez pas compte. Et il est loin d'être terminé.

Les trois semaines qui suivirent Thanksgiving passèrent en un éclair. Puis, Lily rentra pour les fêtes. Sachant que cette fois elle était là pour quinze jours, Bill se détendit.

Le soir de Noël, ils dînèrent tous ensemble chez Bill et Lily. Chris et elle avaient décoré le sapin sous la direction artistique de Teddy. En présidant cette belle tablée, Bill songea qu'aucune année de sa vie n'était passée aussi vite que celle-ci. Il y avait eu tant de choses... Lily avait remporté la médaille d'argent aux Jeux paralympiques, Jessie était venue vivre à Denver, L'Equipe de Lily avait ouvert, Carole et Joe étaient tombés amoureux, Chris et Lily sortaient ensemble, Lily était entrée à Princeton... Oui, ç'avait été une année extraordinaire.

29

Et ce n'était pas fini ! Bill ne vit même pas passer les mois entre décembre et juin. Le centre ouvrit la seconde maison et put accueillir jusqu'à trente-deux patients. Jessie renonça pour l'instant à rejoindre un cabinet pour exercer la neurochirurgie. Elle n'en avait pas le temps. Elle verrait cela plus tard. En juin, Chris acheva sa deuxième année d'université, et Teddy et Lily leur première. Heather était admise à l'université de Santa Barbara, en Californie, et l'intégrerait à l'automne. Avec l'aide de Joe, Carole organisait un grand gala au profit de L'Equipe de Lily, qui aurait lieu en octobre. Elle avait quitté son appartement pour s'installer chez lui. Quant à Bill, il s'habituait peu à peu à l'absence de sa fille, même si c'était douloureux.

Lily l'avait aidé à organiser leur premier championnat sportif depuis Princeton. Cinq coachs s'en occupaient sous la direction de Phil Lewis. Il aurait lieu le week-end de Thanksgiving afin qu'un maximum de gens puissent se déplacer pour y assister.

Les *Nymphéas* de Monet étaient exposés dans le hall du centre, où ils faisaient un effet extraordinaire. Comme promis, Bill avait également accroché la toile de Teddy. Près de la porte, il venait de faire ériger un mur de granit noir pour y graver le nom de leurs plus généreux donateurs afin de leur rendre honneur. Cela s'appellerait « Le Cercle des champions ». Viendraient s'y ajouter les lauréats de médailles sportives.

Bill et Jessie vinrent admirer le travail tout juste terminé et dressèrent la liste des mécènes en les classant du platine au bronze. C'était une idée magnifique, estimait Jessie.

— Votre nom devrait figurer tout en haut, lança-t-elle en lui souriant.

— Non, pas du tout. Je n'ai fait aucune contribution de ce type. Toutes ces personnes nous ont donné de l'argent pour réaliser une chose en particulier. Moi, je suis le fondateur ; ce n'est pas la même chose.

— Mais vous avez fait de nous tous des champions, fit-elle valoir. Sans vous, rien de tout cela ne serait arrivé.

— Et sans vous, le centre n'aurait pas pu voir le jour.

— Bien sûr que si. Vous auriez trouvé un autre neurochirurgien à qui vous auriez offert un pont d'or et une maison de rêve, et vous l'auriez attiré à Denver. Vous nous avez fait le plus beau des cadeaux, Bill. Vous nous avez donné un but, la passion et la joie.

Soudain, elle remarqua qu'il la regardait d'un drôle d'air.

— Jessie… fit-il d'une voix très basse en se rapprochant d'elle. Tu ne crois pas que nous avons suffisamment attendu ?

Elle resta un instant interdite. Que voulait-il dire ? Et pourquoi la tutoyait-il tout à coup ?

— Quoi donc ?

— La passion et la joie, comme tu dis. Nous aidons les autres à prendre un nouveau départ pour une plus belle vie. Et si c'était notre tour, maintenant ? Cela fait un an que nous travaillons ensemble. Plus, même, si l'on compte toutes les fois où tu es venue à Denver avant de t'y installer.

Tim était mort depuis deux ans et demi.

— Je n'ai plus envie d'attendre, ajouta-t-il en lui caressant le visage avant de l'embrasser.

La surprise lui fit ouvrir grand les yeux, puis elle lui rendit son baiser et il l'enlaça étroitement. Cela faisait des mois qu'il en avait envie, mais il savait que c'était trop tôt, aussi sûrement qu'il savait que c'était désormais le bon moment.

— Je t'aime, Jessie.

— Moi aussi, je t'aime, Bill.

Elle se laissa aller contre lui. Elle n'était plus seule. Bill était là, avec elle. Ils étaient des champions, eux aussi. Et c'était L'Equipe de Lily qui les avait menés à la victoire.

Composition et mise en pages
Nord Compo à Villeneuve-d'Ascq

Achevé d'imprimer par N.I.I.A.G.
en novembre 2015
pour le compte de France Loisirs, Paris

N° d'éditeur : 83102
Dépôt légal : décembre 2015

Imprimé en Italie